PREMIO DE PERIODISMO

2005

Que la muerte espere

GERMÁN CASTRO CAYCEDO

Que la muerte espere

COLECCIÓN
PREMIO DE PERIODISMO
◉ Planeta

Cubierta: fotografía «Farallones solo» de Aldo Brando

© Germán Castro Caycedo, 2005
© Editorial Planeta Colombiana S. A., 2005
Calle 73 N° 7-60, Bogotá

Primera edición: septiembre de 2005

ISBN (Rústica): 958-42-1336-9
ISBN (Tapa dura): 958-42-1339-3

Impreso por: Quebecor World Bogotá S. A.

A Ramiro de la Espriella.

Contenido

Presentación

Que la muerte espere son historias disímiles de la realidad colombiana, contadas en tonos diferentes y en las cuales siempre está de por medio la vida.

Los temas de este libro se mueven en un arco que va de lo eminentemente urbano a lo rural. Desde una cámara ritual satanista hasta las estalactitas de una caverna, o a la niebla en la cúspide de los Andes. O desde el mundo del chamanismo en la selva amazónica hasta el milagro de la vida después de un fusilamiento en una zona semiurbana.

En este abanico de realidades que conforman la vida nacional, parece manifestarse ante todo el deseo recurrente de una gran masa de colombianos: que les permitan vivir. Es decir, que la muerte les dé espera.

El autor

1

Protocolo de necropsia 104

«Mujer de 23 años, soltera, desempleada. Estudios interrumpidos en cuarto semestre de ciencias sociales. Cadáver con apariencia cuidada. La cabeza al oriente, los pies al suroccidente», justo el Sol del atardecer.

»La cama tendida, discos en el piso, la boca y las uñas de las manos pintadas de negro, igual que la uña del dedo meñique del pie izquierdo. Cicatrices lineales en la cara interna del brazo izquierdo».

El médico forense estableció que había muerto un sábado 21 de agosto a las cinco y media de la tarde: «Parénquima destruido del hemisferio cerebral izquierdo». El balazo fue muy cerca de la cabeza: «Tabla ósea externa, ahumada».

Adriana no durmió en su casa la noche del viernes. Apareció aquel sábado a eso de las doce del mediodía, mientras sus padres tomaban el *brunch* de los fines de semana en el club. «Igual, poco los veía, poco hablaba con ellos últimamente. Ella vivía sus propias atmósferas».

—Cuando ella se quitó la chaqueta descubrí que tenía parte de la ropa hecha polvo.

Su hermano de veintidós años la vio entrar en la habitación con aire de gente pacífica. Se bañó y luego se pintó los labios como los tenía la noche del viernes y se puso ropa limpia, negra como la usaba desde los dieciséis.

El resto de la tarde escuchó a Sammy Davis Junior, a Los Beatles, a Marilyn Manson y algo del HC, una derivación mucho más furiosa del *punk* que habla «de las porquerías de esta sociedad degenerada que nos lleva a la destrucción total». Algo de *black metal*…

Un poco después de las cinco él dejó de oír las notas de Minor Threat, una de las bandas DIY (Hazlo tú mismo) y distinguió un ruido de cristales. Adriana quebraba el espejo de un armario antiguo que la madre había acomodado en su habitación un par de días antes. Minutos después se oyó la detonación. El revólver, un 38 corto, quedó bajo la cama. Había sido cargado sólo con un proyectil.

No hay duda de que el mensaje escrito con letra muy clara, dejado por ella sobre la mesa de noche, pasó tan impune ante sus ojos, que al fiscal se le escapó transcribirlo completo:

Es una lástima que la corrupción y la estupidez no duelan. Si dolieran, Colombia sería un alarido.

Un par de meses atrás el profesor Demetrio Castro, un maestro de bachillerato, y Luisa, su mujer, una psicoterapeuta, hablaban de la ola de suicidios de adolescentes y jóvenes entre los nueve y los veinte años que componen parte de la población de los colegios —diferentes capas sociales— en donde ellos trabajan.

Maestro: «Definitivamente, una masa inmensa de adolescentes y de jóvenes en este país no quiere vivir. Nosotros lo vemos a través de pruebas técnicas que nos muestran su estado de ánimo. Mejor dicho, lo comprobamos en la confrontación directa con ellos y el balance es ese: no quieren la vida. ¿Por qué? Porque están saturados, en primer lugar, de la violencia que los rodea. Luego, de la corrupción.

»No nos pregunte estadísticas, no es lo nuestro. Lo nuestro es la terapia, pero sabemos que el número de suicidios y el número de intentos de suicidio a partir de los nueve años es muy grande, en todas las capas sociales, en las de los ricos y en las de los menos ricos. Es igual».

El profesor y su mujer trabajan con una generación de adolescentes «que se alimenta con comidas rápidas, se comunica con siglas, son unos ases en computadores y en videojuegos y se aman más temprano que ninguna otra generación. Pero también se sienten más solos».

Maestra: «Y en esa soledad, que es el rechazo a lo que los rodea, intentan huir identificándose con algo, con cualquier cosa que pase frente a ellos, sepan o no de qué se trata, con los juegos de rol que son la fantasía, con ritmos extranjeros que hablan del rechazo a lo que existe, con el culto satánico que es rechazo a las creencias que heredaron, con el vampirismo, con el hombre lobo, con el alcohol, con la droga, con algo que le dé sentido a su existencia, porque ellos mismos no saben qué son».

Maestro: «Nosotros hablamos de algo que ahora se llaman tribus urbanas. Ellas dejan ver un fuerte potencial de agresividad por las tensiones, por las contradicciones y por las ansiedades que presionan a la juventud moderna. Los adolescentes y los jóvenes que ingresan a ellas lo hacen en busca de una nueva vía de expresión, de un modo de alejarse de la realidad.

»Al realizar ritos, asumir costumbres, adoptar ritmos musicales determinados e, incluso, agredir a los demás en forma visual, en forma física o con sus ideologías, los jóvenes pretenden lograr una nueva identidad que reafirme su gran desacuerdo con la sociedad».

Maestra: «En esa angustia, más allá de la moda, unos generan un estilo de vida soñando con cambiar lo que los rodea por medios pacíficos, detrás de lo cual está, desde luego, el respeto por la dignidad de las personas. Hoy esos grupos se llaman en nuestro país urbano *raperos, candies, wicas, taggers, rastafaris, capoeiras, neohippies, rollers, bikers, skaters, hackers...*».

Pero, por otro lado, Luisa y Demetrio ven crecer cada día a una masa de adolescentes en las grandes ciudades, que también busca un cambio por otros caminos.

Maestro: «Llámelos satánicos o satanistas, sicarios, pandillas juveniles, *skinheads, punks*, barras bravas, góticos, *crackers, freakers*... La sociedad no los conoce. Es que este país está de espaldas a sus propios jóvenes. Los adultos en Colombia no tienen ni idea de lo que está sucediendo en el mundo de sus hijos. O bueno, sí lo saben: si hablan de ellos, dicen que son el futuro de la patria, pero con eso lo que están haciendo es quitándoles la posibilidad de ser el presente».

Cuando comenzaba este milenio, en Bogotá se aplicó una prueba oficial a treinta mil estudiantes entre los nueve y los trece años, y una de tantas conclusiones es muy clara: «Hoy no existe confianza ni en el Estado, ni en quienes conforman el Estado, ni en la educación que reciben, ni en la sociedad. Son personas que formarán parte de algo en lo que no creen».

En este país de 42 millones de habitantes, algo más de 18 son adolescentes.

No hablar con la familia antes de un mes luego de la tragedia: cualquier pregunta puede herir sus sentimientos y el recuerdo se niega. Tampoco más allá de seis: entonces los pensamientos han comenzado a diluirse en la fantasía, a pesar de la intensidad del duelo.

Bogotá. Segundo sábado de noviembre a las cinco de la tarde. En el *penthouse* de un edificio que mira a las montañas, el ascensor se abre en un vestíbulo violeta. Sobre una mesa hay una pequeña fuente de metal con una esfera de cristal en rotación.

Tres días antes me había comunicado con el hermano de Adriana, quería saber algo de ella. Luego de escucharme, él dijo que deseaba pensarlo primero; «usted sabe, es algo que hemos tratado de mantener en silencio, usted comprende…».

La tarde siguiente aceptó que lo visitara en su casa y ahora estaba allí, de pie, silencioso como es él. Se adelantó lentamente y dijo que lo siguiera. Atravesamos dos salones muy grandes, el área social de la vivienda, que más tarde entendí, es acaso lo más importante de aquel piso de seiscientos y tantos metros cuadrados en lo más alto de una torre de apartamentos.

Sus padres se hallaban entonces en Miami, donde pasan buena parte del año, alternándolo con visitas a París, a Madrid, a Nueva York, donde el padre tiene una serie de contactos que se traducen en grandes negocios con el Estado colombiano. Algo *subterráneo,* como lo aceptó Juan Carlos —así se llama el hermano— sin que yo se lo preguntara.

Juan Carlos: «He pensado en lo de mi hermana y en el fondo me parece bien que se sepa, porque yo creo que su muerte no es un tema tan sencillo. Adriana… Digámoslo de una vez: Adriana no estaba de acuerdo con mis padres. Ella era una persona absolutamente sola, absolutamente alejada, la desesperaba la vida social casi permanente, la angustiaba ver cómo en esta casa se manejan tantos intereses raros. Con eso yo tampoco estoy de acuerdo. Sin embargo…

»—¿Qué?

»—No he pensado en seguir sus pasos».

Para él, la causa de su muerte no fue del todo lo del armario antiguo. Ella venía desde los dieciséis hablándole de sus problemas, de la insatisfacción por lo que le parecía «el despelote» familiar y eso le causaba dolor, y le causaba soledad, inseguridad, tristeza y finalmente resentimiento. ¿Con qué? Con todo.

«Lo del armario fue el miércoles anterior a su muerte. Ella regresó a la casa en la tarde y encontró que mamá había acomodado frente a su cama un mueble antiguo, con un gran espejo en una de las puertas, y Adriana perdió el control. Recuerdo el choque de esa tarde:

»—¿Por qué has metido ese animal viejo en mi habitación? ¿Por qué? Esto no es un basurero —le gritó Adriana, y mamá respondió con ese gesto desafiante que hace ella cuando algo no le gusta:

»—¿Animal viejo? ¡Por Dios! Eres una desagradecida. Ese animal viejo, como tú llamas a semejante pieza de colección tan valiosa, es algo que no puede tener cualquiera. Ese armario es nada menos que un toque de elegancia, es algo así como un pasado de aristocracia. Yo lo compré pensando en ti. ¡Desagradecida!

»—¿Aristocracia? Mamá: ¿cuándo hemos tenido aristocracia?

»—Bueno, pues el pasado aristocrático se compra cuando uno tiene dinero. ¡Y punto!

»Para Adriana, aquel armario significaba la suplantación de la decencia para cubrir una farsa.

»Un poco después, Adriana me dijo: "No puedo vivir con ese espejo frente a mí", pero yo no encontré alguna fórmula para superar ese problema que, definitivamente, la había descuadernado.

»Por eso, cuando escuché que lo quebraba y luego oí el balazo, entendí perfectamente que el armario… Bueno, digamos que el espejo fue lo que terminó por arruinarle la vida a Adriana».

—¿No será que aquel espejo se convirtió en el factor desencadenante de la tragedia que ella tenía dentro de la cabeza?

«—No lo había pensado así, pero… es posible. Sí, viéndolo bien, tal vez sí. Ahora no puedo decir que no».

Según Juan Carlos y más tarde los padres, no había noticias de que en aquella familia alguien se hubiese quitado la vida. En el entorno social de Adriana y Juan Carlos, sí.

«El año pasado se ahorcó un muchacho de quince años que estudiaba en el colegio donde nosotros hicimos el bachillerato, y en enero pasado uno de diecinueve, hijo de una familia amiga que vive cerca de aquí».

—¿Lo de Adriana puede ser una tendencia a la imitación?

«—Imposible. Ella tenía su propia personalidad».

Cuando el mar de luces invadió la ciudad en la parte llana a los pies de aquel edificio, Juan Carlos aceptó que visitáramos la habitación de Adriana en la segunda planta.

Allí hay ahora una sala, los muros pintados de lirio y en el centro una planta acuática.

«Es un *Lucky Bamboo* comprado en Malasia, que papá le pidió al embajador de Colombia y cuando llegó lo colocaron allí».

El armario, la cama, el equipo de sonido, algunos afiches en las paredes, la ropa, el mueble de la biblioteca, todo había desaparecido. Sin embargo, en un mueble adquirido más tarde, el hermano había logrado que los padres dejaran los libros y los discos de Adriana. Al fin y al cabo, ellos no parecían ocuparse de los gustos de su hija.

«La historia de esta casa es que unas semanas después de la muerte, una amiga le dijo a mamá:

»—Trae a una asesora en feng shui…

»—En feng… ¿qué?

»—Shui. Una ciencia china que sirve para equilibrar y armonizar las energías que se mueven en cada vivienda.

»—¿Dónde está esa persona? —preguntó mamá, y la amiga se lo dijo.

»Creo que a los quince días o algo así llegó la señora Claudia Roldán. Venía desde Cali en un avión rentado por papá. Claudia ejerce allí el fengshuismo.

»Me acuerdo de que cuando mamá le contó nuestro problema, Claudia le preguntó por la fecha y la hora de la muerte, y mamá le dijo:

»—El 24 de agosto a las cinco y media de la tarde.

»Claudia consultó en un libro, abrió los ojos y nos lo mostró. Sobre esa fecha había un cuadro negro. Luego nos explicó una serie de cosas».

Claudia Roldán: «El día del que estamos hablando corresponde a una fecha negra en el tong shu, que es este calendario chino. Aquí está recopilada la información de más de seis mil años y sirve para conocer las calidades y las cualidades de un día determinado en el anuario.

»Este es un calendario día por día, como el Bristol nuestro, basado en cálculos lunares, pero en el que se encuentran los días buenos y los días malos desde el punto de vista de la energía que se genera.

»Según los chinos, este día oscuro es en el que no se debe tomar ninguna decisión porque todo es negro, hay carencia de energía. Mejor dicho, estamos frente a un día totalmente yin en el feng shui. Yin es lo oscuro, lo frío, lo negro… Y además, fíjense que Adriana tomó la determinación en una hora yin, o sea, después de las tres. Al atardecer».

Juan Carlos: «Después, ayudada por una brújula, ella recorrió primero la casa y tomó notas, trazó algunas líneas, realizó un estudio y un día después hizo varias recomendaciones».

Claudia Roldán: «Encontré la habitación de Adriana en el norte de la casa. Allí gravitaban las energías *Nueve Montaña* y *Seis Agua*, que nosotros llamamos *Fuego en las Puertas del Cielo*. Eso equivaldría a destruir todo lo que está en nuestro alrededor. Se destruyó Adriana.

»Adriana tenía allí una biblioteca, un equipo de sonido, sus discos. Ahí estaba el *Fuego en las Puertas del Cielo*. En este lugar ella comenzó a destruir ese *Cielo* con la lectura y con la música.

»—Señora —le dije a la madre—; saque usted de aquí todo lo que pertenezca a Adriana, regálelo, bótelo, dónelo, pero no se quede con nada que haya pertenecido a su hija, porque cuando las personas mueren en forma traumática, muchas veces no toman conciencia de que ya se han ido y su energía queda deambulando dentro de la casa. Uno debe desbaratar su hábitat, porque ese hábitat es propenso a que ella se quede dentro de la habitación. ¿Nota usted que este lugar ahora se siente tenso?

»Además, en este punto que es el norte coloquen una planta acuática para depurar la energía que ha dejado Adriana, y coloquen otra entre la gran área social y el ascensor (norte del área social).

»En esta habitación deben aplicar pintura lirio muy suave. El lirio tiene tonalidad de lila, y el lila actúa para transmutar la energía del negativo al positivo. Ese color deben dejarlo aquí durante seis meses hasta cuando se opere el cambio. Después pinten de blanco».

La planta acuática es el *Lucky Bamboo* de Malasia, con sus raíces sobre piedras semipreciosas, como lo dijo Claudia: ágata, turmalina, amatista, jaspe y turquesa, puestas dentro del agua.

Juan Carlos: «Le dije varias veces a mamá que sí, que saliera de todo aquello, pero que conserváramos la biblioteca. Dijo que no. Al día siguiente volví a insistir. No quería. Finalmente una tarde, cuando ya me había olvidado del asunto, trajeron otra que a ella le parecía más moderna, la hizo pintar de lirio y regaló la anterior. Mamá piensa que la biblioteca es solamente el mueble».

Aquella noche de noviembre, Juan Carlos aceptó que yo repasara y luego tomara nota de los títulos de los libros colocados en el mueble lirio. No eran muchos, aparte de los textos universitarios y algunas revistas y guías turísticas del mundo aparentemente sin abrir que le había regalado su madre. Una colección de obras empastadas en verde: *Grandes maestros de la literatura universal*, dos enciclopedias, un anuario del colegio y cinco cuadernos con notas.

Dos días después regresé con el ánimo de estudiar uno a uno los libros que había visto muy subrayados en algunas páginas. Juan Carlos dijo que no tenía ninguna objeción: podía permanecer allí todo el tiempo que deseara.

Sin embargo, al llegar al vestíbulo del ascensor me quedé mirando los muros violeta y la fuente de cristal, y cuando volteé la cara encontré que él había comprendido mi curiosidad y antes de saludar entró en explicaciones.

Juan Carlos: «Cuando Claudia Roldán llegó a este sitio dijo que para ella era importante por su ubicación en la casa y ordenó poner esta fuente. Luego habló de colores para pintar los muros, y entre ellos mencionó el violeta, pero advirtió que ella prefería otro. Papá le preguntó qué significaba, o qué atraía el violeta. Ella se lo explicó pero él insistió en que ese era el que debían poner allí. Bueno, Claudia aconsejó por última vez el otro, no recuerdo cuál, pero cuando volteó la espalda, papá dijo con esa manera de ser suya:

»—Que pinten este lugar de violeta. Punto».

Claudia Roldán: «Un poco después supe que aquel vestíbulo al nororiente del apartamento fue pintado de violeta. Bueno, sencillamente el tono morado sirve para transmutar las energías. Para cambiar la energía de negativo a positivo. Es el cambio. Y si lo vamos a tomar como jefe de hogar, es el color que da poder. Así se lo había explicado.

»La fuente con la esfera de cristal en rotación fue coloca-
da allí con la intención de activar la opulencia y la riqueza
en aquella casa. Ese era el deseo más importante del señor:
"Que haya más". De acuerdo. Que haya más. Para nosotros
los fengshuistas, el *Ocho Agua* trae opulencia y esa era la preocupación del papá, que no ocultó en ningún momento su
deseo de tener siempre más y más».

La mañana que subí con Juan Carlos a lo que fue la habitación de Adriana hallamos el mueble moderno, los libros,
los discos, los apuntes en hojas sueltas dentro de lo que leía.
En el costado izquierdo vi una colección de relatos que comenzaban con *Destrozando su inocencia*, ensayo de horror de
Federico «Gorepriest» Ágreda:

Te tomé del cuello y te alcé para darte un beso con el más puro
amor que te tengo, pero vomitaste y te solté de nuevo en tu cama
mientras lloraba...

«Gorepriest» es también célebre en los círculos *black metal*
de Venezuela. Su música es un estilo de *metal* extremo y oscuro
con toques de *ambient*.
Otro: *Tras las puertas de metal*, literatura de terror. Autor:
Pedro Liberato, joven escritor latino integrante del movimien-
to Letras Negras.
La mueca del monstruo, horror gótico. Autor: Robert Bloch.
Aproximaciones a la sangre como símbolo, horror gótico.
Autor: «Keko» Suárez, integrante mexicano del círculo 13.666,
fundado en 1997, y también integrante del movimiento Letras
Negras.
Una colección de la revista *Bafomet* (culto satánico), otra de
Abracadáver, y una serie de relatos en el terreno de lo macabro,
de Howard Phillips Lovecraft, «una permanente contienda
armada contra la civilización», y autor preferido de un gran
núcleo de jóvenes colombianos en las ciudades principales
durante la primera década de este milenio.

Necrománticas. Engendro de la muerte, de Brian Lunley.

Como Adriana lo anotó al margen de alguno de los libros, sus líneas me iban permitiendo por fin captar una parte de «las emanaciones» de su alma.

Aquellos títulos continúan con *El sobreviviente, Marginalia, En las montañas de la locura, En la cripta, y El horror de Dunwich,* de Lovecraft:

Ygnaii... ygnaii... Yog-Sothot —sonaba el horripilante graznido procedente del espacio.

Es erróneo llamar sonidos a aquellas atrocidades, por cuanto su timbre horrible, a la par que extremadamente bajo, se dirigía mucho más a los lóbregos focos de la conciencia y al terror del oído. Eran unos sonidos estruendosos cual los fragores de la montaña o los truenos por sobre los cuales resonaban, pero no procedían de ser visible alguno.

También se veían allí Cazador de sombras, La sombra del tiempo... El modelo de Pickman:

Rara vez aquellas figuras eran completamente humanas. La mayoría de los cuerpos, si bien toscamente bípedos, tenían una tendencia a inclinarse hacia delante y un cierto aire canino. Algunas veces los mostraba en grupos, en cementerios o pasadizos subterráneos, y a menudo aparecían luchando por la presa, o mejor dicho, el tesoro descubierto. ¡Y qué expresividad tan genuinamente diabólica tenían los cientos de rostros de ese botín macabro!

De la literatura de terror y del horror gótico, temas de adolescentes amantes de las sensaciones extremas, Adriana pasó a un género mucho más espeso, acaso más recreado y más absorbido por ella, y se profundizó en las páginas de algunos libros de Aleister Crowley, definitivamente su autor preferido al lado de Anton Szandor LaVey, a juzgar por los subrayados en sus páginas y las notas escritas en las hojas sueltas que iba acumulando dentro de ellos.

De Crowley dejó algunas poesías, un conjunto de parafernalia mágica y reseñas sobre los ritos neopaganos llevados a cabo por la Orden de la Estrella Plateada (*Astrum argentuum*) y la Orden de los Templarios Orientales, ambas fundadas por él. Y con ellos, un par de escritos de Eduardo Berti (Buenos Aires, 2000), uno de ellos titulado *Aleister Crowley, La Bestia*, y un epitafio de Tina Rose: *Aleister Crowley, La Bestia 666*.

Este hombre del siglo diecinueve, indudable inspirador de muchos autores satanistas, explica con claridad aquel lazo de unión que existe entre la exaltación del hombre y la rebelión contra Dios, específicamente contra el Dios de los preceptos morales.

El libre albedrío, el rechazo absoluto contra todo lo heredado, gravitaron definitivamente desde entonces en la mente de Adriana.

Crowley, su nombre inicial Edward Alexander, nació en Leamington, Warwickshire, Inglaterra, en 1875. Sus padres pertenecían a una secta de protestantes ortodoxos llamada Hermanos Selectos y fue educado dentro de las reglas puritanas más estrictas. Pero un día su mente rompió con todo aquello y se cambió el nombre por el de Aleister.

Cuando aún era un estudiante en Cambridge publicó «Aceldama», un poema místico en el que anunciaba que Dios y el demonio habían luchado por la posesión de su alma y que él no estaba seguro de quién había ganado.

Luego, un editor especializado en pornografía publicó un libro atribuido a él, en el cual no cabe duda que quien venció fue el Demonio: los poemas de la obra son obscenos y tratan de perversiones sexuales como la necrofilia y la coprofilia.

Sin embargo, medio siglo después, para la gran masa de ingleses su nombre parecía olvidado, hasta cuando a finales de los años sesenta Los Beatles editaron *Sargent Pepper's Lo-*

nely Hearts Club Band, uno de los discos clásicos de la cultura y de la sicodelia.

Paul McCartney ideó la cubierta en la que aparecen los cuatro Beatles en medio de fotografías de sus ídolos y héroes de adolescencia. Antes de que la carátula fuera diseñada, cada uno de ellos hizo una lista con sus personajes, pero la más controvertida fue la de John Lennon, que incluía, entre otros, a Oscar Wilde, el hombre que crucificó a la burguesía inglesa a finales del mil ochocientos, a Adolfo Hitler (finalmente eliminado), al marqués de Sade y a un tal Aleister Crowley.

Cuando se conoció el álbum, el diario *Daily Express* señaló con disgusto y desconcierto la presencia de Crowley, «exponente de esa incesante tradición de extravagantes británicos que tan bien retratara Edith Sitwel en su libro *The English Eccentrics*».

Desde luego, este álbum de Los Beatles se convirtió no sólo en uno de los discos más influyentes del siglo, sino en un objeto de culto.

En él, Crowley fue reconocido como autor del libro *Diary of a Drug Friend* (*Diario de un amigo de la droga*, 1922), una de las primeras novelas con atmósfera de libertad sexual y consumo de narcóticos, y como fundador en Sicilia de una «comunidad alternativa» cuyo lema era «Haz lo que quieras», a raíz de lo cual fue apodado «La Gran Bestia», y «El hombre más malvado del mundo».

Un poco más tarde fueron reeditadas en Inglaterra y en los Estados Unidos sus memorias, y aparecieron más recordaciones en las canciones de otros artistas del *rock*.

Según Eduardo Berti, la gran absolución para la juventud del momento fue la aparición de Crowley en el *Diccionario de biografías nacionales* en 1993, pues desde los tiempos victorianos en esta obra se da cuenta de las vidas de los ciudadanos británicos destacados.

«Sobre 1900, estando de vacaciones en Suecia, una leyenda cuenta que Crowley despertó en medio de la noche descubriendo que tenía poderes mágicos y se dedicó a invocar espíritus bajo la tutela de temas como *El libro de la magia negra y los pactos*.

»En 1903 se casó con una joven viuda llamada Rose, alguien que nunca había manifestado conocimientos de ocultismo ni interés alguno por la magia negra, y viajaron en luna de miel a Francia, Ceilán y Egipto».

Rose deseaba ver a su esposo practicando ceremonias ocultistas y éste preparó varios ritos en los cuales se le apareció un espíritu llamado Aiwass, quien según Crowley le dictó un capítulo de *El libro de la ley*, una especie de nuevo evangelio que debía remplazar a la *Biblia* católica, al *Corán* y a los libros sagrados hinduistas y budistas.

La nueva religión creada por Crowley se llamaba «Thelema» o «Crowleyania» y debía remplazar al cristianismo, al judaísmo y a otras creencias que Crowley llamaba «religiones de esclavos».

Más tarde, en 1913, enfermó de bronquitis y comenzó a consumir opio. Alrededor de 1920 se dedicó a la heroína por prescripción médica. Esta experiencia, sumada a la de tantos años con el opio y el hachís es reflejada por él en *Diario de un amigo de la droga*.

«Como la heroína era ilegal en la Gran Bretaña y muy difícil de obtener por aquellos tiempos, Crowley decidió mudarse a Sicilia, donde fundó una comunidad utópica, arquetipo de la nueva sociedad».

En aquel lugar revivió sus fantasías sexuales y síquicas, pero la comunidad no sobrevivió mucho tiempo, pues las autoridades italianas lo expulsaron del país cuando se enteraron de lo que acontecía en la Abadía.

Luego vino una época de vagancia por Europa. Lo expulsaron de Francia tras varios escándalos de droga. No obstante, fue en esos años cuando escribió su libro famoso: *Magic in Theory and Practice*, una de cuyas recientes ediciones guardaba Adriana en su biblioteca.

La enfermera que lo atendió en el lecho de muerte dijo que una de sus últimas frases fue: «A veces me odio a mí mismo».

Una semana más tarde volví al *penthouse*, pero los padres de Adriana aún no habían regresado de Miami. Juan Carlos estaba en las vacaciones de su universidad y dijo que tenía «todo el tiempo del mundo» para conversar. Esta vez el tema fue algo que a él también lo atormenta en su hogar: el tren de compromisos sociales y aquella vida de negocios de su padre, siempre de espaldas a los hijos.

Juan Carlos: «Lo he pensado, y sí: lo del espejo de aquel armario fue simplemente lo que le llenó la copa a Adriana, que ya no podía soportar tanta presión. Mis padres la veían muy poco últimamente. Por ejemplo, ellos no saben por qué abandonó la universidad, o si se lo llegaron a preguntar, creo que no le dieron importancia; a mí me parece que eso era fundamental, significaba que ella había fracasado en el gran proyecto de su vida y eso es muy crítico en un joven como uno que está comenzando. A partir de ese momento yo, que era digamos el único que hablaba con ella en esta casa, que era su amigo y ella confiaba en mi silencio… Ahora pienso, ¿por qué me callé?… Yo noté que en ese momento ella se desmoralizó mucho más. ¿Por qué dejó su carrera de ciencias sociales cuando terminó cuarto semestre? Porque una cosa era lo que le enseñaban en la universidad y otra la política como la vivimos nosotros. A mamá eso no parece afectarla. Ella nació para vivir bien, para gastar mucho, para viajar, para el lujo, para decirle a papá que todo está bien, y a Adriana y a mí nos parecía que las cosas no deberían ser así. Por eso le dije el día en que lo conocí a usted: ella había comenzado desde hacía mucho tiempo a crear sus propias atmósferas.

»Cuando mis padres están en Colombia, en esta casa no hay día —no exagero—, no hay día en que no se invite a almuerzos o cenas. Por aquí pasan políticos, empresarios, militares. Aquí vienen expresidentes de la república, embajadores, ministros, abogados, ingenieros, según papá esté interesado en algún negocio.

»Yo recuerdo que uno de los choques más grandes de Adriana con mis padres fue cuando ella tenía, tal vez dieciséis, tal vez diecisiete. Ella era una mujer bonita: buen cuerpo, unas piernas largas, y comenzó a notar que cuando había alguna cena de negocios él le pedía a mamá que le comprara ropa de mujer grande: escotes, minifaldas, medias de seda negra, tacones altos, cosas así, y esa tarde estaba pendiente de cómo se vestía. ¿Cómo? Pues como una mujer joven: sus bluyines, una blusa, una chaqueta. Cuando la veía llegar a la casa, él comenzaba:

»—Vístete como una mujer elegante porque te voy a presentar a fulano y a zutano. Esas conexiones te van a servir más adelante, cuando seas profesional.

»Al comienzo, bueno, sí, conexiones: el presidente de la república, el tipo del Senado, pero a medida que él insista con su "vístete, eres una mujer bella", Adriana le iba desmontando el cuento. Ella ya no tenía quince. Ya no era la nena ingenua, ya estaba cansada de que papá y, claro, mamá también, la sentaran allá al frente a mostrarle las piernas a toda esa gente. Una noche entró, y papá con su cuento: "Vístete", y ella —otra copa que se le llenó— lo enfrentó y le dijo, así, sin rodeos y sin respeto y sin un carajo:

»—¡Tú eres un hijueputa!

»—¿Cómo? Repítelo. ¿Cómo?

»—Sí, un hijueputa, y además un apestoso. Se acabó, no voy a seguir permitiendo que me uses con tus amigotes como si yo fuera una prostituta. ¡No más!».

(Silencio)

Juan Carlos volvió a hablar después de unos segundos:

«La verdad es que la copa se había llenado del todo una semana atrás cuando vinieron dos militares. Adriana me dijo por la mañana que eran un desastre.

»—Mira, Juan Carlos, parecía que me quisieran comer con los ojos. Cuando entré al salón noté que me miraron de arriba abajo, de arriba abajo; no hablaban: me miraban las piernas, me miraban la cola, con esas miradas que uno sabe perfectamente qué están diciendo. Y claro, papá:

»—Adriana, siéntate allá.

»Esa noche ya no me quise hacer al frente. A propósito movía una pierna y los hombres dejaban de hablar, y otra vez: las miradas, las sonrisas, frasecitas de doble sentido... Claro que a las mujeres nos gusta que de pronto nos digan cosas insinuantes, pero con elegancia, con ingenio. Pero lo que decían ellos eran frases torpes. Cómo sería la ordinariez que no soy capaz de repetirlas.

»Y papá sonriendo. Mamá esperaba a que sonriera papá para sonreír ella. Eso fue lo que más me indignó. Ahí acabé de confirmar que jamás podría contar con ellos.

»Sin embargo, Adriana trató de olvidarse de los militares y se quedó en el salón un tiempo más, para escuchar de qué se trataba la cena.

»—Hablaban de la compra de unos helicópteros para el Ejército —me dijo—. Hablaban de millones de dólares, que si con éste tenemos mejores ventajas que con aquél, que si un pliego, que si esto, que si lo otro. Cuando le oí decir a papá que tenía que hacer primero uno o dos viajes a Rusia, salí de la sala sin despedirme y me encerré en mi habitación.

»A raíz de todo eso, Adriana empezó a vestirse de negro. Algunas noches se maquillaba la cara de blanco y los labios muy oscuros, y desde luego se pintaba las uñas de negro, y comenzó a venir a algunas comidas sin que papá se lo dijera. Entraba a la sala silenciosa y se sentaba al frente.

»No había que preguntarle por qué lo hacía. A mí me queda claro que buscaba desafiar, no sólo a papá y a mamá, sino a todas esas amistades... Pero, por otra parte, ella ya había comenzado a vivir su mundo aparte... o sus propias atmósferas, como ella decía siempre.

»Sus propias atmósferas son... a ver... digamos... el demonio. El pacto.

»Es que la situación se había vuelto tan complicada para ella que se convirtió en una persona triste, no podía, o no quería estudiar ni trabajar bien en la facultad. Alguien le dijo que eso se llamaba depresión porque en ese momento no sabía cómo iba a ser su futuro.

»Unas semanas después me dijo:

»—Juan Carlos, vi al diablo. Él me preguntó por qué estaba tan triste, le conté y me prometió ayudarme fuera lo que fuera, pero tenía que ir de su mano.

»—¿Y tú qué le dijiste?

»—Que sí. Que claro.

»—¿Por qué?

»—Porque uno es capaz de vender su alma con tal de salir de esta angustia —respondió.

»—¿Y olía a azufre?

»—Qué te parece que no. Bobo. Lo contrario. Sentí un olor... Un olor dulce, parecido al de la loción que usa papá.

»—Para mí el diablo es de esas épocas, ufff... Cuando quemaban personas en la hoguera... Bueno. Me parece como el coco con que nos asustaban cuando niños. Pero un coco mucho más antiguo.

»—No, es de hoy. Las cosas del más allá no han cambiado, Juan Carlos. El diablo sigue existiendo. El diablo puede ofrecerle a uno muchas cosas a cambio del alma, como la riqueza, que no me importa un pito, pero sí la felicidad. Como la seguridad frente al peligro, como un poder tenaz sobre los que le están haciendo daño a uno».

«Bueno, pues papá fue a Moscú en el primero de sus dos viajes y cuando regresó, comenzó a venir a esta casa el embajador de Rusia todas las semanas. Algunas veces aparecía por las noches sin avisar, otras veces venía por las mañanas. Usted sabe: "Desayunos de trabajo". Luego volvieron los militares y después papá tuvo que hacer un viaje al Perú. Le oí decir que había hablado... ¿Cómo se llamaba ese hombre que pusieron preso cuando cayó Fujimori?».

—Montesinos.

«Sí, Montesinos. Papá se comunicó después con él por teléfono un par de veces. Me acuerdo de que las conversaciones eran muy cortas: máximo diez o quince palabras».

En el año 2002, ya es asunto público, el país adquirió para el Ejército seis helicópteros rusos llamados «Toros del Aire», pero los órganos de control del Estado, Contraloría y Procuraduría, no conocieron a tiempo detalles de fondo porque se trataba «de una negociación ultrasecreta, gastos estratégicos para seguridad y defensa», de los cuales no se le rinden cuentas a nadie.

Finalmente, después de investigar a fondo, la Contraloría General de la República estableció que el país había pagado por los helicópteros quince millones de dólares más de lo que valían en el mercado.

Aquella noche, luego de haber hecho la introducción a la historia de los «Toros del Aire», Juan Carlos me llevó a un estudio al lado de las dos grandes salas de su casa.

Juan Carlos: «Cuando dijo que había cerrado con éxito lo de los helicópteros rusos, papá nos invitó a París. Quería celebrar el negocio con ruido, pero Adriana se negó a acompañarnos. Unos días después se fue sola a San Francisco, donde tenía conexiones y donde encontraba su música, sus historias, sus atmósferas especiales. Allá iba cada año, cada año y medio.

»En aquella pared está la carta del restaurante La Tour d'Argent, uno de los mejores de París, donde papá brindó con nosotros por lo de los helicópteros. Y debajo, una postal del hotel Natsional, frente al Kremlin, donde se hospedó en sus dos viajes a Moscú.

»A papá le gusta guardar algunas figuras que le recuerdan sus negocios importantes».

2

Los libros más señalados en sus páginas por Adriana, y acaso los que mejor marcaron su mente, son *La Biblia satánica*, *Los rituales satánicos* y *Habla Satán*, escritos por Anton Szandor LaVey, quien siguió la misma línea de Crowley.

LaVey nació en Estados Unidos en 1930, y cuando joven se fue a vivir a San Francisco, para él «la ciudad más corrupta del mundo». En 1966 creó la Iglesia de Satán, luego de haber sido estudiante de música, cuidador de leones, especialista en criminología y fotógrafo de delitos en la policía de San Francisco durante tres años, al cabo de los cuales se retiró, saturado de convivir de alguna manera con la cara más sangrienta de la naturaleza humana, y entró a formar parte de la Liga para la Libertad Sexual.

Más tarde ingresó a la Orden del Templo de Oriente y adoptó el nombre artístico de Baphomet. Ocho años después abrió su propio centro satánico en Cerdeña. «En él, las drogas y el sexo constituían el plato fuerte del programa de estudios, así como el camino más firme hacia la liberación… Si a su condición de miembro de la Liga para la Libertad Sexual unimos la influencia de Crowley, nada tiene de extraño que LaVey creyese encontrar en el sexo y en Satán la clave del sentido de la vida y el compendio final de la felicidad», sostiene el crítico Alfonso Fernández Tresguerres.

Un poco después descubrió el satanismo como una forma de vida y la última noche de abril en el *walpurgisnacht*, durante la celebración más importante de la tradición de la magia y la brujería, fecha en la cual pitonisas, demonios y muertos se reúnen para danzar; a manera de ritual se afeitó la cabeza y anunció el nacimiento del año I de la era de Satán (*I Anno Satanas*) con la creación de la Iglesia de Satanás.

Luego de haber estudiado en forma detenida las obras de Aleister Crowley, sin duda uno de los padres del satanismo moderno, y las enseñanzas de la Golden Down inglesa, aseguró ser ateo y destacó la importancia de la figura de Satán para liberar a sus adeptos «de tabúes y de la moral convencional», en tanto que abogó por el culto a los sentidos y al materialismo, y declaró el comienzo de una nueva era en la que se olvidarían los pecados y no se reprimirían los deseos y sentimientos del hombre.

Los Estados Unidos, un país tan celoso por las libertades, y por tanto respetuoso frente a las diferentes creencias, acabaron por reconocer las enseñanzas de LaVey como religión oficial en ese país.

LaVey es el creador del auténtico satanismo actual. En *La Biblia satánica*, escrita por él, definió por primera vez la filosofía de sus creencias al declarar el comienzo de una nueva era «en la que se respetan los deseos egoístas, egocéntricos y lúdicos de la mayoría de los seres humanos».

Este hombre, que más tarde logró insertarse en el mundo del cine en Hollywood, había nacido en California en 1930 y recibió una educación directa de su abuelo, un adiestrador de osos con destino a circos en Europa, y de su abuela, una narradora que le llenó la cabeza de historias fantásticas ocurridas en Transilvania, su tierra natal.

Durante la secundaria, LaVey le dedicaba más tiempo a temas externos como la música, la metafísica y los secretos de lo oculto. La escuela lo aburría y un día la abandonó y se unió a un circo, el Clyde Beauty, donde cuidaba fieras. Luego fue organista bajo la misma carpa.

A los dieciocho años dejó el circo y se enroló en un parque de diversiones como ayudante de mago, y allí aprendió algo más de hipnosis y un poco más sobre lo oculto.

En un perfil publicado sin el nombre del autor que conservaba Adriana, ella misma subrayó: «LaVey observaba los sábados por la noche a los hombres que miraban con lujuria a las bailarinas semidesnudas, y los domingos por la mañana, mientras tocaba el órgano en los actos evangelistas, observaba a los mismos hombres pidiéndole a Dios que les perdonara sus deseos carnales. Pero al sábado siguiente, ellos regresaban al parque y volvían a caer en lo mismo. Fue allí cuando supo que la Iglesia cristiana se nutre de hipocresía y que la naturaleza sexual del hombre, a la larga siempre se revela»

Según él, «El concepto de Satán ha sido mal entendido por el hombre. Todo lo contrario; él ha motivado a los hombres. Creo que es la hora de que el diablo cumpla con su deber… El diablo es el tipo que ha hecho que todas las iglesias sean un gran negocio».

En el manifiesto del satanismo de LaVey, *Wanted God Dead or Alive* (*Se busca a Dios vivo o muerto*), aparecen con claridad los argumentos de una profunda rebelión en relación con todas las religiones, pero en particular con la cristiana.

Uno de los objetivos de la doctrina en la Iglesia de Satán es fomentar la ira, la lujuria, la gula, la soberbia, la avaricia, la pereza y la envidia, y enaltecerlos como las grandes virtudes del ser humano.

Pronto en la existencia del satanismo, LaVey vio que las conferencias y el intenso proselitismo en California no eran suficientes para lograr el crecimiento universal de su iglesia, pero su estrecho vínculo con estrellas de cine de la talla de la actriz Jane Mansfield —para muchos muerta por la voluntad de Satán—, con Marilyn Monroe —con quien reconoció haber tenido un romance— y con el famoso cantante Sammy Davis Junior, le mostró el camino.

Tal vez el primer paso fue lograr que el director Roman Polanski lo escogiera para encarnar a Satanás en la cinta *El bebé de Rosemary* (basada en el libro *La semilla del diablo*), junto con John Cassavetes y Mia Farrow.

Luego actuó en *Invocation of my Demon Brother* (*Invocación de mi hermano el demonio*), película filmada por el director *underground* Kenneth Anger (1969), en que LaVey comparte la pantalla con Los Rolling Stones en una recreación de prácticas esotéricas relacionadas con la obra de Aleister Crowley, rey del ocultismo y compañero de secta, entre otros, de Bram Stoker, el autor de *Drácula*.

El bebé de Rosemary fue un gran éxito, pero a finales de la década de los sesenta LaVey tuvo que afrontar las recriminaciones por haber aceptado la adhesión de Charles Manson, un asesino que ordenó la muerte de Sharon Tate, esposa de Polanski y protagonista de la película *El baile de los vampiros*, y de un grupo de amigos reunidos en casa de aquélla, una noche de agosto de 1969. Al morir, Sharon Tate tenía ocho meses de embarazo.

Una de las hipótesis policiales en torno a la matanza señalaba que el móvil del múltiple crimen organizado por Manson era castigar a Polanski puesto que, según aquél, en *El bebé de Rosemary* quedaban al descubierto asuntos íntimos de una sociedad secreta como el satanismo.

Acaso como una terrible coincidencia, John Lennon fue asesinado en el edificio Dakota de Nueva York, donde Polanski había filmado aquella película.

No obstante la tempestad desatada por la matanza de Sharon Tate y sus amigos, Manson anunció más tarde desde la cárcel que continuaba siendo un seguidor de LaVey.

En 1975, seis años después de la muerte de su esposa, Roman Polanski se vio nuevamente envuelto en problemas tras una acusación por violar a una adolescente y fue puesto en prisión.

De acuerdo con anotaciones hechas por Adriana en uno de sus cuadernos, la noche de un viernes de ritual no lejos de Bogotá, después de que La Bestia hizo que sonara la novena campanada, y de aquello de la dosis, y del despojo de su ropa, sintió un crujido en la cabeza; raro, nunca le había sucedido, y ya no vio más que niebla. Se sentó en el suelo y cuando se fue la niebla volvió a distinguir la figura del diablo. Él estaba muy cerca, de manera que hablaron; le gustó su voz, sí; era un íncubo y estuvieron allí no sabe cuánto tiempo, al final del cual ella tomó la decisión de comprometerse a ser su hija por el resto de la vida y a pertenecerle después de la muerte.

Soy su esclava, voy a llevar una vida pecaminosa. Dios y la Santísima Trinidad no existen, ese es un cuento con el que nos han engañado desde siempre, escribió.

Y subrayado en uno de los libros de Crowley:

«Satanás representa oposición a las religiones que sirven para frustrar y condenar al hombre por sus instintos naturales».

Y en el manifiesto de LaVey, *Wanted God Dead or Alive*:

«Las religiones de naturaleza espiritual son un invento del hombre».

Por sus líneas y a partir de aquella noche, no cabe duda de que, para Adriana, el diablo comenzó a sustituir la figura de su padre.

Juan Carlos: «Ella me contó que la segunda vez lo vio como una persona fina, seria, con un vestido elegante. Tenía más o menos la edad de papá cuando ella era más jovencita y detrás de él había un perro negro».

Le pedí que regresáramos a la biblioteca de Adriana y una vez allí repasé libro por libro en busca de Fausto.

»—¿Qué busca? —me preguntó Juan Carlos.

»—Algo de Goethe. Exactamente, *Fausto*.

»—¿Fausto?

»—Sí. Por lo del diablo y el perro negro. Pensé que podría ser la misma fantasía.

»—Sí, una vez la vi leer esto de Goethe. Aquí está *Fausto*. Esa no era la literatura que la atraía y no lo terminó. Usted ya había tomado nota de lo que hay en esta biblioteca» —respondió.

3

Juan Carlos: «La memoria no me alcanza para recordar tantos, pero tantos negocios... Sí negocios, que ha hecho papá en esta casa, pero uno que nos marcó, digamos que se quedó al frente, fue el de La Gran Vía.

—La Gran Vía es una zarzuela española.

»—Sí, pero aquí no hablaban de música sino de una carretera muy larga y muy importante en el Magdalena Medio. Yo digo que nos marcó por la agresividad y por la arrogancia de un español muy bajo y muy gordo que venía con frecuencia... Bueno, es que venían varios españoles y un ingeniero colombiano. Después aparecían, con ellos o sin ellos, abogados, empleados del ministerio, alguna mujer muy importante en el gobierno.

»En esa época —fueron más de dos años de visitas y planes y cosas así— papá hizo venir al cocinero de un restaurante español en Bogotá, trajeron vino español y todas esas cosas. Esta vez, Adriana no era invitada pero se colaba; digo yo, entraba a las reuniones sin que la invitaran y se sentaba allí con su ropa negra, los miraba, sonreía en tono de burla, hasta que

una noche papá le dijo que por favor saliera, que no volviera
más, pero sin embargo ella continuó con su juego. Tal vez por
eso el español gordo se ponía tan agresivo.

»En esa época papá y mamá hicieron varios viajes a Madrid, unas veces invitados, otras por su cuenta. Yo creo que
hicieron diez, tal vez once viajes.

»Cuando regresaban papá y mamá, venían a cenar el
embajador de España, otra vez el gordo, otra vez el segundo español, al parecer un ingeniero importante en su
tierra, gente del Congreso, magistrados, el constructor colombiano... Imposible recordar el desfile de personas que
hablaban de La Gran Vía, de unos túneles, de peajes... de
cosas de esas.

»El que nunca vino, a pesar de que lo invitaban y le man-
daban a los del Congreso a pedirle que viniera, digo, el que
nunca quiso venir fue un ministro que, entre otras cosas, todos
ellos odiaban.

»—¿De qué se tratará todo esto? —le pregunté un día a
Adriana y ella se rió:

»—Te vas a morir por inocente: pues de uno de los
negocios torcidos de papá, pero parece que esta vez no le
están saliendo tan bien las cosas como él y sus amigotes lo
esperaban —respondió.

»—Y tú, ¿cómo te sientes ahora? —le pregunté en esos
días a mi hermana.

—Ahora lo que pasa en esta casa me resbala. Él ya no es
mi papá, tú lo sabes. Él es otra persona muy distinta de la
que conocí cuando era pequeña. En esa época lo veía como
a un dios, ahora...

»—Como al diablo. ¿No es eso?

»—Quién sabe. Por lo menos lo veo más pequeño y, ¿sabes una cosa? Ahora yo soy más agresiva que él. ¿No lo has
notado?».

Desde luego, para Adriana su padre podría ser ahora la
imagen del ángel caído, pero en el fondo no dejaba de ser su
padre. Al fin y al cabo, según la historia, Dios y el demonio

fueron al principio iguales, pero luego la figura se descompuso en dos: un ser bueno y otro malo.

El diablo odia a Dios, entonces su padre se parecía cada vez menos a Dios y más al diablo. Adriana estaba atrapada dentro de aquello que llaman la concepción satánica del padre.

Desde luego, y como parece razonable, al lado de LaVey y Crowley, Adriana guardaba una serie de artículos y discos sobre Charles Manson, aún hoy una especie de ídolo para un sector de la juventud estadounidense y para aquellos que la imitan.

Manson, un *hippie* resentido, cantante y compositor frustrado, se caracterizó por una profunda fe en la tortura y en la muerte, haciendo una traslación literal de la figura demoníaca de la muerte y del mal.

El año de aquellos asesinatos, Ted, uno de sus seguidores, proclamó:

«Yo soy el diablo y estoy aquí para preocuparme de los asuntos del diablo».

Manson, el discípulo de LaVey, nació en Cincinnati en 1934; es hijo ilegítimo de Katheline Maddox, una joven adolescente de dieciséis años a quien él mismo calificaba como «una prostituta joven».

En el acta de nacimiento aparece como «Unknown Maddox» (Desconocido Maddox), pues su madre ni siquiera se puso en el trabajo de pensar en un nombre para su hijo. Más tarde le pusieron Charles, uno de los amantes de Katheline, que no era su padre.

Cuando Charles tenía cuatro años de edad, su madre y su tío fueron sentenciados a cinco años de prisión por asaltar una gasolinera y él quedó al cuidado de una tía, fanática religiosa que veía el pecado en cualquier forma de placer. Ella tenía un esposo sádico que llegó a obligarlo a vestirse de mujer en su primer día de clases, porque, según él, «así aprendería a comportarse como un hombre».

Una vez que salió en libertad condicional, Katheline lo recogió nuevamente. Manson entonces había cumplido ocho años.

En adelante, él vivió con su madre, una mujer que llevaba a la casa a sus clientes de uno y otro sexos, padecía de alcoholismo y dejaba al pequeño a cargo de los vecinos «por una hora», pero regresaba luego de varios días. Algunas veces, al cabo de semanas. Una tarde intentó cambiarlo por una cerveza y un poco después lo rechazó. Charles se vio obligado a vagar por las calles muriéndose de frío y robando para sobrevivir. Así se encaminó por la delincuencia.

Cuando tenía trece años lo encerraron en la cárcel de Springfield (Indiana), donde sufrió una serie de abusos. Él recuerda en forma especial a un guardia que obligaba a otros presos a torturarlo y a violarlo, para él deleitarse mirando cómo lo hacían.

En adelante cayó preso muchas veces por diversos delitos, entre ellos una violación homosexual a un compañero, y se casó más tarde con la prostituta Candy «Leona» Stevens para evitar que aquélla declarara en su contra en otro juicio.

En una de tantas visitas a la cárcel el delincuente fue enviado a la isla McNeil, donde declaró que su religión era la dianética, culto a la cienciología que se encarga de curar las enfermedades mentales. A partir de allí se convirtió en un recluso modelo.

En ese momento comenzó su formación esotérica. Leyó sobre budismo y orientalismo. Se hizo miembro de la Iglesia de la Cienciología y empezó a manejar conceptos como karma y reencarnación, que le serían fundamentales a la hora de presentar un particular Apocalipsis inspirado en una canción de Los Beatles, *Helter Skelter,* que según Manson contiene mensajes que sólo él podía descifrar.

En la prisión de la isla McNeil, las autoridades evaluaron su mente y hallaron un coeficiente de inteligencia superior, 121 puntos. Obtuvo la libertad condicional y se fue a San Francisco.

Para los estadounidenses, este hombre poseía un carisma especial que lo llevó a tener una nube de seguidores, jóvenes de uno y otro sexos, de diferentes grupos sociales y sectas, quienes vieron en él a un guía espiritual, a un padre y a un amante, dispuestos a hacer cuanto aquél les ordenase. Algunos decían que Charles era la reencarnación de Cristo. La Policía los llamó «La Familia Manson».

Posteriormente se relacionó con la Iglesia de Satán. Algunos de sus seguidores fueron los autores de la matanza en casa de Roman Polanski y Sharon Tate.

En la actualidad, un sector de «La Familia» continúa en pie, relacionado con pornografía infantil, narcotráfico y abuso sexual a pesar de la detención de Manson, un personaje destacado para ciertos sectores de la sociedad estadounidense. Luego del crimen de Sharon Tate y del juzgamiento fue nombrado «Hombre del año» por la revista *Tuesday's Child*. Gracias a esto nacieron nuevos grupos de fans, uno de ellos liderado por la joven Jane Spielman, detenida más tarde por fabricación ilegal de bombas.

A raíz de la detención de Manson, una mujer llamada Demeth quedó a cargo de «La Familia», manteniendo comunicación con el preso. En 1975 ella intentó matar al presidente de los Estados Unidos, Gerald Ford, pero se le trabó la pistola y la atraparon. Fue condenada a cadena perpetua.

Sin embargo, como consecuencia de la inmensa publicidad que recibió el proceso, y la popularidad que continúa teniendo entre los adolescentes estadounidenses gracias a la música y al cine, hoy la gente de Manson sigue recibiendo millares de cartas de jóvenes que desean unirse a ellos.

Tampoco es un secreto que, cuatro décadas después, Charles Manson continúa siendo inspiración para muchos músicos en los Estados Unidos: Marilyn Manson, quien tomó aquel apellido para identificar a su banda; Guns'n Roses, que compusieron la canción *Look at your game girl*, y Daron Malakian con los ritmos *Atwa* y *Mind*, que se basan en su historia delictiva.

También existen varios discos compactos con las palabras y la música de Manson, algunos de los cuales están en la colección de Adriana. Otro, impreso por White Devil Records, y otro más, muy actual, llamado *Manson's Speech*.

La historia de Manson y sus seguidores, grabada en un telefilm de 184 minutos llamado *Helter Skelter* en 1976, salió a la venta en el 2005 reeditado con la etiqueta de la productora de cine Warner. Adriana dibujó en la carátula una flor pintada con marcador de tinta negra.

La colección de discos dejada por Adriana comienza por un nuevo álbum musical del conjunto Slipknot, que reivindica una tradición que ha marcado buena parte de las producciones de referencia en el *rock* moderno: grabar en lugares donde ocurrieron historias trágicas. Todas estas versiones han trascendido en los medios de comunicación hasta convertirse en renglones de la industria del entretenimiento.

Así un asesino en serie como Charles Manson se ha convertido en la figura detrás del éxito de millones de discos. En este caso se trata del regreso de un rostro familiar para un incalculable sector de jóvenes estadounidenses.

Trent Reznor, el cerebro de la banda Nine Inch Nails, tiene en su casa de Nueva Orleans la puerta de la mansión de Sharon Tate con la palabra «Cerdos» pintada con sangre, tal como la dejaron los asesinos enviados por Manson.

Más que una apología del delito, el gesto de Reznor significa un testimonio de agradecimiento a Charles Manson: el grupo vendió más de cinco millones de copias de su disco *The downward spiral* en 1994, luego de haberlo grabado en la misma vivienda donde habían muerto Sharon Tate y el bebé que ella esperaba de Roman Polanski.

El éxito de este disco le permitió a Trent Reznor montar su propio sello discográfico y lanzar a otros artistas como Marilyn Manson, que había tomado el apellido de Charles y el nombre de la fallecida Marylin Monroe.

Marilyn Manson, a su vez, significó otro fenómeno comercial en el cual las frases, la marca de automóvil, los escritos y hasta los tatuajes que hicieron parte del pasado y el presente de Charles Manson, tomaron una gran relevancia.

Manson ha estado vinculado a la historia de la industria discográfica estadounidense de las cuatro últimas décadas. Últimamente su presencia ha sido base del éxito de decenas de discos en el *rock* moderno.

Tori Amos y canciones como *742671000027* retransmiten en un disco apartes del sonido tomado de un documental sobre el asesino.

Helter Skelter, el título de uno de los temas de Los Beatles en el *Álbum Blanco*, fue ilustrado con la imagen de la sangre de las víctimas sobre una de las paredes de la mansión de Sharon Tate.

Los Beach Boys grabaron posteriormente material escrito por el propio Manson.

En el álbum *The Spaghetti Incident*, Guns'n Roses incluyó una pista oculta con una versión de otro tema original de Charles Manson.

En el 2001 System of a Down presentó *Toxicity*, y en ella una alusión al tipo de mundo actual que Charles Manson concebía luego de algún tiempo tras las rejas.

También están los discos que el propio asesino grabó estando preso en la cárcel de San Quintín para financiar su defensa, uno de ellos *Live in San Quentin*, álbum prensado diez años después de los crímenes. Más tarde fue objeto de muchas reediciones y nuevos discos compilados que rescataron parte de la mediocre producción que 30 años atrás varias casas disqueras le habían devuelto, alegando «falta de talento».

No hay duda: la figura de Charles Manson, un *hippie* resentido, cantante y compositor frustrado en su momento, asesino en serie, seguidor ferviente de Anton Szandor LaVey, atraía a Adriana con la misma fuerza que ha cautivado a una masa de jóvenes estadounidenses de tres generaciones.

Lo que el fiscal no transcribió en el acta de «levantamiento» del cadáver se hallaba debajo de la almohada, en una segunda hoja que más tarde guardó Juan Carlos. Se trata del resto de una breve diatriba infernal escrita por Adriana antes de morir, inspirándose en LaVey:

No hay un cielo donde la gloria resplandezca, ni un infierno donde los pecadores se abrasen en llamas. ¡Es aquí en la tierra donde conocemos la verdadera corrupción!… Elige este día, esta hora, pues no existe redentor alguno, y di en tu corazón:
Yo soy mi propia redentora.
¡Lo que el hombre ha hecho, el hombre puede destruirlo!

Fiscal: «Allí realmente había poco que ver, fuera del cadáver de una suicida. Yo he visto muchos y ese era el cadáver de una mujer con los labios y las uñas pintados de negro. Una satánica. Mire una cosa: la experiencia me decía, carajo, que si era satánica por esas uñas y esa boca negra, y sí lo era, pues se trataba de una ficha del terrorismo… Hombre, es que los terroristas se aprovechan de las necesidades de esos muchachos; con cualquier frase que digan, con cualquier cosa que ellos estén deseando y no la puedan tener, unos tenis, una gorra, un rapero, falta de diálogo en la casa porque son hijos de hogares deshechos, tantas cosas, los satánicos descubren

muy rápido esas necesidades y los atraen dándoles droga,
llevándolos a sus misas negras, que son, en dos palabras,
droga y todo el sexo del mundo: homosexualismo o hetero-
sexualismo, de todo. Allí se trata de ir en contra de todas las
normas. "El libre albedrío", dicen ellos. "El pecado que no es
pecado sino una maravilla de la vida…".

»Una vez enganchados con esos cuentos, estos jóvenes que
no saben realmente lo que quieren en la vida, ni saben para
dónde van, son enviados por los terroristas —esos sí saben lo
que quieren— son enviados, decía, a cometer crímenes, a poner bombas, a darles muerte a los mendigos y a los dementes
que deambulan por las calles de sus barrios, para que el país
sea mejor; a robar para sus organizaciones criminales… Cómo
no voy a conocer de estas cosas si es mi trabajo casi diario
frente al suicidio de adolescentes y jóvenes en esta ciudad.

»Desde luego —continuó diciendo— las autoridades no
combatimos el satanismo en sí porque según ellos, se trata de
una religión y las leyes amparan la libertad de cultos. Pero es
que detrás de ese fenómeno ocurre toda clase de delitos. Ahí
es donde nos acercamos a los verdaderos atropellos, algunas
veces, unas pocas veces. Por ejemplo, cuando se trata de la
desaparición de niños de brazos. Eso tiene una explicación:
son sacrificados en las misas negras, ellos dicen que como
ofrenda al diablo, porque esas reuniones, además de sexo y
de droga, son de sangre.

»Sin embargo, casi nunca se ha logrado encontrar a los
organizadores. Los demás, jóvenes que son llevados allí como
borregos, jamás dicen nada, jamás acusan a nadie porque los
tienen amenazados de muerte si hablan.

»Sólo dos veces he estado cerca del crimen, pero me ha
sucedido que los voy a interrogar y únicamente recuerdan el
comienzo de aquellos aquelarres, porque una vez llegan al
sitio son drogados con diferentes sicoactivos. Se les pregunta… "¿Quién es el diablo allí?". No responden. Y si responden
no pasan de decir, como me dijeron dos muchachas el año
pasado: "Un hombre con una sotana negra y una máscara.

La mayoría tienen máscaras". ¿Máscaras de qué? "De cabros, de animales, de cosas así".

»En los grupos satánicos —ellos les dicen *parches*— las mujeres son apenas lo que llaman doncellas, es decir, sirvientas que utilizan para el sexo y para algunos trabajos menores, de manera que no conocen cómo opera cada parche, ni quiénes son los cabecillas, ni quiénes los responsables. Para estos jóvenes el satanismo se convierte en una expresión de odio y a la vez de conformismo, más que en manifestaciones de una convicción religiosa.

»Ese par de investigaciones se frustraron porque no había una sola pista concreta, aparte de haber localizado los sitios donde ocurrieron los aquelarres, como ellos los llaman. Uno fue en un campo lejano, más allá del cementerio del Sur: cero testigos, cero indicios. Nada.

»El otro en un caserón abandonado, también en el sur de la ciudad. Una casa derruida y en el segundo piso, debajo del tejado, derruido también, lo que fue una sala o algo así. En la sala una pared pintada de negro y dibujado con pintura blanca lo que ellos llaman *la cruz con los brazos partidos*. Al lado, una serie de palabras escritas al revés.

»Los huecos de las ventanas estaban cubiertos con tablas. No había allí quien cuidara las ruinas, no había allí a quién interrogar. Lo mismo que en el campo cerca del cementerio. En ambos casos buscábamos indicios de la desaparición de dos niños menores de un año que habían sido raptados en los barrios cercanos: en las dos oportunidades las raptoras fueron mujeres. Se los quitaron a sus madres de los brazos. A una en plena iglesia y a la otra en una tienda donde compraba algo para el desayuno.

»En el segundo caso localizamos al dueño de aquella casa en ruinas, pero realmente él no sabía nada. El señor se había desentendido de la edificación y no iba nunca o no pasaba con frecuencia por allí. Aparecía cuando encontraba a alguien interesado en comprar el terreno y, claro, no se le ocurría entrar a esas ruinas. ¿Para qué? A él lo que le interesaba era la tierra.

»Ahora: lo que sabemos es que para algunos de estos jóvenes el satanismo es la forma de desahogar el odio más que en manifestaciones de cualquier convicción religiosa, como ya le dije. ¿Odio contra qué? Contra la vida —se trata de barrios de gente bastante pobre—, contra el medio en que viven, contra la corrupción, contra la violencia.

»Otro aspecto que nos acerca a este fenómeno es la violación de tumbas en los cementerios, gracias a que sobornan a los vigilantes nocturnos. Generalmente van allí los viernes "a orarle a la Luna y al diablo". Pero su oración consiste en abrir tumbas escogidas previamente y llevarse, por lo que nos dijeron aquellas dos muchachas, las calaveras —"donde está la inteligencia"— y algunos huesos de las piernas. Creo yo, el fémur.

»Allí mismo matan gatos y el que hace de diablo dice cosas en un lenguaje que los borregos no entienden. Desde luego, para combatir el miedo de los más jóvenes todos se drogan antes de entrar al cementerio».

Los estudios más concretos del Estado sobre satanismo en Colombia han sido realizados por la Procuraduría General de la Nación en cabeza del científico social Miguel Álvarez Correa, con los títulos *Tribus del diablo, Mundos de la noche* y *Marcas del silencio.*

La apreciación de Álvarez Correa está distante de lo que piensa el fiscal, contagiado por los hábitos de los grupos satánicos:

Procurador Álvarez: «Bueno, una cosa es ser satánico y otra muy diferente ser satanista. Por ejemplo, el satanista nunca va a un cementerio a profanar tumbas. El satanista es un estudioso. El otro es el que va a la guerra, al sacrificio, a la sangre. Gente como Adriana ve en el satanismo una cruzada que busca un nuevo sentido de la vida, pero no sistemáticamente un patrón de muerte, en cuanto al sacrificio de seres o animales. Adriana era satanista.

»Escúcheme: uniéndose a cosas como el satanismo, creando costumbres digamos exóticas o adoptando determinados ritmos, los jóvenes rechazan las costumbres establecidas y para consolidarse agreden (sic) con sus modas y con todo lo que muestre una posición ideológica diferente. En el fondo lo que hay es una crisis en la cual lo más destacado es su falta de identidad con lo que han heredado.

»Esa crisis es el no saber de dónde vienen, el no saber a qué pertenecen y eso los pone a buscar cualquier cosa. En este caso se trata de grupos de personas que buscan el satanismo como una forma de liberarse de la opresión de las costumbres tradicionales. Solamente eso.

»En las ciudades grandes se pierde identidad, en las pequeñas un poco menos. En las grandes los padres trabajan mucho, poco ven a sus hijos, hay un fenómeno de soledad que va calando, un abandono familiar, y eso es lo que manejan los captadores de los grupos satánicos. Ellos entienden en pocos minutos cuáles son los vacíos del joven, y los utilizan.

»Por lo que sé, pienso que Adriana pertenecía al culto neosatánico, representado por la Iglesia de Satán en San Francisco y por el Templo del Fuego, en San Luis.

»Ellos niegan el interés por la práctica de sacrificios bajo cualquier forma, pero eso no quiere decir que no adoren a Satanás y que no nieguen las enseñanzas de las iglesias cristianas. Desde luego, ellos conciben a Satanás como una fuerza sobrenatural, pero más que todo como un símbolo de rechazo a la autoridad y, en nuestro medio, como rechazo a la crisis política y social del país.

»Aquí, el satanismo se presenta como una propuesta de vida para los seres inteligentes y libres que se encuentran por encima de "las equivocaciones de su época" y asumen un carácter esotérico, es decir, secreto. Por eso se desarrolla en la sombra y pretende ser reservado a una elite. Y, claro, aspiran a convertirse en la antinorma, en la anticostumbre tradicional. Por eso su propuesta es hacer un culto de lo que se ha catalogado como pecado, negar el perdón, negar el remordimiento y el miedo a violar las enseñanzas morales, exaltar sobre todo el disfrute sexual. Ellos conforman una seudocultura materialista que descansa, básicamente, en el goce de todos los placeres terrenales.

»Otro es el satanismo luciferiano, ciento por ciento físico, carnal, sexual y material. Por el énfasis en sus notas y en los subrayados de algunos de sus libros, pienso que Adriana se movía entre estas dos corrientes: el neosatanismo y el satanismo luciferiano.

»Para mí no hay duda de que en las últimas líneas de su testamento, Adriana reafirma su condición de satanista al enunciar que "cada quien es dueño de su destino", y que ningún dios o demonio hace las cosas por ella.

»Según su filosofía, un satanista auténtico sólo se adora a sí mismo. Pero también dicen ellos:

»Nosotros los destruiremos con la verdad, con la filosofía de la vida y con información directa. Nosotros somos lo que ustedes llaman Satanás. Somos los denominados antagonistas. Somos lo que ustedes llaman Anticristo. Y recuerden que la pluma es más fuerte que la espada y "lo que el hombre ha creado, el hombre también puede destruirlo".

»Partiendo de ese satanismo estudiado y practicado por ella, uno se podría aventurar a decir qué pensaba antes de autoeliminarse. Los satanistas creen que deben dedicar su vida a ayudar a preparar este mundo para que prosperen los principios del satanismo y eso les permite tener una visión particular de la propia muerte.

»En general ellos creen, además, que la muerte no se siente. Es instantánea. No se sufre. No se siente el paso a otra dimensión, a un mundo vacío, tenebroso, y eso les gusta, aunque algunos aceptan que, en el fondo, la sola cercanía de esa muerte genera miedo y soledad. Algún satanista dijo que el suicidio es vencer el terrible miedo a suicidarse. Eso fue tal vez lo que ella logró».

—A juzgar por lo que rodeó el caso, ¿se podría pensar que el satanismo influyó en la muerte de Adriana?

»—No lo creo. Aunque hay ciertos grupos, y hay casos determinados en los cuales luego de ciertos ritos algún miembro del grupo ha de entregarle su vida a Satanás. En ese momento es señalada la persona que le entrega su vida al diablo como prueba de fidelidad, pero no sin antes haber mantenido contacto sexual con el anfitrión del rito. Ese no parece que sea el caso de Adriana.

»Su caso encuadra más bien en la crisis de identidad de los adolescentes y de los jóvenes hoy en nuestro medio, que deciden autoeliminarse para protestar por algo.

»No se puede responsabilizar sistemáticamente a las sectas satánicas por el suicidio».

Finalizaba noviembre cuando regresé a casa de Adriana. Nuevamente la biblioteca, los subrayados en algunos de sus libros, las notas escritas guardadas dentro de ellos.

Ella aceptaba pertenecer al satanismo contemporáneo:

«El satanismo es una forma de ver el mundo y dividirlo, no de acabar con los demás.

»Con la muerte, el satanismo busca la libertad.

»… rechaza los sacrificios y el abuso de menores y de seres indefensos. No hiere a niños pequeños. No mata animales ni humanos a menos que sea atacado, o para alimentarse.

»Quien sacrifique o torture a cualquier persona, sean niños o adolescentes, es un satánico. No un satanista.

»Si me da la gana hacer algo, lo hago, pero no por eso tengo que perjudicar a los demás.

»Satán no es una entidad consciente de que debe ser adorada, sino una reserva de poder dentro de cada ser humano para ser utilizada a voluntad. Por esto, cualquier concepto de sacrificio es rechazado por nosotros como una aberración cristiana. En el satanismo no hay deidad a la cual sacrificarse».

Y en otras páginas del mismo cuaderno:

«Los satanistas no creemos en lo sobrenatural, ni en Dios o en el diablo. Nosotros somos nuestros propios dioses. Satán es un símbolo del hombre viviendo tal como se lo dicta su naturaleza orgullosa y carnal.

»Aunque los tiempos han cambiado y siempre lo harán, el ser humano sigue siendo básicamente el mismo. Por dos mil años el hombre ha hecho penitencia por algo de lo que, en primer lugar, nunca tuvo que haberse sentido culpable. Estamos cansados de negarnos nosotros mismos los placeres de la vida que nos merecemos. Hoy, como siempre, el hombre necesita pasarla bien aquí y ahora, en lugar de esperar su recompensa en el cielo. Así que, ¿por qué no tener una religión basada en la indulgencia? Ciertamente eso es consistente con la naturaleza de la bestia. Ya no somos enclenques suplicantes temblando ante un Dios inmisericorde al que no le importa si vivimos o morimos. Somos personas orgullosas con respeto por nosotros mismos. Somos satanistas.

»Defendemos el principio de la supervivencia del fuerte en todos los niveles de la sociedad, desde permitirle a un individuo permanecer o caer, hasta enseñarles a las naciones que no pueden manejarse a sí mismas. Que afronten las consecuencias de su propia incapacidad.

»La mediocridad será identificada y despreciada. Los corruptos y los estúpidos deberían sufrir por su comportamiento.

»Expongamos la naturaleza vampírica de las religiones organizadas y veamos si pueden resistir la luz del día.

»La figura del demonio es suficiente para demostrar que el hombre es capaz de cometer las mismas atrocidades que le adjudica a Satán».

Antes de que terminara aquella sesión nos centramos en la discoteca de Adriana. Se trataba de oír algo de lo que sonó la tarde de aquel sábado, pero antes le pregunté al hermano cada cuánto decía Adriana que veía al diablo y en qué formas, y me dijo simplemente:

«—Pregúnteme primero cómo veía últimamente a papá.

»—Está bien. ¿Cómo?

»—Cada día menos parecido a Dios, como cuando era pequeña, y más al diablo.

»—Pero, ¿cada cuánto lo veía?

»—No sé. Es que hablamos muy poco de eso. Lo único que recuerdo es que una tarde me dijo que lo había visto con senos.

»—¿Como si hubiera castrado a su padre?

»—Es posible.

»—Bueno, la música.

»—Lo último que ella escuchó antes de su muerte fue algo de Los Beatles, algo de Sammy Davis Junior y una parte de esta colección de Marilyn Manson, más completa que las demás».

Marilyn Manson, aquel hombre de cabellos largos ceñidos al cuello, un ojo más claro que el otro, el rostro blanco y los labios pintados de negro.

Manson, el mismo apellido del asesino en serie. Marilyn, el nombre de aquel icono sexual de los Estados Unidos, es «El Anticristo del metal», el mismo que se consagrara en 1992 con *Lucy en el cielo de los demonios*, una parodia al clásico de Los Beatles.

Para sus seguidores, uno de los atractivos de Marilyn son las altas dosis de teatralidad y satanismo que sustentan sus presentaciones, algo que hace de él uno de los personajes más fascinantes del *rock*.

Una vez en el escenario, Marilyn aparece disfrazado de señor de las tinieblas gracias al título de reverendo que le otorgó Anton Szander LaVey, fundador de la Iglesia de Satán, en la que el músico se enroló a mediados de la última década del mil novecientos.

Ya en el 2005, la crítica señala que en sus últimos trabajos, Marilyn se deja ver «más intimista», más accesible y con afán de mostrarse al mundo tal y como es. En sus entrevistas de prensa y televisión comenta que lo beneficia el ultracristianismo de la administración Bush:

«Con gobiernos así, tan inspiradores, la música sale mejor», dice.

Según sus seguidores, Marilyn podría traer al escenario elefantes, estética militar inspirada en lo nazi, zancudos, siameses, además de la aparición estelar de su novia, Dita von Teese, una explosiva modelo de ropa y lencería.

En sus apuntes personales y recortes de la crítica musical del momento, Adriana guardaba un escrito de Eduardo Sánchez Villagrán, algunos de cuyos apartes subrayó ella misma:

«A comienzos del siglo veintiuno no podía faltar un simpatizante del lado oscuro, un adorador de lo maligno. Conocido por sus actuaciones irreverentes, por matar animales y comerse pollos crudos, por adorar a iconos sexuales y asesinos seriales, Marilyn Manson es la figura del Anticristo posmoderno, quizás el Mesías que viene a salvar las almas demoníacas del *rock*.

»Para 1996 surgió el *Antichrist Superstar*, donde proyectó una visión introspectiva sobre sus tendencias suicidas. Sonidos fantasmagóricos, ambiente ancestral, catacumbas y zombies es la característica del corte de la *Gente bella*, que se ha convertido en un emblema mansoniano. Este es un trabajo atractivo, el resultado de una explosión de poder maligno.

»El pasado septiembre él apareció en la entrega de los premios MTV Video Música con una soberbia interpretación de *Gente bella*. Allí Manson exhibió sus nalgas al desnudo ante millones de televidentes en el mundo. ("¿Lo copiaría de otro loco como él, el alcalde Mockus?"), escribe Adriana al margen.

»Ahora, a comienzos del milenio, Manson intentó superar la hazaña de *Antichrist Superstar* y lo logró realmente con el álbum *Animales mecánicos*. Con él, Manson ha conseguido una imagen fantasmagórica de la elite mundial, combinando pornografía, películas de terror, *rock* gótico y *heavy metal*.

»Invitando a sus seguidores a participar en el viaje maligno, se presentó como nominado al mejor video de *rock* en aquellos MTV. En ese momento ya era un icono en la historia del *rock*. Pero, ante todo, él es el demonio encarnado en la figura de Brian Warner (su verdadero nombre), para continuar con la tradición de un representante satánico, de engendrar a un discípulo del satanismo, de un rebelde en contra de las sociedades tiranas, en contra del sistema corrompido. Más que una actitud religiosa, se trata de una forma de vida que busca como objetivo la liberación del ser.

»Lo de Marilyn Manson, como dice el cineasta español Alex de la Iglesia, es "Invocar al demonio y pedirle que por favor nos saque del aburrimiento en el cual intentan hundirnos las fuerzas del bien"».

4

Apenas dos meses después logré hablar con los padres de Adriana luego de uno de sus prolongados viajes a Miami. Me reciben en aquel estudio con los recuerdos de La Tour d'Argent y del hotel Natsional de Moscú, me miran de arriba abajo estableciendo su distancia y cuando estamos tomando asiento, la señora tose.

Él parece excitado, no da tiempo a una introducción, ni a un comentario previo. Ella se ve acaso más tranquila. Cuando habla mira a su marido o mira hacia el techo o al piso. Él no. Quiere saber qué interés puede tener para un extraño la muerte de su hija, algo que ellos quisieran ocultar por la forma en que ocurrió, un desastre que ahora los aleja mucho más de Colombia.

—Si no fuera por los negocios y por tantas cosas buenas que hace mi marido por el país, no volveríamos más a... —dice ella, pero él la interrumpe:

—Me he pasado la vida sirviéndole a este país, pero, fíjese... Yo no creo que nos merezcamos esto. El cadáver de Adriana por allá a donde no debió haber llegado nunca, la gente preguntando cosas con morbo. Ahhh… Lo de Adriana se supo hasta en el exterior, y uno ahí, que sí, que un ataque al corazón. Pero si era muy joven. ¿Al corazón? Luego, ¿cuántos años tenía? ¿Ella vivía con ustedes? ¿Dónde estaban ustedes cuando ella murió? ¿No dicen que fue de día? ¡Morbo! El *reality show* al alcance de la mano. Esto ha sido una tragedia, y nosotros en boca de todo el mundo.

Cuando crucé el vestíbulo violeta aquella tarde, el perfil de los padres esbozado por Juan Carlos a través de sus recuerdos y el de Claudia Roldán cuando hizo el estudio basada en el feng shui eran la única aproximación a ellos.

Claudia Roldán: «Por animal del zodiaco en astrología china, él es *Caballo*. Pero, atención que el Caballo es completamente enemigo del Buey. Y Adriana era *Buey*. Chocaban con violencia.

»Él es Caballo, pero *Caballo-Madera*, un ser terco. Así como él ve su mundo, quiere que en la misma forma lo vean los demás. O sea, él siempre va a tener la razón, y si dice no, es no sin dar explicaciones. Es luchador pero difícil de doblar.

»La mamá es *Tigre-Agua*. *Número Kua*, cuatro: madera ramas, (no madera-tronco), madera movimiento. Persona que se acomoda a las circunstancias por ser la rama de un árbol. Va con el viento. Como sea el esposo, así lo acepta. Como sean los hijos, así los acepta. Todo en la vida le resbala por la piel».

La entrevista fue más prolongada de lo que esperaba, aunque más corta de lo que hubiese querido, pero ellos se veían intranquilos, querían salir pronto de aquel compromiso incómodo que les había echado Juan Carlos sobre los hombros, y apenas comenzando, el señor se puso de pies con el ánimo de abandonar el estudio, pero su mujer le pidió que se quedara unos minutos más. Estaba vestido con un traje cortado en Italia, el pelo ordenado y, ahora, recién afeitado, llevaba aún el aroma de una loción suave.

—La Tour d'Argent. ¿Su luna de miel?

—No. Ahhh... Un recuerdo muy grato, muy importante en medio de tanto dolor de cabeza —dice él, y ella agrega:

—Fue hace unos pocos años. Es uno de los mejores de París.

—¿Y el hotel Natsional?

—Otro gran recuerdo, pero dígame qué quiere saber de Adriana. En eso estamos, ¿no?

—¿Por qué vestía de negro?

—Hasta cierta edad ella sabía vestirse, se vestía bien, pero luego comenzó a usar una ropa rara. Una ropa, francamente, de mal gusto.

—¿Cómo se vestía antes?

—Como una mujer normal: su falda, sus medias, pero de un momento a otro empezó a vestirse con esas prendas negras, porque todo lo de ella era negro, hasta la boca... Como si uno no le hubiera enseñado a ser elegante.

—¿Por qué lo haría?

—Por el mal gusto en esas universidades a las que ahora puede entrar cualquiera que tenga unos centavos —interrumpió la madre—. Nosotros le insistimos en que se fuera a estudiar a los Estados Unidos, pero como últimamente ella era llevada por su parecer, no quiso —dice, y el padre se incorpora, pero continúa hablando.

—¿Y la soledad? —le pregunto.

—¿Cuál?

—La suya.

—Ella no estaba sola. ¿Quién ha dicho eso?

—Ella lo escribió.

—¿Dónde lo escribió?

—En algunas notas.

—Ella no dejó notas. Adriana no escribía.

—¿Qué leía?

—Pues sus libros de estudio.

—¿Qué música escuchaba?

—Ruido… Ahhh… Es que ella definitivamente fue sacando el mal gusto de los jóvenes de hoy en día.

—Pero a ella le gustaba el *rock*. Conseguía parte de los discos en los Estados Unidos.

—Ahhh... bueno, en los Estados Unidos también hay gente de mal gusto y a ella terminó por atraerla esa gente. Mi mujer y yo le insistimos muchas veces en que fuera a donde el siquiatra pero ella se negaba. Se negaba y hacía lo que quería. «Allá ella», dije yo al final.

—¿Iba con ustedes a su casa de Miami?

—Cuando era pequeña sí. Es que de un momento a otro vimos que no quería estar con nosotros. Esa era quizá la tal soledad de la que usted pretende ahora… ¿Soledad? Por favor. Si nosotros le dimos todo lo que quería: viajes a San Francisco, automóviles, la mejor universidad privada de Colombia…

—Queríamos que algún día fuera una persona respetable como su papá —dice la madre.

—Todo eso es querer a un hijo —continúa él.

—¿Adriana estaba de acuerdo con ustedes?

—¿En qué?

—En torno a la vida, a las costumbres, a las relaciones entre ustedes.

—Pues claro. Si vivía en esta casa con nosotros.

—¿Ustedes hablaban con ella a menudo?

—Sólo algunas veces —comenta ella, y él interrumpe:

—Mi mujer lo que quiere decir es que sí hablábamos, claro que hablábamos cuando estábamos en Colombia, pero como viajamos tanto por negocios, permanecemos mucho tiempo afuera.

—¿Por qué se retiró de la universidad?

—No quería estudiar.

—¿Ustedes se lo preguntaron?

—Bueno, cuando nos dimos cuenta ya habían pasado uno o dos meses. En ese momento le pregunté qué estaba sucediendo y no respondió. Allá ella. Es que nosotros le dimos gusto hasta en eso: aceptar sus decisiones, y bueno… Entonces no nos hable de soledad. Ella siempre tuvo un hogar, una familia… Nosotros somos los que sabemos cómo era nuestra hija. Que no nos vengan ahora con… ¡soledad!

—¿Qué interpretación les dan ustedes a las líneas que dejó escritas el día de la tragedia?

—¿Usted cómo lo sabe?

—Están en el protocolo de necropsia.

—Eso es privado, eso es secreto.

—No. El protocolo de necropsia es un documento público. El cadáver fue llevado a Medicina Legal.

—Bueno, un error de Juan Carlos. Una estupidez de Juan Carlos que ha debido llamar a uno de los médicos de la familia. Esa tarde nosotros estábamos en una reunión importante y Juan Carlos llamó al portero del edificio para pedirle ayuda. Claro, el tipo se comunicó con la Policía y el cadáver fue a parar a Medicina Legal. Medicina Legal es para otra clase de gente. Cualquiera de nuestros médicos habría firmado un certificado de defunción y habríamos evitado tanta deshonra. Francamente, es que en este país…

—Pero, ¿cómo interpretan sus últimas líneas?

—Mire: esas son ideas comunistas —continúa él—. Esas son ideas de izquierda. Desgraciadamente la izquierda y el terrorismo se metieron en las mejores universidades del país y gente bien como Adriana cae en semejante trampa. Es que a esa edad ellos no saben qué es bueno ni qué es malo y, lamentablemente, ella se tragó el cuento.

—Según el protocolo, ella rompió un espejo antes…

—Sí —se apresura la madre—. ¡El espejo de un mueble muy elegante! Yo se lo regalé, pero como le parecía viejo ella lo despreciaba. Cualquiera no tiene un mueble tan fino y tan caro como ese armario del siglo pasado. Mire: para mí, esas pueden ser cosas de menor importancia. Lo terrible es que Adriana se volvió comunista en la universidad y mire en lo que terminamos.

Las «cicatrices lineales en la cara interna del brazo izquierdo» que describe la autopsia de Adriana eran dos. Luego supe que correspondieron a pactos de sangre hechos por ella con sus dos amigos más cercanos, tal vez tres años atrás.

Juan Carlos: «Adriana no era una persona que tuviera muchos amigos. En ese sentido no era la más sociable, ni la más comunicativa, o a la que le gustara compartir sus cosas, digamos más íntimas. Creo que yo era uno de ellos. Luego estaban Carolina y Enrique, gente de sus mismas atmósferas, ambos más o menos de su misma edad, con las mismas cosas en la cabeza, callados con los demás y reservados como ella.

»Carolina estaba en la universidad y no sé si Enrique se había retirado o continuaba estudiando, pero de todas maneras me parecían, y me siguen pareciendo personas pacíficas, enemigas de la violencia y, hombre, también aburridos con tanta corrupción y tanta estupidez. En algunas ocasiones hablo con ellos lo necesario: "¿Qué hay?", "¿Cómo va la vida?". No siempre hablan de mi hermana, pero cuando se les ocurre, cuentan algunas historias de sus cosas.

»Enrique y Carolina dicen que el pacto continúa en esta vida y en la otra: se sentían hermanos de sangre, y si es de sangre, es de todo, como dicen ellos mismos. Yo sé que la última vez que estuvieron con ella fue precisamente el viernes, víspera de la decisión de Adriana, porque los tres pasaron la noche y luego la trajeron a la casa ese sábado al mediodía».

Carolina: «Ese viernes, bueno, como todos los viernes, estuvimos con nuestro grupo, que no es secta, ni combo, ni *parche*, como dice gente de otras capas de la sociedad, porque entre otras cosas, en Colombia no se conocen sectas, que uno diga sectas. Qué va.

»Estuvimos con nuestra gente fuera de la ciudad, en una tierra menos fría que ésta. Allí hay una casa de campo donde nos reunimos todos los fines de semana o, digamos, las noches de los viernes. Es una finca alejada de casas, de caminos, de personas que vayan y vengan por allí... Para llegar al punto, uno sale de la carretera y toma un camino poco transitado. Por eso escogimos ese sitio después de buscar y buscar, yo creo que más de un año, pues antes íbamos a una casa abandonada cerca de la ciudad, de aquellas que fueron muy elegantes, pero por un lado estaba muy derruida y hacía mucho frío por las noches, y por otro, quedaba a la vista de una carretera con bastante tráfico y eso no es bueno para lo de uno. Uno busca la intimidad, aunque no esté haciendo nada malo. Por el contrario, yo pienso que nuestras cosas son buenas. Ojalá todo fuera así en este país».

Enrique: «La casa es perfecta: una sala que agrandamos eliminando dos habitaciones, ventanas pequeñas (nosotros hicimos cerrar con ladrillos una de las dos de la sala); ¿para qué tanta luz, si además se trata de no permanecer allá de día?

»La casa está rodeada de árboles antiguos y en el frente hay un seto de pinos más o menos alto que la aísla todavía más... Mejor dicho, es una casa puesta allí para que algún día viniéramos nosotros. Cosas de... digamos que del destino... Bueno, pero de lo que se trata es de hablar de la última noche de Adriana, ¿verdad?».

Carolina: «Aquí lo más importante es que se tenga en cuenta que las leyes de Colombia permiten la libertad de cultos y que lo que hacemos los satanistas no es un delito. Nosotros tenemos nuestra religión, sin sacrificios, sin sangre, sin todas esas atrocidades que dicen los periódicos y las revistas cuando quieren vender más».

Enrique: «Aquel viernes salimos de Bogotá casi al final de la tarde. Íbamos los tres: Adriana, Carolina y yo. Antes de nosotros se habían adelantado algunos que debían preparar la sala, que nosotros llamamos la cámara ritual, y cuando llegamos allá ya estaban las cosas listas.

»¿Cómo es el ritual? Bueno. Antes de entrar a la cámara nos vestimos como es nuestra costumbre: los hombres con túnicas negras, algunos con capuchas hasta los hombros para cubrir la cara; ¿recuerda las de los monjes de los cuadros de la Edad Media? Eso es normal, algunos son tímidos, o reservados, o intensos, o tantas cosas, y prefieren cubrirse para poder expresar con toda la libertad del caso lo que están sintiendo.

»Las mujeres no. Ellas tienen otro rol. Ellas van con ropa muy sensual. Por ejemplo, aquella noche Adriana vibraba. Siempre fue igual. ¿Cómo es vibrar? Blusa de un velo transparente sin mangas y una falda abierta desde arriba en la pierna izquierda. Otras no llevaban blusa, otras no llevaban falda ni medias.

»Quienes llegan primero cubren la ventana con una bolsa negra de plástico para que no entre luz del exterior. Luego ponen cortinas negras sobre las cuatro paredes. El negro son los Poderes de las Tinieblas.

»En el centro de una de las paredes más anchas fijan un cartón con el Bafomet: Satanás, el macho cabrío. Debajo de él, un par de mesas con sus manteles negros. Allí quedará el altar cuando comience el rito.

»El símbolo del Bafomet fue utilizado por los caballeros templarios para representar a Satanás y hoy nosotros continuamos con esa tradición, aquí y en el resto del mundo.

»El Bafomet es una estrella de cinco puntas invertida, dos para arriba, tres para abajo —la llamamos pentagrama—, y la cara del chivo encuadrada adentro, que es la misma de Satanás.

»Como en el satanismo creemos básicamente en nuestros instintos de la carne, o sea, lo opuesto a la espiritualidad, el pentagrama va invertido para que los cuernos del chivo queden hacia arriba, como un desafío. Las otras tres puntas van hacia abajo: negar a la Trinidad.

»La estrella está dentro de un círculo, y ese círculo dentro de otro, y en medio de los dos, frente a cada una de las puntas, unas figuras hebreas que deletrean la palabra Leviatán: la serpiente del Abismo de las Aguas. Satanás».

«Ya le dije que las mesas no son el altar. El altar es una mujer desnuda acostada en una de ellas con la cabeza hacia el sur y los pies al norte. Ella es el verdadero altar, un altar de carne.

»Eso quiere decir que nosotros les respondemos a las demás religiones con la carne. ¿Sabe por qué? Porque ellas volvieron pecado los instintos naturales de nosotros los seres humanos y, digamos, pervirtieron sus altares volviéndolos objetos de piedra o de mármol.

»Los demás elementos del ritual se colocan sobre la segunda mesa, cerca del sacerdote, que en nuestro grupo siempre lleva una máscara de chivo que le deja la boca libre. Bueno, nosotros no le decimos sacerdote. Nos parece más apropiado La Bestia.

»¿Qué más llevamos? Ah. Un gong de orquesta no muy grande pero suficientemente sonoro, una campana, los pergaminos, una espada, dibujos eróticos para las demás paredes, música erótica... Se trata de que todo sea muy sensual, muy sexual, muy excitante: somos la carne.

»Los pergaminos se colocan a la derecha y a la izquierda del altar. Pergaminos hechos con piel de oveja que tiene propiedades orgánicas en armonía con la naturaleza. Pero son comprados en el comercio. Nunca se sacrifica a un animal para utilizar sus partes en un ritual satánico.

»Los que tienen escritas las maldiciones van a la derecha de La Bestia, y a su izquierda los de los encantamientos».

Carolina: «Aquella noche, como todas las noches de ritual, ya con las cosas en su lugar comenzó a sonar una grabación con el *Himno a Satán*. Mientras tanto, una mujer desnuda prendió una vela negra a la izquierda del altar: nuevamente los Poderes de las Tinieblas y la Vía de la Mano Izquierda.

»A la derecha, una blanca: la hipocresía de los magos "blancos" y de los seguidores de la Vía de la Mano Derecha.

»Esa es la única vela blanca que arde allí. En ella se queman los pergaminos con las peticiones escritas por los que participamos, cuando se trata de destruir a los enemigos, y también los pergaminos con las maldiciones».

Enrique: «Cuando La Bestia movió los brazos para indicar que comenzábamos, continuaba escuchándose el *Himno a Satán*. Luego levantó la campana, la sacudió sobre el altar para santificarlo, y lentamente, muy lentamente, fue dando la vuelta por el lado izquierdo. Para limpiar el aire comenzó a hacerla sonar en cada uno de los puntos cardinales nueve veces, el número de Satán. Después que terminó, volvió a colocarla sobre la mesa.

»Luego señaló el altar, la mujer desnuda, y empezó la invocación:

In Nomine Dei Nostri Satanas Luciferi Excelsi.

»En la grabadora se escuchaba el órgano tocando unos acordes improvisados para darles más importancia a las palabras de La Bestia»:

En el nombre de Satán, Señor de la Tierra, Rey del Mundo, ordeno a las fuerzas de la Oscuridad que viertan sobre Mí su poder infernal.

Abrid de par en par las puertas del Infierno y salid del Abismo para saludarme como a vuestro hermano y amigo...

Por todos los dioses del Averno, ordeno que suceda todo lo que se diga aquí...

Carolina: «Después, dos mujeres desnudas dieron un paso adelante. Una sostenía una vela por encima de la cabeza sin levantar mucho el brazo, la otra abrió el libro negro frente a La Bestia y lo sostuvo mientras él levantaba la espada, y apuntando hacia el Bafomet, leyó en voz alta:

(Enrique toma un libro y lee).

Escuchadme, Oscuros. Apareced entre los hombres y no os alejéis más. Avanzad e introducíos dentro de los concilios e interponeos en la senda de aquellos que nos detendrán.

¡Dadme las indulgencias de las que hablo! ¡He tomado tu nombre como parte de mi propio ser! ¡Vivo como las bestias del campo, regocijándome en la vida carnal, favorezco lo justo y maldigo lo condenado a perecer.

Por todos los dioses del Abismo ordeno que todo lo que diga se haga realidad. Avanzad y responded a vuestros nombres manifestando así mis deseos. Escuchad los nombres de los Príncipes del Infierno:

»La Bestia pronunciaba con fuerza los nombres de los dioses y diosas reverenciados, adorados, condenados y olvidados, odiados y temidos por todos menos por los satanistas, y nuevamente señalaba al Bafomet con la espada:

Loki, Balaam, Tchort, Mammon, Shiva, Asmodeo, Shaitán…

»Todos ellos considerados malos por las religiones convencionales.

»Nosotros repetíamos cada nombre a medida que lo pronunciaba La Bestia.

»En ese momento el órgano ascendió en crescendo y La Bestia gritó:

¡Viva Satán!

»Nosotros respondimos:

¡Viva Satán!

»Sonó el gong para llamar a las Fuerzas de las Tinieblas».

Carolina: «Cuando concluyó la letanía con los Nombres Infernales, La Bestia recitó otra en enoquiano, idioma prebíblico de los antiguos magos. Las sílabas son duras:

¡Ol sonuf voresaji, gojú IAD *Balata, elanusaja, chelazod; sobra-zod-ol Roray i ta nazonapesad, Giraa ta melpereji, das oel-go caa motajos zodimezod… Zodacare, eca od zodameranul Odo cicale Ca; zodoreje, lape zodiredo Noco Mada, jotaje Saitan!*

»Una de las mujeres desnudas fue hasta el altar, recogió la espada y la remplazó por el Cáliz del Éxtasis, una copa de plata con vino blanco que llamamos el Elixir de la Vida, nada que se parezca a la sangre porque los satanistas no sacrificamos a ningún dios y por eso no practicamos estas formas de canibalismo simbólico. Con el vino buscamos estimular las emociones para el ritual.

»La Bestia tomó el Cáliz, bebió un trago largo y luego lo pasó entre sus asistentes.

»Cuando terminaron, le alcanzaron nuevamente la espada y él se volvió hacia su asistente, la desenvainó con calma y comenzó a voltearse por la izquierda a medida que iba señalando los puntos cardinales. En cada uno fue pronunciando el nombre del respectivo Príncipe Infernal.

»Hacia el sur:

Satán, Señor de las Regiones Infernales.

»Hacia el oriente:

Lucifer, portador de la Luz y la Sabiduría.

»Hacia el norte:

Belial, Rey de la Tierra.

»Hacia occidente:

Leviatán, señor del Abismo y de las Aguas.

Avanzad y saludad a vuestros leales hermanos y hermanas del Sendero de la Mano Izquierda…

¡Shemhamforash!

»Nosotros respondimos con un grito:

¡Shemhamforash!

»La Bestia levantó las manos y gritó:

¡Viva Satán!

»Los demás respondimos:

¡Viva Satán!
»Sonó el gong».

Enrique: «Cuando terminó la vibración, los del altar se hicieron la bendición con el falo y nosotros también.

»El falo es el símbolo de la fertilidad, pero igual representa agresión. Para nosotros el falo es una versión no hipócrita del hisopo utilizado en el catolicismo para rociar el agua que bendicen.

»En nuestras ceremonias, el falo es sostenido con ambas manos por los asistentes de La Bestia. Ellos lo sacuden dos veces, buscando cada uno de los puntos cardinales para bendecir el recinto.

»Nosotros utilizamos cualquier símbolo fálico, puede ser de madera, de plástico...

»Adriana llevaba siempre una zanahoria como la de Bugs Bunny. Alguna vez nosotros le preguntamos por qué, y ella nos explicó:

»—Porque, primero que todo, para mí ese es un conejo que ama la violencia, hay mucha violencia en todas sus películas. También se viste de mujer y no le importa besar a los hombres. Fíjense bien: él siempre juega con su zanahoria, la besa, la muerde y, además, se besa con otros tipos.

»Adriana interpretaba la zanahoria sencillamente como un símbolo fálico. "Ese conejo es un bisexual, un travesti y, además, un violento... Pero me gusta, porque su papel de corrupto es una imagen perfecta de esta sociedad", nos dijo».

Carolina: «Adriana había pedido que ese viernes la ceremonia fuera un Rito Compasivo, y a esta altura La Bestia leyó la Invocación de Compasión».

(Enrique toma nuevamente el libro y lee):

Con la angustia y la ira sofocada, alzo mi voz, enrolladas en trueno retumbante para que podáis oírme.

¡Oh grandes errantes de la Oscuridad, oh guardianes del camino, oh servidores del poderoso Toth! Moveos y apareced...

Aíslenla en el baluarte de su protección, ya que no merece la angustia y no la desea.

Fortalezcan con fuego la esencia vital de nuestra amiga y compañera, nuestra camarada del Camino de la Mano Izquierda.

Que la tierra y sus placeres vuelvan a entrar en su cuerpo a través del poder de Satán.

Golpead a sus adversarios, formados o sin forma, para que pueda resurgir alegre y fuerte del mal que la aflige.

Restauradle su poder, su alegría, su dominio infinito que la adversidad le ha arrebatado.

Construid alrededor de ella, y en su interior, el brillo que anunciará su salida del mal que la tiene atrapada.

Esto es lo que ordenamos, en el nombre de Satán, cuya misericordia florece y cuya sustancia prevalecerá...

¡Viva Satán!

«El gong suena cada vez que se dice *¡Viva Satán!*».

Carolina: «Terminada la Invocación, la Bestia pidió que dijéramos los deseos más profundos ante su Señor Oscuro. Adriana se había colocado cerca del altar y le habló en el oído, y cuando La Bestia había escuchado sus deseos, que eran los mismos que ella había escrito en el pergamino, los repitió en voz alta, poniendo la espada sobre su cabeza como lo hacían con los caballeros.

»Ella pedía que terminara su soledad y pedía que desapareciera la compañía de sus enemigos. En ese momento comenzó a llorar.

»La Bestia enganchó el pergamino con la punta de la espada y lo sostuvo sobre la vela hasta cuando se consumió.

»En ese momento todos gritamos:

¡Viva Satán!».

«Luego de un segundo de excitación escuchamos al organista de la grabación tocando algunos acordes. La Bestia

abrió su capa y la extendió sobre el altar y levantó las manos
haciendo el Signo de los Cuernos: el meñique y el índice hacia arriba y los tres dedos de la mitad doblados hacia abajo.
Nuevamente negábamos a la Trinidad.

»Después dijo:

*¡No olvidéis que lo que fue, va a ser! Carne sin pecado, por los
Siglos de los Siglos.*

»Bajó sus brazos y ordenó:

Levantaos todos y presentad el Signo de los Cuernos.

»Nos pusimos de pie y alzamos la mano izquierda respondiendo.

»La Bestia volvió al altar, pasó sobre el pubis de la mujer
desnuda el Símbolo Tradicional de la Llama, y gritó:

¡Viva Satán!

»Los demás contestamos:

¡Viva Satán!».

«En ese momento, La Bestia leyó la undécima clave enoquiana para anunciar la llegada de los muertos y establecer
una sustancia más allá de la tumba. Para atarlos a la tierra.
Una llamada fúnebre:

*Oxiayala holoado, od zodirome O coraxo das zodialadar raasyo.
Od vabezodire camexiala od bahala…*

»Rugía el poderoso trono, ya había cinco truenos que volaban al oriente, y el águila hablaba con voz poderosa: "¡Retiraos
de la mansión de la muerte!", y se reunieron y se convirtieron
en los no muertos que cabalgan torbellinos.

»Iros, porque he preparado un lugar para vosotros. ¡Moveos, pues, y mostraos!

»Develad los misterios de vuestra creación. Sed amigables
conmigo porque soy vuestro Dios, el verdadero adorador de
la carne que vive para siempre».

»Después sonó el gong, después nueve veces la campana para purificar nuevamente el aire y el Himno del Imperio Satánico.

»Cuando terminó la música y pasó la vibración de la novena campanada para intensificar el ritual, La Bestia dijo:

¡*Ya está hecho!*».

Carolina: Después nos dedicamos a vivir intensamente. Aquella noche creo que se le cruzó la dosis, o se le neutralizó o algo le sucedió a Adriana, una mujer siempre muy activa en estas cosas, porque al comienzo se retiró de los demás, se fue a un extremo del salón y desde allí estuvo observándonos.

Estaba en plan de *voyeur*, sentada en una silla en los confines de la cámara ritual, es decir, del Templo Satánico, al lado de las velas y arriba de ellas afiches de sexo y afiches eróticos —que tal vez le hacen perder a uno la sensación entre el mundo real y el mundo virtual— y estimulan nuestros deseos cada noche desde antes de comenzar el rito. Desde allá con la pierna cruzada, los codos sobre la rodilla y la cara entre las manos, observaba cómo bailábamos desnudos, esa expresión libre de los sentidos en la cual el sexo es un secreto para buscar la superación personal y, bueno, para rendirle culto a Satanás.

»Allí estuvo sentada un buen rato, pero finalmente se animó y se vino a compartir con nosotros.

»Regresamos a la ciudad a eso de las nueve de la mañana».

Juan Carlos: «Hay un pensamiento de Adriana escrito el miércoles aquel, cuando mamá trajo el armario antiguo, y ese no se lo he mostrado. Ahora sé que es una de las once reglas satánicas de la tierra. Es éste:

No molestes a nadie. Si alguien te molesta, pídele que se detenga. Si no lo hace, destrúyelo.

»—Yo creo que Adriana destruyó la corrupción, que para ella eran nuestros padres, destruyéndose ella misma».

LOS ESPERÓ LA MUERTE

La caverna

Se llaman Juan de Jesús Pinzón, 21 años.
Nelson Andrés Acosta, 19. John Rodrí-
guez, 19. Carlos Mosquera, 18. Wilmer
Hernández, 17.

Zapatoca, Santander.

Entraron a la caverna al mediodía del jueves 6 de enero,
pero no por la boca principal. Dieron un rodeo y encontraron
un precipicio hacia adentro. Avanzaron un poco más. La tercera entrada también era honda pero estaba a su alcance si
se deslizaban utilizando como cuerda la raíz de un árbol que
cuelga hacia el fondo.

Para ellos, aquella mañana, dinero eran tres mil pesos que
cada uno debía pagar por los servicios de un guía, dos mil más
por el préstamo de una linterna y otros dos mil que cobran por
la entrada. Siete mil pesos es lo que vale una hamburguesa
en Colombia. No los tenían.

A diez metros de la raíz vieron el límite entre la luz y la oscuridad. Aún en la penumbra encendieron una vela. Llevaban dos, un trozo de la tercera, y media caja de fósforos, algo en lo cual no se debe apoyar un explorador.

Zapatoca tiene un clima tibio, diecinueve grados centígrados en promedio, pero adentro la temperatura permanente es de diez grados, tanto en época de lluvias como en temporadas de Sol, y la humedad de un noventa por ciento parece empañar hasta el pensamiento.

Veinte pasos adelante o algo así, la caverna se va estrechando hasta formar un corredor por el cual es necesario avanzar de medio lado, el pecho rozando contra las rocas de una pared; la espalda contra la del frente. Al final encontraron dos flechas. Una señala el camino hasta el Salón del Murciélago. Otra hacia La Quebrada.

«—Vayamos al Salón del Murciélago.

»—No. Mejor a La Quebrada.

»En ese momento escuchamos las voces de gente que entraba por el camino de los visitantes».

Los corredores, las galerías altas que ascienden casi hasta llegar al techo, las salas y los salones que forma la caverna no son limpios. Están invadidos de lado a lado por piedras grandes o pequeñas amontonadas a lo ancho y es necesario avanzar por sobre ellas, o por los lados o arrastrándose a través de los espacios abiertos entre unas y otras. Generalmente hay que trepar y en algunos pasos la cabeza roza contra la cima. Más adentro los obstáculos son aquellos chorriones cónicos de cal petrificada que bajan del techo, y estalagmitas que parten del suelo, tapizas, columnas, todas aquellas formaciones que hacen de la caverna un laberinto interminable y que en conjunto son llamados espelotemas.

Las paredes de roca y las piedras están cubiertas por una costra espesa y el piso tapizado por un colchón de guano, estiércol de murciélago en descomposición.

Al comienzo, y en medio del chillido algunas veces ensordecedor de los murciélagos al ver invadido su territorio, ascendieron un tanto, luego encontraron una zona aparentemente plana y poco después comenzaron a descender. Las cavernas son grandes tanques subterráneos de recolección de agua y en lugares como éste los ríos dependen en parte de aquellos sistemas subterráneos.

Enero no es mes de lluvias en la región, pero aun así, cuando ingresan, expertos mantienen alguna forma de comunicación con alguien en el exterior, atento a los aguaceros tropicales que muchas veces no anuncian con suficiente anticipación su cercanía.

Ellos no pensaron en eso, no lo sabían, y si lo hubiesen conocido, no tenían dinero para pagarle a alguien que los apoyara... Es que no llevaban entre los bolsillos ni para comprar siete comidas antes de ingresar allí.

«Adelante iba John con la vela, medio alumbrando, medio adivinando, pero de todas maneras era lo que nos ayudaba a encontrar algunas flechas que marcan el recorrido».

En las cavernas, lo primero que pierde el ser humano son las nociones del tiempo y de la distancia.

«No sabemos cuánto caminamos. ¿Media hora? ¿Una hora? Quién sabe. Digamos que algo así como una hora, y en ese momento vimos otra flecha: señalaba el Paso de la Monja».

Allí encontraron un puente pequeño sobre un hueco, pero tendrían que haber bajado ayudados por cuerdas, seguros y mosquetones como los montañistas. Ellos no llevaban siquiera una soga.

«—No nos metamos por este sitio —dijo Carlos.

»—Sí, brinquemos —dijo Nelson».

Brincaron, cayeron de cualquier manera sobre las lajas y allí comenzaron a machacarse el cuerpo, porque tampoco conocen la existencia de botas para escalada en roca con suelas de carbono, con las cuales aferrarse sobre las piedras. ¿Y si las hubiesen conocido...? A Nelson se le dislocó un tobillo.

«Atravesamos ese paso y continuamos guiándonos por las flechas. La caverna se había ampliado un poco a los lados y ya avanzábamos de frente, dando curvas hacia un lado y otro, siempre bajando. Llevaríamos entonces unas dos horas, porque por los obstáculos y el esfuerzo de mirar con la luz de la velas los detalles de la caverna, íbamos más despacio. Al comienzo vimos que era alta, calculábamos unos ocho metros, y angosta, como de un metro y medio, pero a medida que avanzábamos empezaba a estrecharse. Ahora eran seis metros de alta y más adelante fue de un metro o algo menos y comenzamos a caminar de rodillas o en cuatro patas por un paso angosto de unos nueve, tal vez diez metros».

A los túneles cortos y estrechos los espeleólogos los llaman gateras.

«Más adelante el techo subió: dos a tres metros. Pero donde terminó ese corredor, encontramos otro túnel. Allí tuvimos que entrar arrastrándonos con los codos y las rodillas uno detrás de otro, pero con la incertidumbre de que no tuviera salida y habría que regresar hacia atrás. Y si avanzando hacia adelante era muy difícil, en reverso sería toda una locura. Pero una locura de verdad... El de adelante llevaba la vela, pero el segundo ya no veía la luz. Este túnel es mucho más largo y un poco más estrecho. Yo calculo unas dos cuadras de largo. Piense usted en lo que son dos cuadras de ciudad arrastrándose sobre las piedras sueltas.

»Imposible saber cuánto duramos hasta donde terminó el túnel y volvió a agrandarse el corredor. Ahí encontramos un saco lleno de barro como para sentarse, y luego otras escalas. Lo hicimos así: cada uno se sentaba primero y luego bajaba por las escalas de tres pasos muy húmedos. Es que adentro todo es húmedo. Las piedras son húmedas, las rocas lloran agua. Todo es húmedo y resbaloso, y uno camina una parte, luego se resbala, se cae y se hiere los brazos, las piernas, las manos.

»Abajo se amplió un poco pero aparecieron otra vez piedras atravesadas, rocas de uno, de dos metros de altas. Suba, baje, arrástrese. A esa altura se nos había acabado ya la primera vela y nos quedaban otra y el pedazo de cabo de la tercera.

»—Regresemos, nos vamos a quedar sin luz —dijo Wilmar.

»—No, continuemos unos pasos más a ver qué hay adelante y después sí nos devolvemos —propusimos los demás.

»Seguimos.

»Ninguno llevaba reloj. Brújula mucho menos. Continuamos bajando hacia el fondo. Caminamos bastante y luego empezamos a chapotear. Eran pequeños charcos. En ese momento conservábamos la media caja de fósforos que John llevaba en el bolso. Juan de Jesús tenía algunos pocos en el bolsillo, pero en ese paso él se cayó en un charco y se mojó completamente.

»—Se humedecieron los fósforos —dijo, y los tiró.

»—Pero los podemos secar.

»Gastamos un tiempo buscándolos entre la capa de guano que cubre el piso y las piedras atravesadas, y claro que no encontramos nada.

»—Ahora sí regresemos.

»—No. Avancemos otro poco.

»Bueno, bajamos más, pero adelante ya sólo nos quedaba media vela, imposible alumbrarnos durante todo el camino de regreso, pero nadie pensó en eso. Penetramos un poco más y la caverna se fue angostando. No parecía ser el camino de los visitantes, pero es que en ese punto hay muchos brazos: uno hacia la derecha, otro hacia la izquierda, otro en diagonal. Allí ya seguían las flechas pero en desorden: una marcaba al frente, otras hacia atrás y no sabíamos finalmente para dónde continuar.

»—¿Quién las colocaría?

»—Alguien que no conocía...

»—O alguien para perder a la gente que entra sin guía.

»—¿Qué hacemos?

»John seguía adelante con la vela. Caminábamos pegados unos contra los otros porque se veía muy poco. Una oscuridad total, pero total. Para que nadie se perdiera, todos debíamos ir tocándonos.

»—Es por aquí.

»—Comencé a meterme dentro de un hueco bajo y estrecho —dice John—. Por allí metí la cabeza, arrastré la mitad del cuerpo, luego el resto, avancé unos metros y ya adentro sentí que me estaba ahogando, no podía respirar.

»—Córranse, córranse hacia atrás —les grité.

»Como sentía que me asfixiaba me fui a voltear, pero con el movimiento o tal vez con la respiración forzada se me apagó la vela. La busqué y no la encontré. Comencé a desesperarme porque sentía que me ahogaba, me impulsaba con los codos y las rodillas, empujaba con los pies a Nelson que iba detrás de mí, y así fuimos corriéndonos hasta salir de allí.

»En ese momento estábamos ciegos, cero orientación, cero todo. ¿Por dónde veníamos?

»—Por allá —dijo Juancho.

»—No, por aquí —contestó Carlos.

»Regresé a tientas al hueco, estuve allí bregando unos minutos pero esta vez tampoco encontré la vela y volví a salir.

»—Y ahora, ¿qué hacemos?

»—Calmémonos. Que no panda el cúnico.

»Avanzamos uno o dos pasos, nos sentamos sobre los filos de las piedras, tratamos de calmarnos pero no, nadie podía estar tranquilo en esa oscuridad, ahí sí es cierto, tan oscura, que uno ponía la mano contra la punta de la nariz y no podía verla.

»—Bueno, calmémonos y después busquemos la vela.

»—Y si la encontramos, ¿quién tiene fósforos?

»Nelson llevaba media cajetilla de cigarrillos y Wilmar dijo:

—No habérnosla fumado antes y con un cigarrillo haber prendido otro, y otro, y con la candela de esos cigarrillos...

»—Esperemos a ver cómo es el aire más adentro. Donde estábamos ya era pegajoso.

»—Yo tengo un fósforo —dijo Nelson, y John se acordó de lo mismo:

»—Claro, si yo siempre cargo en una carterita pequeña tres, cuatro, por si acaso. Uno nunca sabe cuándo los va a necesitar. Mire cómo son las cosas —y empecé a buscarlos.

»Encontré uno y lo froté contra una piedra. Piedra húmeda y resbalosa, y claro, se descabezó. Pero entonces pensé:

—Si tengo uno, debe haber más».

»Estaba nervioso, como todos, pero continué buscando. Encontré otro. Busqué una piedra y, ¡zas! También se descabezó.

»Más nervios, más tensión. Respiré, esperé unos segundos y volví a buscar, a buscar, y encontré el tercero. Otra piedra, otra rascada, ¡zas! Se descabezó también.

»Ahora igual: nervios, tembladera de manos, carajo, a respirar profundo y a esperar.

»—Tiene que haber uno más, uno más.

»Pasaba los dedos por la carterita, a un lado, al otro y finalmente apareció el cuarto. El cuarto era el último. El cuarto era, como dicen, la bala vencida. Otra vez a respirar profundo, hermano, y... uno, dos...

»—No. Tómelo, Juancho, intente usted.

»Se lo di, él lo cogió, y no sé cómo... ¡lo prendió! Prendió el último fósforo.

»—Juancho: ¿cómo hizo?—le preguntamos.

»—Lo rasqué sobre la cremallera del pantalón.

»—¡Rápido, una camisa!

»En previsión, Juancho ya se había quitado la camisilla que llevaba debajo de la camisa, la rasgamos, y como Carlos había buscado a tientas por el suelo y encontró un palo, amarramos la camisilla al palo y empezamos a tratar de prenderla, pero no agarraba la llama. Estaba húmeda por el sudor y húmeda por la cueva.

»—Entonces las cartas —dijo Juancho.

»Sacamos de los bolsillos las cartas de las novias, los recibos de un par de anillos de oro que me dio un amigo para que los empeñara, otros papeles y aquello prendió un poco. ¿Qué hicimos? Tratar de mirar hacia el hueco en busca de la vela, pero se apagó la antorcha. Esta vez sí se apagó totalmente.

»En nuestros cálculos, sin relojes, sin ver nada, llevábamos unas cinco horas, luego debían ser las cinco de la tarde. Es que cuando teníamos algo de luz mirábamos para todos lados, estudiábamos la caverna y todo nos parecía diferente a cualquier cosa que hubiéramos visto antes y, claro, se nos fue pasando el tiempo rápido.

»Le pregunté a Carlos y dijo que no podía calcular cuánto habíamos avanzado, porque desde el momento en que pisamos adentro comenzó a andar rápido, a correr por donde se podía, con esa emoción que da descubrir, y cuando se dio cuenta estábamos muy adentro.

»—No sabría cuánto —dijo Nelson— porque no se avanza en línea recta. Uno va, y de pronto choca con una curva, más adelante con otra, algunas veces parece que estuviera regresando pero más adelante avanza. Y las piedras atravesadas de lado a lado. Muchas veces son más altas que uno, generalmente están arrumadas unas encima de las demás y hay que trepar y cruzar cerca del techo. Luego, a bajar resbalando por sobre las mismas piedras y encontrar arrumes de otras más pequeñas, pero siempre atravesadas a lo ancho de la caverna, sea angosta o no».

«Bueno, se nos apagó la antorcha. Estábamos ciegos. Tal vez habríamos llegado más adelante con la vela, a lo mejor habríamos entrado a alguna sala, a algún salón, pero en el momento en que comenzamos a sentir desesperación,

caminábamos y en lugar de subir buscando el regreso, bajábamos más.

«La desesperación de verdad fue cuando realmente quisimos regresar. Antes de apagarse la vela, en el corredor estrecho alumbrábamos las paredes de roca, veíamos las vetas
verdes del nitro y nos preguntábamos:

»—¿Usted se acuerda de esto? Ya tuvimos que haber cruzado por aquí.

»—No.

»—¿Y Wilmar?

»—No reconozco nada. Todo es igual.

»—¿Y usted, Carlos?

»—Yo tampoco.

»En ese momento había comenzado la angustia. Caminamos atrás, es decir, hacia delante, hacia el lado. No sabíamos
dónde estábamos, y Nelson, con el tobillo tronchado, nos decía
a cada paso que lo esperáramos. Avanzábamos más lento, más
lento cada vez, pero al tiempo con más susto.

»Cuando ya sentimos la verdadera oscuridad fue mayor
la angustia.

»—¿Qué hacemos?

»Wilmer dijo:

»—Calmémonos. Esperémonos a que alguien nos pueda
sacar pronto de aquí.

»—Pero, ¿quién?

»—Tal vez la gente que escuchamos cuando estábamos
entrando.

»—O alguien más. En el pueblo hay fiestas y tal vez muchos quieran venir a conocer esto. Calmémonos que vamos
a salir pronto. Van a verlo: aquí no nos van a dejar más de
un día.

»—Aquí hay flechas, por aquí tendrá que pasar alguien.

»—¿Alguien sabe qué hora es?

»Nadie sabía. Unos calculaban las siete de la noche, otros
las ocho, otros las nueve.

»—Por la noche no viene nadie.

»—Bueno, pues esperemos a que sea mañana por la mañana.

»Nos quedamos allí y para tratar de tranquilizarnos empezamos a hablar cosas de nuestras vidas, del estudio, de los pasatiempos de cada uno... que en Girón son muy pocos.

»—Entonces, si ya es de noche afuera, comencemos a resignarnos y a pensar que aquí vamos a estar más de un día.

»Silencio largo. Según nuestros cálculos, afuera debía ser la medianoche, tal vez el comienzo de la madrugada.

»Wilmar trató de hablar y le dijimos que se quedara callado.

»—Si hacemos silencio, de pronto podemos escuchar a alguien.

»Nos callamos pero lo único que se oían allí eran los chillidos de los murciélagos, *iii, iii, iii,* y el de un grillo que no se callaba en ningún momento.

»—Sí, afuera tiene que ser de noche porque los grillos se escuchan por las noches.

»Más silencio. En ese momento comenzamos a darnos cuenta de que los murciélagos cruzaban muy cerca de nuestras caras y de nuestros brazos. Sentíamos el aire que dejaban y un aleteo casi silencioso.

»—Claro. Debe ser bien de noche porque dicen que ellos salen por la noche y regresan a las dos o a las tres de la madrugada y durante el día están durmiendo».

En las cavernas aquello de las dos de la mañana o las tres o las cuatro es relativo, porque en los murciélagos influye la luz nocturna del exterior.

La Luna tiene cuatro ciclos y por tanto no se pueden establecer horas exactas. Depende de cuándo la intensidad de luz sea apropiada para sus excursiones. Cuando hay mucha luz lunar o cuando hay oscuridad plena, en esos extremos se registra poca actividad subterránea. Es cierto, en esas épocas los murciélagos salen a hacer su recorrido de alimentación o a beber, pero estrictamente lo necesario.

En cambio, cuando la Luna es menos brillante, ellos cuentan con una luz apropiada y en esos casos, dependiendo de la especie, se mueven con mayor libertad.

Realmente se encontraban cerca de un kilómetro adentro —no en línea recta, hacia el nororiente de la caverna—, sobre el costado de una galería por la cual no es frecuente que transite alguien, dadas las mayores dificultades que presenta el terreno.

Al ingresar, ellos habían esquivado el Salón Principal, veinte metros de ancho, seis de alto y quince de largo, pues penetraron unos metros al oriente, pero lograron tomar pronto la ruta principal, y luego de unos diez minutos llegaron al Paso de la Mona, por un camino amplio y fácil de recorrer.

De allí se dirigieron a algo llamado el Paso del Murciélago, donde descendieron por una piedra y caminaron hasta un salón de doscientos cincuenta metros de largo, ocho de ancho, cuyas alturas varían entre tres y seis metros.

Un poco más adelante y continuando con la ruta encontraron una escalera de barro por la que se asciende para ingresar a un salón en que al parecer termina la caverna, pero subiendo a la izquierda continúa el mismo espacio y se llega a la gatera de nueve metros por donde tuvieron que cruzar agachados.

Adelante hay un túnel más prolongado y difícil de superar por su estrechez. En algunos tramos es necesario arrastrarse con el cuerpo muy pegado al piso para burlar las estalactitas que rematan la parte alta. A partir de allí el sistema se amplía y el recorrido comprende tramos planos y algunos ascensos cortos, pero la mayor parte está en descenso, salvando curvas de 45 grados, hasta llegar a un punto llamado La Y, donde se divide el camino.

La ruta que cursa hacia la izquierda conduce a La Quebrada. La segunda, a dos grandes salones: el Valle del Murciélago, trescientos metros de largo, entre uno y veinte metros de ancho, y una altura que fluctúa de dos a seis metros. A la izquierda de éste, por un acceso fácil, se encuentra el Salón del Nitro, con la misma longitud: otros trescientos metros ocupados en parte por estalactitas y estalagmitas y alturas de dos a ocho metros. Continuando en esta dirección se accede luego al Salón de las Arañas.

En La Y, los muchachos tomaron hacia la derecha hasta encontrar el Salto del Mico, un paso bastante complicado. Justamente por su dificultad para vencerlo le pusieron ese nombre. En él hay una escalera que conduce a un segundo nivel.

En adelante avanzaron burlando las piedras y rozando las paredes de roca con el pecho y la espalda hasta terminar en el Salón del Té, un lugar de reposo tanto en la ruta de entrada como en la de salida, porque luego se encuentra un túnel que desciende casi en picada dos metros y medio. Allí es necesario utilizar cuerdas y seguros, o en forma primitiva separando al máximo las piernas y apoyando los pies cuanto más sea posible en los pliegues de la roca para no caer al fondo.

Atrás, luego del Salón del Té, habían ingresado a otro túnel de setenta metros de longitud, no de dos cuadras como ellos lo calcularon en su angustia, en el cual nuevamente hay que gatear y en parte arrastrarse. Ese túnel asciende en forma continua y se reduce de noventa a sesenta centímetros, también rematado por estalactitas.

Adelante se encuentra una roca marcada con dos flechas. Bajo una de ellas hay un letrero: *Difícil*. Ellos tomaron esa vía y luego dieron un rodeo y descendieron aún más, pero, por una inmensa suerte, salieron a la vía señalada anteriormente con la flecha *Fácil*.

Continuaron por allí hasta La Quebradita, cuyo curso corre dentro de un túnel por el cual se emboquilla el agua de un arroyo y se abre en algunos puntos, formando pozos habitados por peces pequeños.

En aquel punto ellos trataron de regresar, pero no encontraron el camino por donde habían llegado. Estaban en la parte alta de una galería en la cual, aun con iluminación, si la gente no marcha detrás de un guía, invariablemente está condenada a perderse: para regresar al acceso *Fácil* es necesario penetrar por un hueco escondido bajo las rocas.

Desde luego, ellos no encontraron la salida y tomaron un corredor que marca el retorno al Paso de la Mona, bajando hacia el fondo y chocando con el cauce del arroyo, en un tramo que, como los anteriores, es difícil de transitar aun con la ayuda de luz.

En aquel punto John, que llevaba la vela, se atoró en el último túnel de su recorrido y al tratar de salir de allí, se le apagó. Luego la perdió y quedaron en oscuridad plena.

Los guías calculan que los jóvenes cubrieron hasta allí algo más de un kilómetro por la cantidad de vueltas y revueltas, rodeos inoficiosos buscando la ruta principal, ascensos y descensos por sobre las piedras.

«Cuando nos sentimos más calmados nos fuimos acostumbrando al vuelo de los murciélagos. Calculamos que eran muchos por la cantidad de chillidos y el aleteo más o menos cerca de nosotros. Y como estábamos más tranquilos, también empezamos a sentir que el hambre aumentaba. Es que habíamos comido muy poco ese día.

»¿Qué habíamos comido antes de entrar? Temprano, en la posada del pueblo donde dormimos, preguntamos por el desayuno y vimos que con el dinero que llevábamos sólo nos alcanzaba para un plato de caldo. Entonces partimos el pedacito de carne —muy pequeño, por cierto— en cinco, y nos repartimos el caldo en cucharadas: cinco o seis para cada uno.

»Allí dejamos a guardar alguna ropa, parte de los bolsos y trepamos hasta la caverna. En el camino fuimos cogiendo mandarinas de los árboles y algunas naranjas, había cosecha de las dos, y también cosecha de guayabas, pero las despreciamos. Nos comimos algunas naranjas y otras la guardamos en el único bolso que llevábamos, pero una vez adentro bajando y resbalando por sobre lajas largas, John dio un paso en falso, se resbaló y fue a parar de espaldas sobre la bolsa. De las diez naranjas se espicharon seis, de manera que sólo teníamos cuatro para cinco. Comimos parte de las destripadas y como a las dos de la tarde, según nuestros cálculos, comenzamos primero con las cáscaras de las buenas y después con el jugo y la carne. En ese momento nos quedaba un taco pequeño de galletas saltinas, hecho harina también por el golpe contra la roca.

»Ya sin luz, y en medio del chillido de los murciélagos y del grillo, nos sentamos, acomodándonos como pudimos entre las piedras pequeñas, sobre el guano, uno muy cerca del otro. En ese momento todavía podíamos oler. El guano tiene el tufo de la fruta podrida y también permanece húmedo como una esponja por los resumideros de la caverna y por el mismo aire.

»Estábamos embarrados, o sea, untados de guano desde el pelo hasta los hombros, hasta las piernas, hasta los zapatos. Eran guano y estiércol de murciélago que caía del techo, y la ropa comenzaba a endurecerse. En ese momento pensamos que para entrar uno debe llevar botas de pantano, porque el guano del piso es como una esponja llena.

»Tendría que haber amanecido. Encima de nosotros debía haber un grupo de murciélagos agarrados del techo de la caverna por la cantidad de ruido que hacían con sus chillidos a medida que iban regresando de afuera. Comían guayabas porque nos caían pedacitos en la cabeza. Tomamos algunos, los olimos, y sí: eran guayabas, pero nos daba asco comérnoslas a pesar de sentir tanta hambre».

Se encontraban entonces en un lugar alto en el cual se agrupa una comunidad de murciélagos frugívoros. Tienen dientes fuertes, como los del perro, y en relación con las otras variedades del trópico presentan cuerpos más sólidos: músculos pectorales mayores para vencer su propio peso y el de la comida que capturan en el exterior y conducen hasta su sitio de descanso en el techo. Allí se agarran de la roca con las patas, y con las alas y las uñas del dedo gordo de las alas se ayudan para comer.

En el exterior de la caverna, además de guayabas, vi uvas silvestres, arrayanes, uchuvas, moras, curubas, lulos. La gran riqueza del trópico.

Los frugívoros son un tanto más grandes que el resto. La gente los confunde con los vampiros, que realmente son una minoría. Los científicos saben que solamente el tres por ciento de los murciélagos chupa sangre.

«La primera noche allí adentro ya no teníamos qué comer. Nos habíamos sorbido la harina de las galletas unos quince minutos después del túnel de nueve metros, en un espacio más amplio marcado con el letrero Salón del Té. Allí no había tantas piedras. Ahí lo que teníamos que burlar eran las puntas de las estalagmitas y las estalactitas.

»Bueno, ahora era otra cosa. Debajo de la lluvia de sobrados de guayaba permanecíamos muy incómodos, sentados con las nalgas jugándole a los filos de las piedras. Además, el frío comenzó a castigarnos de verdad. Uno esperaba que en algún momento cambiara la temperatura, como sucede afuera, pero allí no es así. El clima parecía no cambiar nunca. John estaba en pantaloneta, los demás teníamos pantalones, pero la ropa se encontraba húmeda y los pies encharcados por la esponja de guano. Y, claro, muy rayados de arriba abajo porque habíamos resbalado a cada paso.

»Allí estuvimos horas y horas sentados hablando, otras veces orando, hasta cuando calculamos que debían haber pasado unas dos noches. En ese momento el dolor del hambre era tan tenaz, que a la mayoría comenzó a arderle el estómago.

»—¿Qué tal que nos dé una enfermedad? —dijo Carlos.

»Muy cerca, un poco antes de donde estábamos ahora, hay un hueco donde se cayó Juancho, y fue a parar a un charco formado tal vez por un hilo de agua corriente y cuando se nos acabó la llama, dijimos:

»—No nos movamos de aquí. No vemos nada, no somos capaces de dar un paso y por donde hemos cruzado hay muchos huecos profundos entre las piedras y las rocas atravesadas. O si nos movemos, tratemos de retroceder hasta el charco. Ahí podremos, por lo menos beber agua. Contaminada o no. Como sea. No importa —dijimos cuando comenzamos a sentir sed.

»Empezamos a andar, paso por paso, paso entre paso agarrándonos como podíamos de las rocas y guardando mucho silencio para tratar de escuchar el agua que corría. En nuestros cálculos duramos más de una hora hasta que llegamos a una piedra grande y plana como una repisa —los espeleólogos las llaman tapizas— y ahí se escuchó el agua. Nos acercamos dos pasos más y abajo la oímos mejor. Allí nos detuvimos.

»—Puede estar sucia, puede estar contaminada, pero no hay más:

»Entonces le pedimos a Dios que la bendijera:

»—Dios mío, bendice el agua que vamos a beber. Vamos de tu mano, purifícala, Señor" —dijo John y los demás repetimos lo mismo.

»Carlos dijo después:

»—Señor, perdónanos por haber entrado a esta cueva sin permiso de nuestros padres. Sácanos de aquí porque ellos deben estar sufriendo: no aparecemos y ellos no saben dónde estamos. Señor que esta agua sea limpia, no la hemos visto y no sabemos cómo es. En el nombre del Señor, que el agua se purifique.

»—Que así sea —respondimos los demás».

«Para llegar al pozo había que bajar por un hueco como un embudo, apoyando los pies sobre las arrugas de las piedras, y cuando uno llegaba al final se agachaba y sacaba sorbos con las palmas de las manos. Era un agua helada y aunque nos llenaba el estómago, al final sentíamos que se enfriaba más todo el cuerpo. Cuando regresábamos a nuestros sitios teníamos que hacer un esfuerzo para tratar de calentarnos las manos de cualquier manera contra el pecho y el estómago. Si no lo hacíamos así se nos encalambraban las manos, los dedos se ponían rígidos, los tendones tensos. Allí había peces. Podíamos sentirlos cuando tratábamos de cogerlos para comérnoslos, así estuvieran crudos, pero eran muy resbalosos.

«Mala suerte».

Científicos colombianos han descubierto variedades de peces cavernícolas a los cuales las condiciones del entorno los han hecho evolucionar hasta llegar a remplazar la visión por otro tipo de sentidos.

«Cuando pensábamos en tratar de salir, el temor era perdernos o caer en algún precipicio. Es que con pocos metros que uno se corriera se estaba alejando de los demás y en esa ceguera podría perderlos. Entonces uno se guiaba por las voces. Siempre bajábamos por parejas. Al llegar al borde, uno se quedaba en la garganta del hueco y el otro bajaba un paso y bebía. Luego nos cambiábamos. Y una vez habíamos bebido todo lo que le recibía el estómago a uno, comenzábamos a llamar a los demás, y los demás a responder y a guiarnos cogidos de las manos: "Sigan, por aquí, por aquí". Así lográbamos regresar al grupo».

«Para llegar hasta la caverna habíamos gastado un día caminando y pidiéndoles a los camiones y a los carros que cruzaban que nos trajeran aunque fuera por tramos. Si no hubiera sido así, habríamos tenido que dormir en el camino.

«Una mañana salimos temprano de Girón y un poco más adelante nos recogió una camioneta que iba por ladrillos a algún lugar del camino. Allí nos quedamos y caminamos una hora. A la hora cruzó otra que iba para la cárcel de Palogordo. Esa nos dejó en un sitio llamado Puente del Diablo.

»De Puenteldiablo en adelante volvimos a caminar tres horas más, descansamos, nos fumamos un cigarrillo, en una casa una señora nos ofreció algo de comer pero era el mediodía, hacía mucho sol y lo único que queríamos era beber agua.

»Continuamos andando y ya al final de la tarde se detuvo un camión con jaulas vacías para transportar pollos y ese nos trajo hasta Zapatoca, a donde llegamos casi al atardecer.

»Bueno, pues deberíamos haber permanecido a oscuras en aquel sitio de la caverna unas tres noches y cuando despertamos, algunos teníamos algo así como el presentimiento de que por fin nos iban a rescatar. Como que alguien iba a bajar por allí, y comenzamos a silbar y aplaudir. La mayoría de nosotros estaba sin voz.

»En ese momento sentíamos fiebre, mucho decaimiento y nos dio tanta tos que se nos resintieron las gargantas y había que hablar muy bajo. Mucho dolor. Nelson estaba un poco mejor que los demás».

Cuando se penetra en una caverna, es usual ver con la luz de las linternas una nube de partículas suspendidas en el aire, por lo cual algunas personas ingresan cubriéndose con tapabocas o con máscaras más herméticas. Se trata de esporas, es decir, semillas de un hongo en el guano que son activadas cuando uno lo pisa: histoplasma que ataca los órganos respiratorios, produciendo efectos similares a los de la tuberculosis. Algunas personas generan defensas luego de la primera aspiración y su consecuente enfermedad. Otras corren el riesgo de morir más tarde porque el hongo permanece latente en el pulmón, pero puede ser activado por una simple gripa, pasando al sistema central del cerebro.

«Así, enfermos o como sea, un poco después, tal vez horas, creo yo, todos escuchamos la voz de alguien que preguntó:

»—¿Quiénes son ustedes? ¿Dónde están?

»—Somos caminantes perdidos. ¿Nos hace el favor de ayudarnos a salir de aquí?

»—¿Cuántos son?

»—Cinco. Somos cinco —respondió Nelson.

»—Ah, bueno. Entonces esperen ahí. Voy por ayuda y dentro de media hora regreso.

»El sonido era como apagado, sin eco. Nosotros escuchábamos la voz tal vez a unos diez metros arriba de donde estábamos y Nelson, que era el único que podía medio gritar, repetía:

»—Por favor, ayúdenos a salir de aquí. Ayúdenos, estamos perdidos.

»Era una voz como de consuelo que nos daba fuerzas. O sea, una voz que uno escucha y se le hace familiar y por eso cree en ella y ella lo hace sentir bien.

»La voz repitió:

»—Bajen, bajen.

»—No podemos, no tenemos luz, estamos ciegos. Venga, ayúdenos que nosotros le pagamos.

»—No. Ya les dije: espérenme, voy por ayuda.

Luego, silencio. Tal vez se había ido a buscar a alguien y sentimos que la angustia nos daba una tregua. Ya íbamos a salir. Ya íbamos a salir de allí y nos pusimos a orar dándole gracias a Dios. Carlos dijo:

»—Pongámonos de pie.

»Con mucho esfuerzo nos paramos porque las rodillas y la cintura nos dolían mucho. Nos estábamos oxidando en esa quietud. Siempre sentados... Ya de pie, nos agarramos de las manos y comenzamos:

»—Señor, gracias por habernos dado una oportunidad para salir a la vida. Sabemos que esa voz es la tuya, Señor, y Tú nos vas a sacar de estas tinieblas.

»—Tú nos sacarás de aquí, Señor, mi Jesús, y nosotros vamos a cambiar, vamos ser mejores en la vida, Señor», decía otro.

»Cuando terminamos, lloramos y nos dimos abrazos muy afectuosos. Es que allá lo más importante era consolarnos entre nosotros y estar muy unidos siempre, porque había noches en las que algunos se desesperaban más que otros y llegaban a discutir. Pero todos sabíamos que sólo estando unidos podríamos ser fuertes debajo de la tierra.

»Esperamos la media hora que dijo la voz, o lo que creíamos que era media hora, pero no vino nadie. Esperamos como otra hora y nada. Y otra hora, y tampoco. Entonces dijimos: "Es que ya debe ser de noche, a lo mejor vendrá mañana por la mañana".

»—Tranquilos que mañana vamos a salir.

»En ese momento estábamos contentos. Ya no importaba que pasara el tiempo porque él nos iba a sacar y eso nos dio esperanza. Y a pesar del frío que nos azotaba cada vez más duro, pasamos esa noche tranquila. Pensábamos que alguien ya sabía que estábamos allá».

«Nos estiramos un poquito sobre las piedras, unos abrazados con los otros para darnos calor. Así dormíamos siempre cuando llegaba el sueño, lo que quería decir que afuera a lo mejor era de noche. Pero tampoco dormíamos mucho porque, primero, la roca era fría y uno terminaba sacando los brazos de las mangas de aquellas camisetas para clima tibio y metiéndolos por el frente. Una vez adentro nos sobábamos el pecho y el estómago. Cada uno se sentaba como mejor pudiera entre los picos de aquellas piedras pequeñas y en v, se encogía lo mejor que podía acercando las rodillas y poniéndolas contra el cuerpo y estirando la camiseta. Cuando debía estar amaneciendo sentíamos a los murciélagos cruzar, y un poco después aumentaba la lluvia de excrementos. Por fortuna a esa altura habíamos perdido el olfato, pero en cambio escuchábamos más claro el chillido de los murciélagos».

Unas cuantas horas después de ingresar en las cavernas el ser humano pierde la noción de su ritmo biológico.

El biorritmo, reloj biológico, está determinado por un fenómeno que nos acompaña desde cuando la Tierra se formó y empezó a dar vueltas y luego apareció el ser humano. En ese mismo momento el día y la noche fueron determinados y empezó a actuar una influencia tanto de la luz solar, cuanto de su ausencia. De manera que los cinco jóvenes perdieron la influencia de ese ritmo: no sabían si estaban de noche o de día y en esas condiciones el organismo respondía igual.

Se les trastornó todo. La ausencia de la luz es la que hace dormir, y su presencia la que hace despertar. Cuando nos llega la información de luz, entramos en actividad. En su ausencia, entramos en reposo.

Pero entra en reposo todo el organismo, todas sus neuronas, todo su sistema nervioso, todo su sistema excretor, todo su sistema circulatorio, todo su sistema digestivo. Todo responde a la influencia de la luz o de las sombras.

Eso es trascendental porque el cambio es el que informa cómo debe trabajar la máquina humana. Ni siquiera las plantas están hechas para permanecer siempre en reposo o siempre en actividad, y si ellos estaban en la oscuridad total, ¿cómo informarles a sus organismos qué debían programar?

«Fue esa noche cuando comenzamos a sentir que la corriente de agua estaba secándose. Bajamos dos parejas, una primero y otra después, y comprobamos que lo que corría por allí era un hilo ya muy pequeño.

»—Dios mío, si se nos acaba el agua nos vamos a morir».

Durante la formación de las montañas aparecieron grietas en las rocas y por ellas entró el agua al interior. Ella, junto con algunos gases del aire, especialmente el carbónico, ampliaron los huecos formando lo que se llaman pasadizos, galerías, salas, salones y otros fenómenos.

Generalmente en todas las cavernas hay una corriente y su caudal aumenta en épocas de lluvia. Se trata de remanentes de antiguos ríos subterráneos, que con el tiempo han visto apocado su caudal y ahora queda el espacio reducido a una simple corriente.

Las cavernas en Colombia se encuentran en terrenos calizos, en sitios donde las rocas son blandas o en zonas donde aquellas moles son solamente arenisca. La formación de las cavernas también obedece a un proceso de corrosión o de reacomodamiento de grandes rocas.

«—Oremos para que haya una creciente —dijo Carlos, y todos le pedimos a Dios que no se secara aquel hilo.

»En ese momento ya estábamos acostumbrados a la lluvia casi permanente de estiércol de los murciélagos. Andábamos untados del pelo para abajo. Y además del estiércol, nos habíamos embadurnado de guano, también de arriba abajo.

»Pero, además, como se cruzaban muy cerca de nosotros, ya sabíamos que los murciélagos de aquella caverna no eran iguales y empezamos a distinguirlos por su manera de volar. Unos batían las alas despacio y cruzaban despacio. Otros pasaban como balas. Las alas de los que iban lento sonaban más que las de los rápidos».

Según los científicos, las alas de los murciélagos que se alimentan de insectos son delgadas, angostas y largas, para permitirles más velocidad y mayor capacidad de maniobra, pues tienen que cruzar rasantes por terrenos abiertos o elevarse hasta lo más alto de los bosques siguiendo el vuelo irregular de los insectos. En este sentido, los diseñadores de aviones de caza parecen haber tenido en cuenta sus líneas.

Los insectívoros capturan a sus presas en vuelo, sobre el suelo o en las costas de la vegetación.

Los biólogos especializados calculan que un murciélago de esta especie consume hasta 1.200 mosquitos por hora.

En tanto, los frugívoros y los polinizadores tienen alas mucho más anchas y mucho más cortas y gruesas para poder capturar frutas, polen y néctar de las flores. Su aleteo es más corto y maniobran de tal manera que pueden penetrar dentro del bosque. Alas gruesas que les permiten realizar *estacionarios* en el vacío cuando se encuentran frente a las flores o a las frutas.

En cuanto a su dieta, los frugívoros no tienen mayor problema porque la comida se encuentra realmente cerca de la caverna. En cambio los insectívoros tienen que volar mayores distancias pues las poblaciones de insectos también tienen sus ritmos y, de acuerdo con ellos, sus horas de actividad.

«Como se lo habíamos pedido a Dios, una o dos noches después escuchamos tremendo chorro de agua bajando por el hueco y dijimos "Se creció esta quebrada". Y claro, un poco después empezó a botarse con fuerza por todo lado y a inundar las rocas. Pensamos que nos íbamos a ahogar si se llenaba esa parte de la caverna y allí lo único que nos quedaba era hablar con Dios. Orábamos y trepábamos piedra por piedra y luego dábamos algunos pasos sobre las lajas planas, pero adelante seguíamos encontrando charcos. El agua subía a chorros, hasta que por fin chocamos contra otra roca más alta que las demás, y un poco más seca... Bueno, seca es por decir algo, y allí nos quedamos acorralados.

»En esos momentos todos los pensamientos se le cruzan a uno en la cabeza: el agua, el miedo de ahogarnos, pero a la vez la película de la vida corriendo muy rápido. Todo al tiempo.

»No se puede saber cuántas horas estuvimos allí, si tres, o si media noche o si la noche casi entera, allí engarrotados, abrazados los unos con los otros, sin movernos porque no sabíamos en dónde estábamos parados, pero los calambres y el dolor de los pies por el agua tan helada y esas piernas como de palo, nos derrotaron. Verdad que nos derrotaron.

»Los borbollones de agua por fin dejaron de saltar y fueron bajando. Ahora el chorro hacía menos ruido, y nosotros otra vez, poco a poco resolvimos movernos: que un paso, que dos pasos, ¡cuidado!, que pongan bien los pies en esta roca tan resbalosa. Algunos se cayeron y se golpearon más, pero los demás los ayudábamos a pararse porque seguíamos muy cerca unos de otros y los que caían, caían al lado, hasta que por fin llegamos a donde habíamos estado desde cuando se apagó la vela y nos sentamos nuevamente. A quitarse los zapatos y a frotarse los pies, y a frotarse las piernas. Una nevera.

»En todo ese tiempo seguían los pensamientos, y de un momento para otro Nelson comenzó a hablar solo. Después nos dijo que estaba alucinando:

»—De pronto se acabó la oscuridad y vi la luz del día, una luz azul como la de los amaneceres. Ahí estaba el papá de John con su taxi, y me dijo:

»—Lo saco de aquí si me da mil pesos.

»En ese momento fue cuando Nelson empezó a gritar:

»—Sí, mil pesos. Le doy mil pesos, pero sáquenos.

»Luego él vio que se fue la luz de un solo golpe, volvió la oscuridad de la caverna y el papá de John desapareció con su taxi. Cuando Nelson terminó de contarnos, empezó a llorar.

»En ese momento los demás creímos que había perdido el sentido y empezamos a decir: "Dios mío, sálvanos, no nos dejes volver locos. No nos dejes morir"».

La narración podría corresponder a una escena clásica del teatro negro de Praga (Jiri Srnec), que consiste en una escenografía absolutamente negra, luz fosforescente y actores vestidos de negro, guantes negros, zapatos negros, las caras pintadas de negro, de manera que desaparecen del escenario y sólo se escuchan sus voces.

Pero si uno de ellos se quita un guante, puede verse la mano. O si quiere aparecer de cuerpo completo en escena, utiliza ropa de algún color y no se pinta la cara. En ese momento los espectadores pueden verlo perfectamente bañado de luz.

«Cuando calculamos que deberían haber pasado unas cinco noches o algo así desde el momento de la entrada, dijimos:

»—Todavía podremos aguantar un poco más.

»Según nuestros conocimientos, pensábamos que una persona era capaz de aguantar sin comer, y en el frío, tal vez unos siete días con sus noches».

«Ahora Carlos sufría más cuando le tocaba ponerse de pie porque uno de sus zapatos tenía un hueco por donde le entraban el agua y la humedad y le aparecieron hongos en los pies que le tumbaron hasta las uñas. Cuando uno tiene hongos parece que caminara por sobre las planchas de una estufa caliente y, claro, a cada paso da un quejido. Pero, además, como todos nosotros, él tenía los pies hinchados por el frío y también le costaba trabajo respirar.

»Es que por el aire de la caverna, o tal vez por la angustia, quién sabe, sentíamos el pecho oprimido y nos parecía difícil respirar, y nos dolía el cuerpo por las magulladuras de los golpes que tuvimos en tantas caídas entre la entrada y este sitio a donde habíamos venido a parar».

«Esa misma noche, la quinta, un poco más tarde Juancho se estiró, tal vez dio un paso y a tientas encontró la boca de un hueco. Nos avisó, nos acercamos y él comenzó a meterse, a meterse hasta que la cabeza chocó contra el fondo. El hueco tenía unos dos metros de largo, era angosto pero cabían allí dos personas. Perfecto. Empezamos a utilizarlo como hospital. Cuando uno de nosotros se enfermaba, se metía allí. Si eran dos, mejor, entraban ambos y así, uno contra el otro, nos dábamos calor porque nos pareció que allí era un poco menos frío. Entraban el enfermo y el otro enfermo, o el enfermo y algún compañero, y afuera los demás nos juntábamos hombro con hombro y cubríamos la entrada por minutos para darles todavía más calor a los de adentro.

»A esa altura todos seguíamos abrazados para tratar de que aumentara la temperatura, y como vivíamos entumidos por el frío, de vez en cuando nos poníamos de pie. En la caverna todo nuestro ejercicio era pararnos, estirarnos, encoger una pierna, estirarla, encoger la otra, estirarla, alzar los brazos, encogerlos, girar el tronco para un lado, para el otro y volvernos a sentar, pero teniendo cuidado de no dar un paso para no alejarnos del grupo un solo centímetro: miedo a extraviarnos, o a caer en algún precipicio que no hubiéramos descubierto... Allí lo único que conocíamos era la cueva pequeña y el hoyo del agua. Creo que eso nos ayudó a no congelarnos y a morir de hipotermia... Hipotermia, tremenda palabra que recordaba Juancho:

»—Qué es esa cosa? —le preguntamos y nos dijo que la enfermedad que le daba a la gente por el frío.

»Es que antes de llegar nos habíamos mojado, porque cuando todavía teníamos la luz de la vela cruzamos justamente por aquel pozo. Era un pozo ancho y al atravesarlo, a pesar de la lucecita nos caímos entre el agua porque no podíamos calcular muy bien. Entonces teníamos húmedos los pantalones hasta la mitad y los zapatos empapados. Y a pesar de que pasaban lo que creíamos que eran días y lo que calculábamos como noches, no lográbamos secarnos del todo con el poco calor de los cuerpos.

»En ese mismo punto había caído Juancho, se habían humedecido los fósforos y todos se habían mojado los zapatos menos Nelson, pero como la caverna siempre es fría no lográbamos que se secaran del todo con el calor de los pies y de las piernas. Carlos, que era el más perjudicado por el zapato con la suela rota, se los quitó y metió los pies dentro de la bolsa que llevaba Nelson, le templó el cierre y se mantuvo así varias noches, pero el remedio le sirvió muy poco. El frío es el frío y no se va por más de que uno haga lo que sea.

»Para descansar un poco las nalgas de los picos de las piedras en medio de los que estábamos sentados, nos turnábamos la única gorra que llevábamos, la de Nelson, y un par de bolsas.

»Como dormíamos muy poco, hablábamos. Todavía teníamos una lucecita de esperanza pensando en que a lo mejor podría regresar la voz, y hacíamos planes para cuando saliéramos de allí: comer, primero que todo. ¿Comer qué? Lo que hubiera: basura, cáscaras, lo que nos diera la gente, plátano frito, arroz con plátano frito y huevos. Carne de chivo asada, sopas...

»—No hablemos más de comida. Estamos enfermos y la boca comienza a llenársenos de saliva y a dolernos más el estómago.

»Bueno, pues ya el hambre no se sentía como un dolor en la boca del estómago, sino como llamas: candela en la barriga. Eso debe ser lo que los mayores llaman acidez. Cuando el hambre nos atacaba más, orábamos: "Diosito no nos dejes morir. Ayúdanos".

»Es que todo el tiempo estuvimos orando y cantándole a Dios o diciendo el salmo 91:

No temerás los miedos de la noche, ni a la oscuridad,
ni a la peste que avanza en las tinieblas...
Aunque caigan mil hombres a tu lado
y diez mil a tu diestra,
tú permanecerás fuera de peligro;
su lealtad te escuda y te protege...

»Por fin nos fuimos quedando dormidos uno por uno, pero al poco tiempo se movió Wilmar:

»—¿Quién está despierto?

»Todos abrimos los ojos y nos pusimos a hablar de juegos de maquinitas, de aquello, de lo otro. Pasaba el tiempo y nosotros beba agua y hable, y hable y beba agua, y suba y siéntenos en medio de los filos de las piedras, hasta que empezamos a desesperarnos nuevamente. La voz no regresaba.

»—Ya debe ser la sexta noche. Esperemos más, no perdamos la fe. Hablemos más.

»Nos poníamos de pie, hacíamos un poco de ejercicio pero ahora sentíamos más dolor cuando estirábamos las piernas y los brazos. Uno alargaba el brazo y los huesos traqueaban, los tendones chirriaban... Los tendones estaban templados y endurecidos. Nos estábamos congelando por el frío, y claro, por esa quietud de noches enteras sin movernos para nada. Pero cuando lográbamos pararnos cantábamos y aplaudíamos. Luego sí hacíamos los demás ejercicios. Uno de los cantos era que la caverna temblara por el ruido y alguien nos escuchara afuera.

»Pero entonces comenzamos otra vez a enfermarnos. Nuevamente la fiebre y otra vez los bronquios como de cartón, la cabeza haciendo tun, tun, tun, un chillido de murciélago en el pecho al respirar, el dolor de garganta... Y un desaliento que uno no le desea a nadie. Pero aun así, lo único que podíamos hacer era seguir hablando.

»Lo primero que se nos venía a la cabeza era la comida. Muchos pensábamos en poder regresar al sitio donde cogimos las naranjas. Otros a los cultivos de piña que hay por la carretera. Muchos cultivos de piña, verdes o como estuvieran, nos las comeríamos. Con cáscara o sin cáscara.

»—Al primero que venga lo único que voy a pedirle es comida —dijo Carlos, y los demás, que sí. Que comer como cerdos.

»John siempre se acordaba del momento en que nos acercamos a la caverna. Es que muy cerca de la entrada vive el administrador de la finca, que es el mismo guía, y cuando cruzamos lo encontramos sentado frente a una mesa pequeña comiéndose un banquete con albóndigas, lentejas, plátano frito, juguito de moras...

»—En ese momento, ¿por qué no le pedimos un bocado? ¿Por qué nos dio vergüenza? —dijo Juancho.

»—Sí. Nos habríamos comido hasta los sobrados.

»—Ahora yo me comería los sobrados fríos antes de que se los echaran a los perros y seguro que me sabrían como sabe un banquete —dijo Wilmar.

»—¿Será de día o de noche? Si es de día, ese señor debe estar comiendo albóndigas».

«El chillido del grillo nos tenía locos... ¿Cómo se dice? Ah. Nos punzaba los oídos. Es que cada noche que pasaba lo escuchábamos más duro, y John dijo:

»—¿Saben una cosa? Cuando el grillo deje de cantar, en ese momento vamos a salir de aquí».

«Pasó el tiempo y John empezó a escuchar música de radio afuera, pero la sentíamos muy cerca. Bajito pero cerca.

»—¿Alguno de ustedes puede escuchar esa música? —nos preguntó.

»Todos la escuchábamos y empezamos a gritar. ¿Estaríamos alucinando al tiempo? A lo mejor. Uno no sabe. Es que algunas veces escuchábamos la música, otras veíamos luces. Uno veía una luz y gritaba. Nos callábamos. Al rato otro veía otra luz y también gritaba.

»Los que más alucinaban eran Juancho y Carlos. Algunos no creyeron al comienzo, pero de pronto ellos también empezaron a ver cosas...

»Le repito que, para mí, alucinar —dice John— es que desaparece la oscuridad, uno está de día y ve a las personas y ve las casas y las calles y vuelve a ver verde si es que en ese momento está en el campo. Pero de un momento a otro se vuelve a oscurecer y desaparecen las personas y los colores, y se van los sonidos y uno vuelve a quedar allí sentado, sintiendo que las piedras le tallan las nalgas y que las rodillas le duelen por el frío y por la falta de ejercicio. El frío es lo que más maltrata el cuerpo después de las llamas en el estómago».

«Cuando alucinó Nelson la primera vez, estábamos dormidos... Como siempre, también se lo dije ya, nosotros dormíamos allí sentados media hora, una hora, después de abrazarnos por parejas y frotarnos unos a otros los brazos y el cuerpo para darnos un poco de calor. O sea, uno dormía y el otro lo abrazaba y estaba pendiente de que el compañero estuviera durmiendo bien. Luego él se despertaba y lo ayudaba a uno.

»Nelson volvió a alucinar. Segunda vez:

«—Estaba abrazando a Carlos, que dormía —dice—, y de un momento a otro vi empanadas. Bandejas llenas de empanadas, ahí, al frente de mí. Yo estaba en Río Prado, donde vivo.

Saqué dinero del bolsillo y compré varias. Sentí el calor de las empanadas en la mano, sentí los billetes en la otra mano, algo muy real, muy real. Hacía un sol amarillo y me dio emoción. Y detrás de mí, Wilmar se puso de pie y compró dos, una para él y otra para John, y yo le dije:

»—¿Por qué compra sólo para John si los demás también queremos?

»—Cuando Wilmar se acercó a comprar más se apagó la luz y volví a sentir frío. Carlos se despertó inmediatamente... Hombre, las alucinaciones eran tan reales que uno se tocaba y creía que era cierto».

«Mucho tiempo después, el que comenzó a hablar solo fue Carlos.

»—Espérense que estoy frente a mi casa. Voy a entrar a traer algunas sábanas para envolvernos. Un momento —dije—, y traté de salir corriendo, pero en ese instante los demás me agarraron y me hicieron sentar nuevamente porque de un momento a otro vi que las sábanas eran para amortajarnos nosotros mismos. Yo creo que en ese preciso momento estaba huyéndole a la muerte. Pero si me hubieran dejado correr, podría haber caído en alguno de los abismos que había al lado. ¿Qué tal una tumba de ese tamaño, allí, uno solo, sin que la familia supiera dónde había quedado el cuerpo?».

«Debería estar comenzando la noche siete y Nelson volvió a alucinar.

»—Vi que un señor entró a la caverna en una camioneta. Le vi la cara perfectamente, le vi las piernas, el pecho, la camisa. Llegó al frente de nosotros y yo le pregunté por dónde era la salida, y él respondió:

»—Los ayudo a salir si me dan dos mil pesos cada uno —y se retiró, y yo empecé a gritarles "Sigan a ese man, que ese man va para afuera, sigámoslo".

»—Venga, Nelson, siéntese aquí que es otra alucinación. Cálmese y siéntese» —le dijimos.

«Y después de Nelson fue John:

»—Yo estaba donde un amigo, era de noche pero veía muy bien la luz de la sala de su casa, veía los muebles, veía un cuadro colgado en la pared, y él me dijo:

»—Hermano, usted aguantó mucha hambre en esa caverna. Aquí tiene este plato de sopa de plátano. Tomó una cucharada con un pedazo de plátano pisado, es decir, de patacón, y me la alcanzó, y yo abrí la boca y lo mordí. Y cuando lo mordí, hasta llegué a sentir el sabor, a sentir la dureza del patacón y en ese momento, nuevamente todo oscuro, y cuando vi la realidad también empecé a llorar:

»—Tengo hambre, tengo hambre —decía, y los demás:

»—Cálmese, es una alucinación. Tranquilícese, John.

»Cuando uno estaba desesperado, todos se le acercaban más y lo abrazaban. Esa solidaridad tranquilizaba mucho».

«Así uno no sea el que está alucinando, también se desespera de ver al otro en ese trance, porque eso no es normal, eso es como la locura, como ir perdiendo el sentido antes de morirse. "¿Será que ya comenzamos a enloquecernos?", se preguntaba cada uno en sus adentros y, claro, la angustia era más grande y más grande. La angustia es más que el miedo. Tal vez es pánico, como dicen. Uno con angustia baja la guardia, y dice: "Bueno, que me muera, ya no puedo hacer más. Morirse debe ser mejor que sentir este miedo tan terrible"».

«Cuando comenzaron las alucinaciones, acordamos apoyarnos, darnos cariño, que el que estuviera mal sintiera que no se encontraba solo y que esa carga tan pesada no era para uno sino para todo el grupo... Y bueno, que a pesar de todo íbamos a salir de allí vivos. Pero todos. Allí no podía quedar ninguno. Carlos dijo:

»Claro que vamos a salir todos. Y cuando salgamos, nos van a estar esperando afuera los grupos de apoyo de la Defensa Civil, la Policía, el alcalde, nuestros familiares, gente que va a venir del pueblo. Vamos a salir con todas las de la ley.

»—Así va a ser. ¡Seguro!».

Gulliver en el teatro negro Ta Fantastika: un hombre está privado de la libertad, pero a pesar de todo, hasta cierto punto es libre. Libre por la fuerza de su espíritu, por sus ideas y su fe. Y en particular, por su incontenible fantasía.

«Nuevamente algunos tratamos de dormir, pero entonces Wilmar alucinó. Vio que él era un pokemón con tentáculos. Veía cómo le iban creciendo, se los tocaba, tenía la piel como la de los pokemones que salen en la televisión, y decía:

»—Yo soy un pokemón, miren mis tentáculos.

»Y nosotros, "Ya, pero Wilmar, cálmese, cálmese que usted está alucinando, hermano".

»Lo abrazamos y dijo "Me voy a dormir", se sentó pero no hablaba, no decía una sola palabra, y a nosotros nos dio tristeza, después risa, después tristeza, hasta cuando John comentó:

»—No hay que reírse. Esto es serio. ¿No ven que estamos perdidos y a estas horas no sabemos si podremos salir o nos vamos a...

»—Cállese. No diga eso que sí vamos a salir. Todavía podemos aguantar el hambre y toda la oscuridad. Aún tenemos alientos.

»—Mejor tratemos de hablar de otras cosas —dijo Carlos.

»—¿De qué?

»—Por ejemplo, de nuestros vecinos.

»—¿Los murciélagos?

»—Sí. Lástima que uno no se haya fijado antes en ellos para saber bien cómo son.

»—Pues son como los ratones.

»—Sí, pero con alas...

»—¿Cómo se las arreglarán para ver en la oscuridad?

»—Con ojos especiales, como las máscaras infrarrojas que se ven en las películas de guerra».

Según la clase de murciélago, ellos emiten por la boca o por la nariz ondas ultrasónicas que chocan y regresan. Dependiendo del rebote saben si lo que tienen al frente es un obstáculo. Ese sistema de orientación es conocido por los científicos como *ecolocalización*, ubicación por el eco.

Los cetáceos tienen algo similar pero es mucho mejor. Las ballenas y los delfines producen sonidos con el mismo mecanismo pero la transmisión en el agua es siete veces más rápida.

Con los ojos, los murciélagos no ven mucho. Ellos vuelan en la penumbra, en la aurora o en el ocaso, guiándose un poco con la mirada, pero no dependen de la visión para orientarse.

»En aquella locura había una especie de descansos, pero a medida que pasaba el tiempo las alucinaciones aparecían más cerca unas de las otras, hasta que llegó un momento en que la caverna parecía un manicomio. Nos estábamos enloqueciendo en esa oscuridad, ya sin oler nada, oyendo un poco menos que antes, medio paralizados por el frío... y con el estómago lleno de llamas.

»Alucinaba Carlos, después Wilmar, después Juancho, otra vez Nelson, otra vez Carlos. Alucinaba John:

»—Llegué a mi casa, encontré la loza sucia y dije: "Huy, yo no la he lavado. Va a llegar mi mamá y va a empezar a regañarme. Debo prender la luz". Y empecé a tocar la pared y cuando encendí la luz comencé a ver todo más claro, me encontré con el gato y le dije "zas, vaya para allá". Me puse a lavar, pero no había nadie en la casa.

»Allá era la madrugada porque afuera veía la oscuridad. Sin embargo, fui a acostarme, pero dije: "No, mejor voy a lavarla ya". Me levanté y en seguida me volví a acostar, pero en ese momento vi nuevamente la caverna y pensé: "Me estoy muriendo".

»Era la séptima noche, les conté lo que había visto, les dije por primera vez lo que sentía y en ese momento todos aceptamos que sí, que teníamos que resignarnos a morir allí, debajo de la tierra.

»A partir de esa noche sentimos miedo de dormirnos y no regresar jamás, de manera que cuando creíamos que alguien había cerrado los ojos lo llamábamos para asegurarnos de que seguía vivo.

»Un poco después Nelson dijo que se sentía enfermo y el pensamiento de los demás fue "¿Estará en las últimas?".

»—¿Tiene sueño? Cuidado se duerme, hermano. Háblenos aunque usted no tenga muchos alientos. Háblenos, cuéntenos cómo se imagina las caras de los murciélagos.

»—Como las de los ratones pero se asoman por entre... las... alas —contestó haciendo un esfuerzo.

»—¿Cómo más?

»—Deben ser medio achatadas.

»—¿Cómo así medio achatadas?

»—Como las naranjas que se nos destri... que se nos destriparon el día que... entramos.

»—¿Cómo más?

»—No sé. No...

»—Nelson: ¿de qué color son los murciélagos?
»—Negros.
»—Como Batman?
»—Sí... como Batman...».

Si lo hubiesen sabido realmente, el tema les habría per-
mitido disipar un tanto aquella angustia que ahora parecía
alcanzar su mayor intensidad. Entre los murciélagos hay una
inmensa variedad de formas: ojos grandes, ojos muy pequeños, rostros alargadísimos o muy cortos, orejas enormes y
alargadas o muy cortas y redondeadas.

Y sus colores son oscuros, rojizos, amarillos quemados,
moteados, e incluso blancos con rostros simples o llenos de
pliegues, o con las mejillas y la frente lisas, o con las caras
arrugadas.

«Nelson fue el último en enfermarse de algo que ya conocíamos: la presión en el pecho y respiraba con mucha dificultad, tenía fiebre y ahora alucinaba más. Como él mismo dijo:
"¿Será hipotermia por el frío tan concentrado en el cuerpo, o
será el frío de la m...?".

»—¡Cállese, carajo!» —grité mentalmente.

«A esa altura —recuerda Nelson— era tanta la debilidad
que ya no era capaz ni de pararme para ir a tomar agua,
aunque sentía bastante sed. Hacía el esfuerzo, me ponía de
pie y comenzaba a ver lucecitas, y tenía que agarrarme de los
brazos de los demás y a los dos pasos echarle mano a la roca
como pudiera porque se me iba la cabeza.

»Para mí este era un caso muy triste, pero a pesar de todo
nunca culpamos a nadie. Si nosotros estábamos ahí era por
descuidados, porque quisimos, entonces ni siquiera se nos

ocurrió tratar de echarle la culpa a alguien. Eso nunca se nos cruzó por la mente. Más bien estábamos convencidos de que la irresponsabilidad siempre trae consecuencias».

«Bueno, pues entramos a la octava noche y cuando nos paramos a hacer ejercicio, Carlos comentó:

»—Siento que vamos a salir hoy.

»John dijo lo mismo, pero en ese momento ya estábamos muy decepcionados, mejor dicho, entregados, llorando por los papás, pensando que habíamos sido muy desobedientes, que habíamos sido malas personas con ellos. Ahí ya no nos preocupábamos por nosotros sino por el sufrimiento de ellos.

»Como pensábamos que ya no íbamos a salir de allí con vida, lo que pedíamos era que por lo menos encontraran nuestros cuerpos para que los viejos sufrieran menos.

»John tenía un lapicero y Carlos se escribió en un brazo una frase para el papá: que no se preocupara que él le había entregado su vida a Cristo y que lo esperaba en el cielo.

»Al terminar, le pasó el lapicero a John:

»Saqué un pequeño block de notas del bolsillo —dice él—, lo toqué, abrí en una hoja. "Ojalá que aquí no esté escrito nada", pensé... "Imposible que cuando nos encuentren no vayan a mirar todo lo que tenemos los cadáveres". Luego escribí así:

»Mamá, ya acepté a Dios. Estoy aquí debajo de la tierra, en la oscuridad. Por una parte me siento contento porque estoy con el Señor, yo lo siento aquí a mi lado. Sé que Él está conmigo y perdóneme, de verdad, por todo lo que la he hecho sufrir. Mamacita, no vaya a llorar, tenga fuerzas que yo estoy en mejor vida. Chao, madre, la amo.

»Cuando terminé, les dije a los demás: "Esto lo tienen que encontrar, esto lo tiene que leer ella".

»Un poco después, Nelson pidió el lapicero y John contestó: "Lo tiene Carlos". Y Carlos dijo "Yo no lo tengo". Se nos había perdido. Entonces Nelson pidió que oráramos otra vez porque él se sentía muy mal.

»—Yo no paso de esta noche.

»En ese momento llevaba dos días solo —dice—. Éramos cinco y hacíamos parejas, pero yo me hacía a un lado porque ya sentía como que los estaba abandonando. Después me metí al hueco.

»Cuando se estaba metiendo, Nelson decía:

»—Me voy a morir. Siento que ya me queda poco —y John le salió al paso:

»—Nelson, deje de decir eso, esas son bobadas. Usted no se va a morir, usted va a seguir viviendo, vamos a salir de aquí con la ayuda de Dios, porque Dios está con nosotros. ¿Usted no lo siente?... ¿Cierto que vamos a salir?

»Los demás respondieron:

»—Sí, a lo mejor vamos a salir con vida.

»Decíamos que íbamos a salvarnos pero en el fondo sentíamos que no y el que más nos preocupaba era Wilmar, el más pequeño. Él a toda hora le preguntaba a Carlos: "Vamos a salir, ¿cierto?". Luego a Nelson, después a Juancho: "Juancho: ¿vamos a salir?".

»Se nos había acabado la esperanza y ahora hablábamos de quedarnos para siempre allí enterrados. Ya lo decíamos de frente, sin disimular.

»Después de la crisis de Nelson nos callamos y nos pusimos a pensar, y escuchamos que él nos hablaba desde el hueco:

»—Si alguno de nosotros se muere, si por ejemplo yo me muero, los demás tienen que comerse mi cadáver. Tienen que sobrevivir.

»Creo que todos comprendimos que no era una cosa de película. Era así. Es que era así. Había que aprovechar el cadáver de un compañero a cambio de la vida de uno mismo, como dijeron en la televisión que había sucedido en Uruguay hace muchos años con una gente que se cayó en un avión y quedó atrapada, pero en la nieve».

«Uruguay o no, esa realidad nos sembró más entre las piedras. Cada uno veía que a lo mejor no había otro camino, pero cada uno se arrepentía después. Y luego, cada uno volvía a pensar en lo mismo, trataba de borrar semejante drama de la cabeza y resolvía que era mejor orar aparte.

»En ese momento, orar era decir mentalmente lo que uno estaba sintiendo.

»Yo me despedí de mi mamá —dice Nelson—: "Dios mío, ayúdeme para que mi vieja me escuche. Mamá: yo sé que no he sido bueno, yo la he hecho sufrir, pero le pido a Dios que no la deje sufrir más. Si me llego a quedar aquí, no voy a ver crecer a mis hermanas, pero con tal que no sufran tanto... Señor Jesús, que encuentren mi cuerpo para que lo entierren. Mamá, piense que dentro de poco yo voy a estar feliz en el cielo».

Y John: "Dios mío, perdóneme por todo lo malo que he hecho en la vida. Pero si Usted me da la oportunidad de salir, voy a cambiar. Dejaré la calle, estudiaré a toda hora, esta vez voy a ir a la universidad. Yo prometo ser alguien en la vida". Después puse la cabeza en blanco y más tarde dije:

»Dios mío, permítame hablar con mi mamá, que ella me escuche, y si oye mis palabras que les diga a los papás de los demás dónde estamos: "Madre, estoy en una caverna, pero Dios está a mi lado acompañándome. Si me está escuchando, haga que vengan a buscarnos".

»En ese momento sentí un corrientazo en el pecho y, no sé, quedé como en un trance: sentía que ella estaba oyéndome».

«Esa octava noche ya estábamos locos, porque después de la desmoralización, Carlos dijo: "Hoy nos van a sacar. Siento que van a venir por nosotros. Lo siento. Ya estoy escuchando los pasos", y cuando dejó de hablar empezamos a reír y a abrazarnos, y después de la risa fuimos sintiendo la misma certidumbre, y John hizo como una oración corta:

»—Dios nos ha puesto aquí y Él es el único que va a decir en qué momento podemos salir. Confiemos en el Señor.

«La creciente de la quebrada había sido muy grande y las aguas empezaron a bajar lentamente, pero una o dos noches después de la crecida, comenzó a caer del techo de la caverna una gota que se oía chocar sobre la superficie del agua: "Tlac. Tlac. Tlac". Duró varias noches cayendo, y de pronto John dijo:

»—Cuando caiga la última gota nos van a sacar de aquí.

»Mire: todo estaba calculado por alguien. En primer lugar, quedamos frente al único pozo que se veía por esos lados y entonces pensábamos: "Si éste es el único pozo, es porque nosotros vamos a sobrevivir".

»Luego, el día en que hablamos con nuestras mamás, tratamos de dormir por primera vez en mucho tiempo, ya con un poco menos de angustia, y al despertar, Carlos dijo: "Yo siento que vamos a salir, arreglemos la cueva".

»—¿Por qué cree que llegó el momento de salir? —le preguntó Wilmar, y él respondió:

»—Pongan atención: se acabó la gota que caía.

»—¿Y el grillo?

»—Dejó de cantar hace un tiempo.

»Sí, claro: nos concentramos y no escuchamos nada. La creciente no había sido más grande, ya había caído la última gota, el grillo estaba en silencio. Sí. Íbamos a salir.

»En ese momento nos ardían mucho más las nalgas por el filo de las piedras. Nos paramos y empezamos a tocar, a buscar escorpiones, arañas, animales de las cavernas que habíamos sentido desde el primer día en ese sitio, pero no nos habían picado. Tampoco nos mordieron los vampiros.

»Algunos sintieron necesidad de defecar y se treparon a tientas sobre la roca plana de al lado, y allí lo hicieron. Hasta ese momento habíamos defecado muy, pero muy pocas veces. Claro, no teníamos nada en los estómagos, fuera de agua helada... Y sentíamos todavía más miedo. Uno siente el miedo en la boca del estómago. Y la angustia en los pulmones porque no puede respirar. Cuando ellos regresaron de defecar, dijeron que les habían dolido mucho los intestinos.

»Con aquella piedra que encontramos empezamos luego a rasparles las puntas a las que estaban en el suelo y nos sentamos más cómodos a hablar y a pensar cómo es la vida. Cómo uno puede hacer las cosas si le salen del corazón:

»Desde cuando se acabó la vela habíamos procurado respetar a Dios, no ser groseros, no molestar a los demás, pedirle excusas al que estuviera molesto por algo, porque, con aquella angustia, algunas veces discutíamos por cualquier bobada. Pero hasta ese momento habíamos cumplido la promesa.

»—La vida quita unas pero en cambio da otras —dijo Carlos—. Fijémonos que en todo este tiempo los vampiros no nos han mordido para chuparnos la sangre. Ni nos han picado las arañas, ni los alacranes que tocamos con las manos a cada rato».

Ellos se encontraban más allá de la entrada a la caverna, área ocupada por los murciélagos que chupan sangre. Pero aun así, para los expertos es muy raro que un vampiro muerda a una persona, sencillamente porque entre los murciélagos, como sucede con los seres humanos, hay algunos muy torpes pero otros muy astutos, de acuerdo con su dieta.

La astucia es un subterfugio de la inteligencia. Los murciélagos más listos son aquellos que consumen sangre y conocen muy bien dónde se encuentra su fuente de alimentación: fincas ganaderas, cuadras de caballos o hatajos de mulas que son objetivos estáticos. Entonces, según los estudiosos, ¿para qué se exponen a que los ataquen cuando se acercan a los seres humanos en capacidad de reaccionar?

Los vampiros muerden especialmente en el talón. Pero si el animal se mueve, ellos van saltando detrás y a la vez lamiendo su sangre. Al lamer, secretan una sustancia anticoagulante.

El mordisco no siempre se siente porque sus dientes incisivos al frente son tan finos como una hoja de afeitar y ellos los manejan tan bien como un cirujano.

No es habitual que los vampiros ataquen a la gente.

«Terminamos de desportillar los filos de las piedras de nuestros asientos y Nelson volvió desde el hueco con lo mismo: se sentía una carga para nosotros porque estaba muy enfermo.

»Se nos estaba acabando el día ocho y dijimos "Hoy sí vamos a dormir porque mañana salimos", pero él seguía repitiendo lo de la carga para los demás y Wilmar le gritó:

»—No, señor. Olvídese de morir. Usted va a salir con nosotros. Dijimos que entrábamos los cinco y vamos a salir los cinco, así...

»Carajo, ¡una voz! Arriba sonó una voz de verdad. Era la voz de alguien preguntando: "—¿Hay alguien ahí?".

»Nos quedamos de una sola pieza pensando en una alucinación, pero luego dijimos: "¿La misma alucinación al tiempo? No puede ser. Cada uno alucina por su lado. Y alucina diferente".

»—¿Hay alguien ahí? —volvieron a preguntar y apenas la voz se calló sentimos una alegría, una emoción... Carajo, una felicidad que ni se puede contar. Y con esa felicidad tan grande empezamos a gritar al tiempo:

»—¡Sí. Aquí estamos. Nosotros somos los perdidos! ¡Ayuda! ¡Ayuda!

»La persona nos oyó y vimos el chorro de luz de una linterna alumbrando al suelo. Esa luz nos chuzaba los ojos. Sentíamos como si nos los estuvieran pinchando con una aguja de coser caballos. En ese momento el dolor era tan fuerte que algunos se desmayaron al sentir el fogonazo y los demás caímos a plomo sobre la roca.

»La persona fue bajando y llegó cerca. Nosotros no la veíamos porque estabamos allí en el suelo cubriéndonos los ojos con las manos.

»—Apáguela un momento. Eso duele mucho.

»—¿Qué?

»—La luz. Apáguela o alumbre lejos.

»Alumbró hacia el techo, pero el resplandor seguía rayándonos los ojos.

»—¿Cuándo entraron ustedes?

»—Hace ocho noches...

»—¿Recuerdan cuándo?

»—El 6 de enero.

»—¿El 6? Ya estamos a 23. No son ocho sino diecisiete. Ustedes son unos campeones, hermanos. Han resistido diecisiete días y diecisiete noches en esta caverna. Eso no lo puede volver a contar nadie.

»—¿Diecisiete?

»—Pues claro que sí... ¿Y qué han comido?

»—Nada. Agua de este pozo».

«Poco a poco la luz empezó a dolernos menos, hasta que por fin le pudimos ver la cara. Era un joven. Lo abrazábamos, le cogíamos las manos, se las besábamos. Llorábamos y él también lloraba de la emoción.

»—¿Usted cómo se llama?

»—John Alexander Puello. Soy hijo del administrador de esta finca. Mi papá nos está esperando un poco más arriba.

»—Viejoalexander, ¿cómo nos encontraron?

»—Por un milagro. Ayer en *Vanguardia Liberal* salió una página en la que se veía a sus papás y a sus mamás y a sus hermanos, bueno, y a otras personas de Girón en una calle, mostrando unos carteles con sus fotografías y los teléfonos de sus casas. Pedían que si alguien sabía de ustedes, avisaran rápido, que estaban perdidos desde hacía más de dos semanas en alguna parte.

»Y, hombre, pues sucede que el muchacho de una posada en Zapatoca se quedó mirando esas fotos y le pareció que los había visto. Y después que sí, que ustedes habían dormido allí una noche. Dejó el periódico y se fue a esculcar en los bolsos que dejaron a guardar, y claro, encontró el carné de estudiante de alguno, comparó la foto con la del periódico y al momento llamó a la Policía: que les oyó decir que se venían para la caverna».

Escape

Treinta horas más tarde algunos policías llegaron a la casa de Gabriel Puello, a pocos pasos de la entrada a la caverna, y le dijeron que tenían pruebas según las cuales los muchachos se encontraban adentro. Eran las cinco de la tarde del domingo 23 de enero.

Puello es el administrador de aquella finca y quien mejor conoce la caverna, pero como no había registrado su entrada por el Salón Principal, dudó un poco, pero luego dijo:

—No descartemos la idea. Es posible que hayan entrado por otra de las bocas, asunto peligroso, y se encuentren allí perdidos. ¿Cuándo debieron haber entrado?

—Más o menos el 6 de enero.

—Dios mío. Más de medio mes. Si eso es cierto, dudo que aún se encuentren con vida. Es que tanto tiempo... Si se quedaron atrapados, a lo mejor gritaron, hablaron, pidieron ayuda, pero adentro, después de doscientos metros, no se escucha nada. Como no hay eco se pierde el sonido. Hagamos una cosa: acompáñenme ahora mismo a buscarlos por los sitios que no son de visita.

—No, Gabriel —respondieron los policías—. Dejémoslo para mañana por la mañana. Temprano podremos organizar patrullas con la gente de los grupos de rescate de la Defensa Civil, con la Cruz Roja...

—No. Sabiendo que a lo mejor esos muchachos estan en la caverna, no voy a poder dormir. Ahora mismo me meto con uno de mis hijos.

—No, Gabriel. Qué se va a meter a esta hora, son casi las seis de la tarde, ya va a anochecer.

—Es que mañana puede ser tarde. Yo me voy.

«Entramos con mi hijo John Alexander y tomamos un túnel que retorna al Salón del Murciélago. Yo llevaba a Rex, el perro que conoce la cueva, y me quedé en un sitio esperando al muchacho que empezó a descender. Tengo un problema en una rodilla y para mí es bastante difícil andar por allí, por la trepada de las rocas y porque en algunas zonas el agua le llega a uno a la cintura. Es un líquido muy limpio y muy frío. Allí hay dos túneles que contienen agua en forma permanente.

»A mi hijo le indiqué una galería por la cual hay que subir con soga, pero llevaba la orden de regresar si no encontraba nada.

»Mientras él se iba me puse a orar y a pedirle a Dios que si los muchachos se encontraban en la cueva nos diera una orientación:

»—Señor, la vida es tuya. Dios mío, si estos seres realmente se encuentran en la caverna y están con vida, permíteme que yo los rescate para que no vayan a perecer.

»Cuando mi hijo regresó diciendo que no había encontrado a nadie, le propuse que nos metiéramos al corredor de abajo. Caminamos unos doscientos metros hasta la entrada y llegamos al sitio de La Quebradita. Yo estaba nervioso porque mi hijo y Rex, el perro, se iban a meter por un lugar peligroso: un corredor angosto, y una piedra o un hueco podían llevarlos a un accidente.

»—Hijo, suban con mucho cuidado hasta bien arriba, concéntrese en su linterna —le dije, y yo resolví también avanzar un poco por allí. Más adelante grité pero no escuché respuesta. Avancé un poco más y volví a gritar. Esta vez comencé a escuchar ruidos, pero muy lejos, y pensé: "¿Será que me están asustando?". Es que en la caverna algunas veces se oyen voces, otras veces parece que lo tocaran por la espalda. Allí se sienten cosas raras.

»A los veinte minutos o algo así, grité por tercera vez. Es que aquí adentro uno pierde la noción del tiempo y todo se le hace cercano.

»Esperé nuevamente un buen rato, volví a gritar y ya esta vez contestó mi hijo:

»—Papá, los encontré. Los encontré.

»—¿Todos están vivos?

»—Sí, todos vivos —respondió.

»—Bendito sea el nombre de Dios. Gracias, Señor, por permitirnos encontrar a estos muchachos.

»Le grité que comenzaran a avanzar hasta donde yo estaba, y contestó:

»—Papá, es que ellos están delirando. Ellos creen que yo soy una alucinación.

»Yo me encontraba más o menos a medio kilómetro de la entrada. Esperé mucho tiempo, tal vez una hora o algo más, y por fin aparecieron. Cuando vi al primero, le dije:

»—Bienvenidos muchachos a la vida y a la libertad. Dios les ha dado una nueva oportunidad. No me den las gracias a mí, dénselas al Señor. Y ellos me decían:

»—Que Dios lo bendiga, que Dios lo bendiga, no se cansaban de repetir lo mismo».

John: «La salida fue muy demorada por lo difícil. No podíamos caminar bien, habíamos perdido el equilibrio. El camino no es nada fácil. Hay muchas peñas, muchos riscos, muchas lajas resbalosas. Todo cubierto de guano húmedo. Y nosotros, sin fuerzas, nos golpeábamos contra las peñas, nos caíamos, nos volvíamos a levantar.

»Y además había que esperar a Nelson, que venía muy mal, y de pronto: "¿Cuánto falta?"

»—Cinco minuticos.

»Eso quería decir media hora. Viejoalexander nos estaba dando moral para que no aflojáramos, pero de verdad sentíamos que las piernas eran como de lana. Y una asfixia, y un sudor. Subíamos llorando por el agotamiento...

»—Muchachos, ya se han aguantado mucho dentro de la caverna, ahora tienen que hacer el último esfuerzo. Resistan una hora y media, dos horas más, no importa cuanto, pero tenemos que salir de aquí —decía Viejoalexander a cada paso».

Finalmente llegaron al sitio donde se encontraba Gabriel. Él los abrazó a uno por uno.

»—Estaban muy débiles y muy demacrados, se sentaron a descansar sobre unas piedras y yo les hablé así:

»—Ayúdense ustedes mismos y afuera les hago sancocho de gallina.

»Se lo decía para darle un manejo sicológico al asunto, porque sabía que si salíamos y les daba de comer los podía matar. Estuvieron allí un tiempo llorando, luego en silencio.

»—Después de esta experiencia, de semejante odisea, lo importante es que ustedes en el futuro respeten a su mamá, respeten a su papá —les decía, y ellos respondían:

»—Don Gabriel, con esta oportunidad que Dios nos ha dado vamos a tener un cambio total.

»—Que eso no se les vaya a olvidar nunca».

«El kilómetro y medio de regreso fue demasiado lento. A las nueve de la noche comenzamos a andar. Yo veía a Nelson muy mal, sin equilibrio, sin el menor aliento, igual que Carlos, pero él todavía tenía algunas fuerzas.

»Cuando vi que la marcha con Nelson en esas condiciones era muy difícil, le dije a mi hijo que saliera y le dijera a su hermano que trajera cinco jugos y algunas pocas galletas, y mientras tanto, él se fuera al pueblo y le diera aviso al comandante de la Policía».

«Una vez con el jugo, lo primero que hice fue decirles cómo se lo debían tomar: "Muy despacio, muy despacio". Me gustó que el primero se lo di a Nelson, el más enfermo. Le dije: "Hágase cerca de mí". Los demás se sentaron alrededor, y Nelson cogió el cartón con el jugo y se lo fue pasando a todos sus compañeros.

»—¿Cómo se lo van a tomar?

»—Despacio, don Gabriel —respondían.

»—Se untan la boca y retiran el pitillo después de cada sorbo corto, porque yo los estoy mirando. Ahora no se lo vayan a tomar todo de un trago porque me van a poner a cargar muertos —les decía.

»En ese momento les estaba haciendo un manejo sicológico muy bravo».

Carlos: «Si ellos no hubieran entrado esa noche, yo creo que Nelson se nos hubiera muerto. Es que antes de que alumbrara la linterna de Viejoalexander nosotros lo tocábamos y lo llamábamos: "Nelson... Nelson", pero él no respondía. Por el hambre y por el frío... Y bueno, por la enfermedad parecía entregado».

John: «El primer sorbo de jugo, un jugo de mango, tenía el mejor sabor de la vida. Sentí que bajó heladito, como miel, como una cosa muy bella... Y la galletica, Dios mío. No lo podíamos creer. ¿Comida otra vez? Parecía la primera de la vida.

»Ellos traían a su perro Rex. Lo abrazábamos y lo besábamos, así, como estaba, embarrado de guano, mojado, como estaba. Luego, cuando comenzamos a andar desde el pozo hasta donde estábamos ahora, el perro iba a nuestro lado y cuando uno se detenía, él le mordía el pantalón y trataba de arrastrarlo. Viejoalexander nos contó que a ese animal su papá lo encontró abandonado en la caverna. Alguien lo dejó allí y no regresó por él, y el señor lo crió y lo acostumbró a conocer estos caminos. Él fue el que nos olfateó y dio con el punto donde nos encontrábamos».

Nelson: «Cuando terminamos de tomarnos el jugo y de comernos unas pocas galletas, ya nos estábamos adaptando a la luz. Desde cuando nos localizaron había pasado yo creo que más de una hora. Entonces, con las linternas que nos dieron, nos mirábamos nosotros mismos las caras. Lo primero que sentimos fue impresión... No, más que impresión: susto. Parecíamos cadáveres acabados de resucitar, teníamos los ojos blancos, ojeras, los huesos de la cara salidos. Luego empezarnos a tocarnos las caras, las piernas. Nos tocábamos y lo que sentíamos eran huesos».

Gabriel: «Allí descansamos algo así como quince minutos. Volvimos a caminar y más adelante les anuncié que íbamos a ingresar al túnel largo, una prueba de fuego, pero que no se preocuparan porque así nos demoráramos una hora, íbamos a salir.

»Ingresamos, pero nosotros no habíamos avanzado mucho arrastrándonos cuando escuché unas voces que venían de retorno. Era mi hijo, que llegaba con el comandante de la Policía.

»Atravesar ese túnel tomó más de media hora».

John: «El túnel fue un calvario para nosotros. A mí me dolían las rodillas, los codos, las muñecas, las piernas. Yo sentía el frío entre los huesos. Estaba completamente entumecido».

Gabriel: «Por fin salimos de allí y continuamos en busca del Paso del Mico, una trepada de dos metros y medio, casi la altura de dos personas. Adelante subió mi hijo, les fue dando la mano a uno por uno, y abajo se quedó el comandante de la Policía ayudándolos también a subir, y empujándolos por la cola, para que pasaran a través de un hueco angosto, prácticamente pegado al techo de la caverna. Ese paso fue mucho más difícil que el túnel.

»Desde allí caminamos hasta La Ye, luego entramos en El Laberinto, de allí avanzamos hasta La Escalera de Barro, atravesamos el salón Audiovisuales y nos encaminamos para buscar el Paso del Murciélago y más tarde el Paso de la Monja.

»Uno lo va diciendo rápido y suena fácil. Suena sencillo. Pero hay que ver lo que fue aquella marcha: un paso lento, quejidos, llanto casi permanente por la desmoralización y por el esfuerzo, que a mí, francamente, me parecía superior a las fuerzas de los muchachos».

Carlos: «En una de las paradas a descansar, don Gabriel nos dijo: "Muchachos, ustedes son unos héroes. Ustedes son unos verracos".

»A nosotros se nos había olvidado lo que habíamos hablado con Viejoalexander cuando nos encontró y todavía no teníamos en la cabeza ni qué noche era, ni qué fecha, ni qué hora. Nada. Estábamos en blanco. Entonces don Gabriel preguntó qué día habíamos entrado, y yo le dije:

»—Sólo me acuerdo de que fue un jueves. ¿Hoy qué es?

»—Sábado.

»—¿Héroes por tres días en esta caverna? —le dije.

»—¿Tres días? Hoy es 23 de enero. Ustedes llevan aquí diecisiete días.

»—¿Veintitrés? —preguntó Wilmar, y cuando le repitieron que sí, dijo:

»—Huy, yo cumplí años ayer.

»Y Nelson gritó:

»—Huy, y yo antes de ayer. ¿Tanto tiempo aquí adentro?

»Y el guía gritó: "¡Feliz cumpleaños, muchachos! Anímense, ya vamos a salir. Anímense".

»El oficial de Policía nos dijo: "Vamos, el último esfuerzo, ustedes pueden. Vamos"».

Gabriel: «Finalmente llegamos al Salón Principal. Era la medianoche del domingo».

Nelson: «Cuando nos íbamos acercando, don Gabriel nos dijo: "Estamos cerca, respiren profundo y sostengan un poco los pulmones sin devolver, porque el aire de afuera es distinto. Vamos a hacer ejercicio. A ver: aspiren. Devuelvan. Aspiren. Devuelvan..."».

Carlos: «Cuando salí, me di cuenta de que habíamos pasado de un aire más pesado a otro más limpio, más frío y más puro. Con la primera respirada sentí un hormigueo en todo el cuerpo, después un corrientazo en el pecho y luego en los pulmones, y me desmayé».

Nelson: «Yo levanté la cabeza, vi la Luna, y lo primero que dije fue eso:

»—Huy, veo la Luna».

»Me traían abrazado porque no podía caminar solo, y el oficial de la Policía que me ayudaba, dijo:

»—Dele gracias a Dios porque la puede ver nuevamente:

»—Gracias, Dios mío —dije, y me desmayé. Pero escuchaba que la gente decía: "Los encontraron pero aquél está muerto. Dios mío. Está muerto".

»—No. Está vivo, está vivo.

»Sentí que me pusieron sobre una camilla y alguien hablaba: "Canalícelo, canalícelo".

»—Doctor, eso estoy tratando de hacer, pero no es tan fácil localizarle la vena.

»Me colocaron suero y arrancamos. Debía haber mucha gente esa noche en la entrada a la caverna porque a medida que la ambulancia se abría paso, yo escuchaba que decían: "Los encontraron, los encontraron". La gente aplaudía».

Gabriel: «Cuando los vi por primera vez, la verdad es que sentí fastidio, no lo puedo negar, porque tenían olores nauseabundos. Estaban bañados en estiércol de murciélago, estaban untados de guano, olían a humedad, a sudor, mi hijo encontró que habían defecado sangre. En ese momento Nelson me preguntó por qué trataba de taparme las narices, y yo le contesté:

»—Porque ustedes huelen a mortecino.

»Y él respondió:

»—A mortecino, no. A muerte».

Destierro

Río Curarai, selva del Amazonas, Ecuador.

Quiso ser pintor pero no pudo. Soñó con poder escribir, hizo méritos para ser aceptado en la Facultad de Derecho, pero, por Dios, esa falta de dinero... No es que sueñe con él. Qué va. El dinero lo tiene sin cuidado, pero algunas veces, hay que aceptarlo, es tan importante como aquella mañana cuando el decano le dijo:

—Maestro, usted sí. A usted sí se le ven ganas, y se le ven cualidades y todas esas cosas. Pero debe pagar primero lo que vale la inscripción.

En aquel momento tenía al frente dos caminos: o trabajaba o estudiaba. Bueno, pues el asunto era buscarse primero la comida.

Alejandro Lara son cuarenta años de talento. Y de desamparo. Así, en pocas palabras, su madre murió el día en que él nació. Muerte de parto, le explicaron luego. Su padre falleció dos años más tarde y su tía le hablaba de una enfermedad en el estómago. A los dos años y medio esa tía lo sacó de Labateca, una aldea, y se lo llevó a Cúcuta, la ciudad más cercana. Cuando tenía unos diez años, su padrino se hizo cargo de él y terminó en Medellín. Cuando cumplió dieciocho terminó el bachillerato y comenzó a tocar puertas. «Unos libros con leyes y todas esas cosas. Quisiera libros de abogado. O, bueno, una cámara fotográfica... O alguien que me enseñara algo de pleitos».

¿Leyes? A soldar espigas de acero en un taller.

Y luego, que hace quince días mataron a Juanita en la comuna tal, y hace catorce al viejo Eduardo, y la semana pasada la bomba en plena avenida, y carajo, esa zozobra, y ese sonido de cilindros rellenos de dinamita rasgando el aire y luego explotando en cualquier parte. Y esa celebración de llanto permanente.

—Me voy, me voy ya —dijo una madrugada, y determinó su propio destierro.

Alejandro es uno de los cientos de miles de colombianos que han tenido que huir de su tierra para que la muerte les dé espera.

Vino a parar a la selva amazónica del Ecuador. El Coca, un puerto de río. Como recitan las gentes *in*, llegó al sitio que era en el momento que era.

Allí conoció a Filoteo Mantuano, un indígena quichua muy buena gente, hijo de un chamán, es decir, de un monje indígena, de un sabio, y el viejo que lo había visto venir en sus viajes de yajé —aquella planta alucinógena utilizada en los rituales indígenas— lo vio venir desde cuando aquél partió de Quito, supo que ese mestizo era «yerba limpia», hombre pacífico y hombre inteligente, y hombre capaz de vibrar con el vuelo de una mariposa. Cuando asomó por allí, le dijo que se quedara a vivir con ellos.

En pocas palabras, Alejandro tiene un oído prodigioso y un olfato fuera de serie. Y hoy es algo así como un sabio en cuanto a la vida de estas selvas y a las costumbres de las mariposas, porque el viejo Filoteo lo ha guiado.

Con parte del dinerito que llevaba compró un bote grande de madera, un bote mágico que no sabe extraviarse, ni encallar en los bancos de arena, ni arrimar a tierra peligrosa.

Algunas veces alquila sus servicios buscando ganarse algo («¿dinero para qué? Sólo para comprar el combustible y alguna camisa»), pero ante todo para perderse por el Curarai y el Nushiño y el Cuyabeno y todos estos ríos con sus arroyos y sus quebradas y sus quebradones bajo el techo de esta selva donde encontró una parte de la paz con que soñó durante muchos años.

Se lo pregunto y dice que sí, que el suyo es como un destierro... ¿Cómo será?

—¿Dorado?

—Dorado en algunos momentos, pero digamos que, más negro que otra cosa. El destierro muchas veces es como la muerte, pero estando vivo.

En El Coca dicen que el bote de Alejandro fue construido por un tal Hipólito Condo con ayuda de los espíritus, lo cual es posible porque según lo supe después, el viejo era medio brujo y medio ermitaño. Vivió siempre a orillas del Curarai, un río que corre al sur de esta selva formando el arco de una ballesta, y un sobrino suyo, o algo así, lo trajo a El Coca después de la muerte del anciano y se lo vendió a Alejandro, quien me iba a transportar aquellos días.

Alejandro anda río arriba y río abajo con dos indígenas, enemigos de cultura y enemigos de siglos que hoy terminaron comiendo en el mismo plato, gracias al dueño del bote. En pocas palabras, esa es la dimensión del alma de Alejandro.

El más tenaz de sus compañeros es Nenkivi, un guerrero huao cuyo pueblo fue hasta hace poco enemigo de los indios quichuas como Filoteo Mantuano hijo, pero ahí están ambos navegando por este río «que parte el universo en dos».

Los quichuas fueron reducidos desde el mil seiscientos y tantos. Parte de los huao de Nenkivi hace apenas un par de décadas. La lucha de los huao por su libertad y por defender sus costumbres duró siglos. Son un pueblo de guerreros armados con lanzas de chonta —madera pesada y elástica a la vez—, parte del cual se refugia en esta jungla, lejos del alcance de los mestizos, ya que para ellos somos caníbales. Nos dicen «cohuore», que quiere decir salvaje. Y tienen toda la razón.

—¿Por qué?

—Porque cuando aparecieron los caucheros se llevaron a cien huao con sus mujeres y sus hijos, y éstos no regresaron jamás. «¿Qué pasó?», se preguntaron los ancianos, y todos respondieron: «Que se los comieron».

Nenkivi salió hace diez años pero conserva la mirada clandestina y el pelo rapado como la cabeza de un águila arpía, que es el símbolo de su tribu. Es un hombre amable y silencioso que, como Mantuano, escucha a kilómetros de distancia y huele desde la lejanía.

Cinco de la mañana. En El Coca, este pueblo borroso en la banda izquierda del río Napo o Doroboro, como le dicen los indígenas porque ese es su nombre atávico, ya se sentía el aire tibio, signo de que el día iba a ser achicharrante.

Media hora después, Nenkivi y Mantuano habían acomodado la carga de combustible y aceite a lo largo de los treinta metros de embarcación a partir del espejo, o popa, donde empotraron un motor de cincuenta y tantos caballos. En el centro descansaba otro de ocho, para cuando entráramos en los arroyos y en los quebradones de menos aguas, unos doscientos kilómetros abajo.

No había allí hamacas ni carpas, ni ninguno de aquellos lujos que a la hora de la verdad estorban, y en su lugar embarcaron una motosierra, toneles con combustible, palancas y sogas, porque aunque ha regresado el invierno, aún los ríos llevan medio caudal y en los afluentes es necesario hacer astillas los troncos atravesados a lo ancho para poder cruzar. Alejandro y Mantuano se turnaban en el gobierno de la embarcación y Nenkivi iba acaballado en la proa, señalando los canales y las barreras de enormes leños anclados en el fondo que se detectan por el tipo de onda que forman las aguas a su paso.

Al comienzo de aquella mañana Alejandro estaba silencioso y distante.

—Desde la madrugada he estado pensando —dijo. Hizo una pausa larga y luego fue soltando:

—El destierro nunca es bueno, es como llorar en las madrugadas, y acordarse del pueblo de uno, y de los amigos de siempre, y hasta de lo que comía pero nunca pudo volver a comer. Así de sencillo. Aquí sobran recuerdos chéveres, pero cuando uno está tan lejos termina por ponerse triste como una vieja. El destierro es no tener patria, no ser nadie. Mejor dicho, es sentir que uno es lo que llaman un... ¿qué? ¿Sí me entiende lo que quiero decir? Es sentirse como un...

—¿Paria?

—Sí. Claro que sí. Como un paria... Es que el único que sabe lo que significa paria es uno mismo cuando le toca salir corriendo y dejar su tierra.

Hace apenas una semana a lo largo del Doroboro se veían islas que ahora habían desaparecido, pero comenzaban a formarse otras a partir de las copas de los árboles sumergidos que detienen toneladas de arena. Es la imagen permanente de la vida y de la muerte en estas selvas, donde también mueren los animales y le dan vida a las plantas o a otros que los devoran; donde cae un árbol allí surgen decenas de retoños. Esto determina que el hombre amazónico tenga una concepción diferente de la existencia.

—La selva es mundo de vidas cortas —dice Alejandro.

A las doce del mediodía Nenkivi y Mantuano se miraron, arrimaron el bote y saltaron a tierra. Luego sonó un disparo. Regresaron trayendo un pequeño jabalí que habían «venteado» desde el centro del río, que aquí debe tener no menos de ochenta metros de ancho. La selva es de oler y de escuchar. Tanto en la costa como adentro, usted no ve nada diferente de una masa verde.

Hace por allá un siglo largo, cuando comenzó a desangrarse la historia, los quichuas esclavos eran enviados por los caníbales, es decir, por los mestizos —«divide y vencerás»—, a capturar guerreros huao, y los pocos que cayeron fueron aplastados por el espanto, pues los quichuas tenían mejores brujos y los asombraban.

Al frente de cada grupo de cien, de doscientos cazadores mestizos y quichuas, iban los brujos con sus tigres de pelea —cuenta Alejandro y Mantuano asiente con la cabeza—, iban con sus tigres feroces, la mayoría pequeños y agresivos que se movían en hordas después del llamado del brujo, y si no eran suficientes, los mismos brujos se convertían también en tigres.

Los combates eran largos: días y noches, amaneceres, atardeceres. Caían los huao libres, huían y acorralados nuevamente se hacían fuertes en cualquier rincón, pero allí eran atacados por hombres y tigres. Luchaban algunas horas. Los invasores se fatigaban. Los tigres trepaban en los árboles y los rebeldes no podían descubrirlos. Allí, los de colmillos y piel amarilla y café tomaban nuevo aliento. Luego volvían a lanzarse al campo de batalla. Como los huao son más duros que los valientes, y más felinos, y mejor preparados para la guerra —y, además, altivos—, con ellos el negocio era a otro precio, de manera que después de la plomera y el tropel, a los brujos no les quedaba más que jugarse sus últimas cartas: que vengan el tigre diablo y el tigre cucaracha que despedaza al enemigo, y cuando huye se convierte en cucaracha, desaparece en el suelo, descansa, observa y vuelve al ataque nuevamente convertido en fiera.

Los huao también tenían brujos, pero brujos del bien, es decir, chamanes, pero los buenos sucumbían ante los tigres mariposos, más fuertes y más feroces. Entonces los quichuas conjuraban. Aparecían los tigres de las tinieblas, rugían y dejaban sorda a la gente. Luego se abalanzaban al cuello, atenazaban la cabeza con sus colmillos y sorbían los cerebros de los huao.

Cuando volvía el silencio, brujos y tigres alineaban los cadáveres y llamaban a otros tigres. Comían primero los órganos genitales de los moribundos y los muertos. Las hembras, los penes; los machos, las vaginas. Luego las mejillas, después los corazones, los brazos, las piernas... Nuevamente silencio. Brujos y tigres hacían retoñar la selva y no quedaba rastro de la lucha.

—Yo no sé si son historias reales o leyendas de esta gente sabia —explica Alejandro— pero de todas maneras uno las escucha y algunas veces las cuenta, pero siempre pensando en su tierra, tan rica pero tan hijueputamente violenta, excúseme la palabra. Pero violenta por unos pocos porque la gran mayoría, una mayoría inmensa somos gente de bien, o si se quiere gente floja, como dicen, porque prefiere irse para no morir.

Mire: aquí por las noches, cuando uno se tira en cualquier parte a dormir, sea en una hamaca, o en la selva dentro de un cambuche de hojas de palma y en el piso otras hojas que ahuyentan a las hormigas y a las arañas y a cuanto bicho se acerca a las patas de los árboles bamba, que es donde se duerme cuando uno va de travesía, como que llega el momento en que deja de pensar en tanta tragedia y se va sintiendo tranquilo. En esos momentos el destierro sí es dorado, como dice usted, porque la selva es muy reposada, muy llena de paz. Pero, de todas maneras, esa tristeza se viene de pronto y uno va sintiendo lo mismo que cuando se le muere alguien...

—¿Como un duelo?

—Sí... el duelo de la lejanía, debe llamarse esa cosa.

Atardeció escuchando a Alejandro y algunas veces a Nenkivi o a Mantuano. Ellos dicen que cada seis vueltas del río hacen una legua. Entonces una legua deben ser seis vueltas al universo, porque cuando el cielo está limpio como esta noche, mira usted hacia la Luna y unas veces la ve adelante y otras atrás.

Alejandro levantó la mano y midió una cuarta entre la Luna y Venus.

—¿Qué mide?

—Cinco dedos de eternidad.

A las cinco y media, Nenkivi señaló la entrada a un quebradón. Nos detuvimos y remplazaron el motor. Un poco antes de las siete Alejandro iluminó una playa angosta. Con la luz de la linterna comenzó a volar una legión de mariposas tigre. Aun cuando el sitio parecía ideal, Alejandro y luego Nenkivi dijeron que buscaríamos otro lugar para acampar.

Algunas mariposas toman formas de animal para defenderse de sus enemigos. Las de esta playa tenían alas con colores café y amarillo, y rayas como las de la piel del tigre, y por tanto no son molestadas. Ellos dijeron que atraían el peligro.

Acampamos justo en las patas de dos árboles bamba, aquellos cuyos troncos se abren en aspas para sujetarse bien a la tierra, de manera que entre una y otra forman nichos protegidos, entre otras cosas del agua que corre durante las tempestades. Llueve cinco o seis veces durante el día y la noche.

Mientras Nenkivi y Mantuano limpiaban la vegetación baja del lugar, Alejandro me dijo que fuéramos hasta un pequeño «puerto» a la orilla de un arroyo para pescar algo y cenar. Y mientras abría la vegetación con un machete para llegar al sitio, soltó así:

—A uno le hacen falta, por ejemplo, hasta las mujeres colombianas. No hay como una mujer de esa tierra... Será que todavía soy racista o algo, pero yo no cambio a las colombianas por ninguna. Aquí, bueno, aquí son mujeres muy dulces, muy compañeras, pero no tienen ese picante, ni ese genio templado pero al mismo tiempo cariñoso de las colombianas. Hasta en eso uno siente que no tiene país. Y si no tiene país, no tiene esa paz que anda buscando a toda hora y que, de verdad, nunca termina por encontrar.

—¿Usted tiene mujer?

—No, por lo que le cuento. Pero tampoco porque ahora no quiero amarrarme a nadie. A mí esta selva me gusta demasiado, pero yo no sé si algún día tenga que volver a salir corriendo. Es que cuando uno sale una vez, queda con una sicosis, con una inseguridad muy grande, yo creo que por el resto de la vida ¿Quién me asegura que estas selvas vivirán siempre en paz? Fíjese cómo en lo que es el río Napo los petroleros vinieron a acabar con todo. Hay que escucharle a Nenkivi las historias de masacres y de persecuciones... Es que, a la hora de la verdad, Nenkivi y los huao son otros desterrados: los petroleros los cazaron y a muchos de ellos los metieron en una especie de campo de concentración que pusieron los gringos del Instituto Lingüístico de Verano, lejos de sus lugares de caza, que son los mismos de vivienda.

Por eso no tengo mujer fija. Además me da miedo tener hijos. Quedé, yo creo que también para el resto de mi vida, con el pánico del parto... Pero más que ese miedo, a mí lo que me atormenta es no poder vivir donde crecí.

La tarde siguiente Alejandro habló de los chamanes, de los brujos y algo de los tigres. Al lado del viejo Filoteo ha aprendido tantas cosas que hoy tiene una visión tan amplia y tan diferente de la vida como ningún blanco:

—Cuando el maestro bebe yajé dice que siente mucho miedo, muchísimo miedo, pero lo soporta en silencio.

—Es un miedo que hace gritar... Alejandro, hay que ser valiente para tomar yajé —comenta Filoteo, y luego dice:

—Yo comencé a prepararme para chamán a los catorce años porque los abuelos dijeron que había nacido para hacer el bien y, claro, desde joven me gustaron las visiones y era valiente y sabía sufrir y quería conocer más, y como me preparé durante tantos años, ya siendo adulto pude llegar al cielo en cada muerte.

La muerte es el viaje. Una vez que bebe, Filoteo entra en un estado de catalepsia, hombre vivo pero con los signos de la muerte. Cero pulso, cero respiración, rígido y pálido como un cadáver.

En ese estado, también el chamán puede ver lo bueno y lo malo. Lo malo son animales opacos —demonios para nosotros— en los árboles, en las lianas enredadas a los árboles y al viento, en las palmas, unas veces como monos, otras como murciélagos, otras como serpientes:

—Ellos son más muchedumbre que todos los hombres de la selva —me explica.

Detrás de cada palabra del viejo Filoteo están la sabiduría y el conocimiento:

—Bebo yajé, bajo hasta la oscuridad. Allí van apareciendo los colores de la muerte. Primero hay ecos verdes que se mezclan con azules. La cabeza comienza a palpitar, llega el azul. La cabeza vibra más, el amarillo. Más vibración, el naranja, y cuando parece que los sesos van a estallar, el eco de atardecer, todo violeta, todo morado. Tranquilidad. Entro en la luz, una luz ahogada y en ella veo mariposas moradas, inmóviles. La luz comienza a aclararse, las mariposas se mueven y luego desaparecen. Cuando el firmamento está despejado hay brillo y sonidos de agua y de las flautas del viento en las copas de los árboles... En ese momento ya veo la realidad y sé la verdad de las cosas. Empiezan las visiones.

—Cuando yo venía para El Coca —continúa Alejandro— el viejo Filoteo dijo que estaba en un trance de yajé y sus visiones fueron pájaros transparentes —ángeles para nosotros—. Escuchó sus voces, y a medida que hablaban él iba comprendiendo lo que decían:

«Viene un hombre con cara más blanca que la nuestra. Su figura es como el agua de la catarata. Viene hacia esta selva. Está forrado de blanco y sufre. Es un ser bueno».

—Cuando bebe, el viejo está en su hamaca, pero al mismo tiempo vuela por otros mundos viendo la verdad de cuanto existe, pero dice que después de cada sesión de yajé queda hecho ceniza.

Yo nunca he querido tomar yajé porque eso es para los chamanes que se han preparado muy bien, primero aprendiendo la sabiduría de su mundo, sabiendo de dónde vienen, para dónde van. Siendo más sabios que los demás. Por eso son respetados por su tribu. Eso no es como sucede ahora, que vienen especialmente extranjeros y se llenan la barriga de yajé. Hay que ver las trabas que pescan. Y las cosas que cuentan luego: claro, están viendo su mundo de corrupción y de envidia y de violencia y creen que eso es el yajé. Blanco tomando yajé no es ningún científico. Es sencillamente un hijueputa blanco vicioso. No más que eso: un vicioso que no sabe dónde está parado, y luego sale a decir pendejadas. Y los demás ignorantes se las creen, que es lo peor.

—¿El yajé no podría ayudarle a encontrar la paz que busca?

—¿En qué sentido?

—En el de mostrarle mejor la causa profunda de sus problemas.

—No sé. No me he preparado desde niño para eso... Pero es que la causa de mis problemas es buscar un sitio donde me dejen vivir. Que no me maten. Yo sé que aquí me permiten vivir como quiero. Soy muy feliz, pero en el fondo tengo esa tristeza del desterrado a toda hora si dejo que la cabeza trabaje. Por eso busco aprender algo de esta selva todos los días, pero todos los días. Por eso ando con el sabio Filoteo y con estos dos que no son tan sabios, claro que no, pero que enseñan cantidades de cosas a medida que uno va por ahí.

—Mire: este es un mundo diferente de todo lo que usted pueda conocer en el resto de la tierra. Hablemos de lo que veníamos hablando antes... Por ejemplo, la visión de los animales que tiene un chamán es diferente de la de un brujo. El chamán dura unos veinte años aprendiendo estas cosas. Cuando los abuelos ven que a sus trece, catorce años, tiene cualidades, empiezan a prepararlo, que es enseñarle los secretos de la botánica, la historia de su pueblo, su visión del cosmos. A la vez, él va haciendo tomas de yajé para que su energía se desplace del cuerpo y flote por el universo. Los brujos son otra cosa. No confundir. Los brujos se quedaron en la mitad de la preparación y como no llegaron a la sabiduría se dedican a hacer el mal. El chamán es el bien para su pueblo.

El maestro sabe más que cualquiera. De los tigres, por ejemplo, él me dice:

—Puedo ver a todos los tigres, y si quiero refugiarme en alguno, hablo con Jaica, el dueño de los tigres, y según lo que le pida, Jaica dice sí o no.

Un chamán puede ver cualquier clase de animales. Según él, «los venados viven más lejos, pero uno escucha su voz de burbujas. El venado es el mal».

Una semana después, en el platanal de la huerta de Nenkivi, a unos cien metros de la casa, Alejandro y Buganei, la esposa de aquél, capturaron una mariposa más grande que las tigre, azulada y oscura por encima. Según dijo Alejandro, esa vuela solo entre las cinco y las seis y media, protegida por la luz indefinible del atardecer.

—Cuando estas mariposas son perseguidas por las aves —explicó Alejandro— vuelan sin trazar un solo centímetro en línea recta hasta que encuentran el tronco de un árbol, que aquí no resulta tan difícil. Ahí se posan, pero voltean las alas que, mírelas bien: por detrás ya no son azules. Tienen ese par de puntos negros y grandes como los ojos del búho y pintas café y habanas, iguales a las del búho. Las aves que vienen persiguiendo creen encontrarse con un pájaro carnívoro más grande que ellas y huyen atemorizadas.

Las mariposas son las amantes de las flores. Y las flores son los seres más impúdicos que haya creado la naturaleza. Hay flores machos y flores hembras, pero nunca copulan entre sí porque sencillamente sus amantes son las mariposas. Y para atraerlas a ellas, a las abejas, a las aves y a los escarabajos, que también son sus amantes porque las fecundan, tienen cuerpos voluptuosos, colores sensuales, perfumes y néctares que excitan al ser amado. La selva huele a lujuria.

A partir de la casa de Nenkivi navegamos a remo seis días en un par de quillas pequeñas, avanzando con lentitud en el tiempo sin nombre de la Amazonia, de manera que se veía mucho más, y se escuchaba el verdadero silencio de la selva llena de sonidos. Y se podía oler.

Llovió siempre. Por las mañanas la niebla estaba engarzada en las copas de los árboles, pero hacia las ocho se levantaba y aparecía el sol que no llegaba adentro, porque los arroyos corren en medio de túneles de vegetación y lo que ilumina allí es una luz malva. Dos o tres horas después sentíamos el estruendo de la lluvia acribillando el techo de la selva. Saltábamos a tierra mientras bajaba la creciente arrastrando árboles y plantas, y cuando regresaba la luminosidad, avanzábamos otro trecho. Una o dos horas más tarde volvíamos a escuchar el estruendo.

—Fíjese cómo es la vida —dijo Alejandro una tarde—. A ese estruendo que hace la creciente cuando va bajando, un borbotón de agua gigantesco, incontenible, lo llaman aquí *la bomba*, porque de verdad estalla como una bomba cuando se estrella contra los recostaderos de los quebradones donde descuaja árboles y los arrastra completos, con ramas y raíces y cuanto encuentre al lado. Pues cómo será la sicosis de desterrado que a mí me impresiona esa palabra. Fíjese hasta dónde va ese «duelo» del destierro que dice usted. Por eso le explicaba que eso sólo lo entiende uno que lo ha vivido. El destierro es lo peor que le puede suceder a un ser humano. Nadie se puede imaginar lo que es esto.

Con las lluvias florecen las plantas y aumentan las mariposas. Al comienzo del día se concentran allí todos los olores de la selva. Una madrugada Alejandro, con su olfato, fue guiando el mío. A eso de las cinco, cuando uno va navegando arroyo arriba, se siente la fuerza: perfume de flores que huelen a frutas, a yerbas, a citronela, a canela, a artemisa, a nuez moscada, a comino, a coriandro, a ámbar, a anís, a vainilla, a estragón, a laurel, a orégano, a menta, a bergamota.

Perfumes verdes, espumosos, cálidos, frescos, carrasposos.

Olores grasosos, olores polvorosos como el talco, picantes como la pimienta.

Según el carácter de cada aroma a las cinco y media la selva parece oler a pesebre, a carpintería, a pasto dulce, a dentistería, a iglesia, a funeraria, a gelatina de fresas... a colorete de mujer.

Sobre las seis y media baja la intensidad pero persiste el cuerpo de cada perfume, y a las ocho empieza a desaparecer. Es el desenlace de las fragancias que han pasado, nota por nota, desde lo intenso hasta lo volátil, decreciendo con una armonía que sólo logra la naturaleza.

A las nueve no hay olores. Ellos regresan a las cinco de la tarde cuando en los arroyos ya es de noche. A las seis usted se cuela en el pequeño habitáculo de hojas de palma y comienza a cabecear y a soñar con la relación pasional de las flores y las mariposas, en esta selva que, definitivamente, es lujuria.

Y lejanía.

Niebla

Cali.

Aquel martes 19 de julio era lo que llamamos *verano* en el trópico, pero ya comenzaban a entrar las lluvias. Habían transcurrido tres cuartas partes de la época seca.

Ellos eran cinco, guiados por Ezequiel Moreno, un hombre, como dicen, fuera de serie: setenta y cuatro años, caminante desde niño y un enamorado empedernido de la naturaleza. Con él estaban un joven, su compañera y un niño. A los niños les decimos en Colombia *sardinos*, pero la compañía de estos tres fue tan corta que Lucía Galeano, una antropóloga joven, no recuerda sus nombres.

A todos les interesaba el contacto con un nicho tan especial como el de nuestros bosques de tierra fría. Una franja en las cumbres de los Andes tropicales son bosques de niebla, selvas aparentemente más ricas que la misma Amazonia, pero sobre una topografía agresiva.

Su idea era salir de Cali y regresar el mismo día. A eso de las siete de la mañana partieron de un lugar llamado El Topacio, en el límite del parque natural Los Farallones, sobre las primeras colinas de una impresionante masa de montañas. Estaban a 1.600 metros de altitud al pie de la cordillera. La meta era llegar a la cima de Pico de Loro, a 2.800 metros, y eso es poco más de un kilómetro en línea vertical. Trepada categoría cuatro sobre seis de dificultad, en un ascenso que alcanza en ciertos tramos el 75 por ciento de inclinación.

En aquella floresta la niebla es constante todo el año, en época de lluvias o de sequía. Ellos no esperaban lluvia ese día y estaban vestidos con ropa para clima cálido.

Partimos de la parte llana del valle y comenzamos a ascender por colinas más pendientes de lo habitual. Trepada sin pausa, bosques desahogados al comienzo —recuerda Lucía Galeano.

Eran las primeras estribaciones de la cordillera y una hora después, o algo así, llegamos a Santa Elena, una casa abandonada conocida por algunos caminantes. Allí ya habíamos subido a 1.900 metros de altitud. Todavía nos quedaban por trepar otros novecientos, los más escarpados, pero al paso de Ezequiel, un paso fuerte, paso de montañista. Sin embargo, a pesar de aquel tranco yo subía cerca de él. Casi hombro a hombro con nosotros venía el sardino. Más atrás, el joven y su compañera.

En Santa Elena descansamos algunos minutos y sentí que allí ya comenzaba a cambiar la temperatura. Nosotros veníamos de Cali, diga usted veinticuatro, veintiséis grados, y en la cumbre de Pico de Loro nos esperaban temperaturas de seis, de ocho grados centígrados.

Sin embargo, como se pronosticaba buen tiempo, yo estaba vestida con lo que aquí llamamos *sudadera*, es decir, camisa y pantalón livianos para hacer deportes, un par de zapatos tenis, una gorra, una chaqueta impermeable. En un pequeño morral me había echado a la espalda un coco partido en trozos, huevos cocidos, dos naranjas, agua.

A partir de Santa Elena, la senda continuaba siendo amplia porque el bosque era aún abierto, de manera que todavía podíamos ver las crestas de la masa de montañas. Más allá, el horizonte.

El ascenso iba acentuándose y la fisonomía del bosque comenzaba a cambiar. Hasta allí habíamos cruzado por zonas de arbustos prominentes y plantas herbáceas que son verdaderas colonizadoras. Ellas crecen más rápido para formar suelo, porque allí el dosel del bosque, es decir, las copas de los árboles grandes, no es tan hermético. Parte de las colonizadoras iban desapareciendo a medida que ascendíamos porque las más grandes, por esa competencia a muerte luchando por recibir los rayos del Sol, van matando a muchas de las pequeñas y así se va formando el bosque.

Ahora la selva se cerraba más. Allí comenzamos a encontrar laureles, muchos laureles, comunidades de robles, otras de robles negros, un género diferente pero parecido al tradicional y también de muy buen diámetro. Derribados me llegaban arriba del cuello, eso es un metro y medio. Otros, hasta la frente.

Más o menos a media mañana logramos situarnos muy al pie de Pico de Loro. En aquel punto el bosque es más tupido, el terreno más escarpado a medida que uno asciende. A esa altura habíamos perdido las crestas de la cordillera a nuestras espaldas. Era la visión de una geografía desconocida por mí.

En una rompiente del talud, la chica, el sardino y yo nos sentamos a esperar a que Ezequiel y el muchacho exploraran al frente. Habíamos pasado de largo por la entrada a Pico de Loro, y tomamos una senda más angosta y, ahora sí, muy empinada. Una rampa.

Allí, para avanzar, teníamos que agarrarnos de los troncos de los árboles, de la hierba más consistente, de algunas raíces superficiales y prácticamente el pecho rozaba contra la montaña.

Adelante empezamos a encontrar helechos, palma boba, bromelias —les decimos quiches— con sus flores rojas verticales a partir del centro del cono que forman con las hojas. Los troncos de los árboles permanecen cubiertos por un musgo muy verde, y en los de los árboles caídos, hongos descomponedores anaranjados, amarillos, blancos, en forma de discos planos incrustados en aquella madera que se va pudriendo, dándoles vida a nuevas plantas.

A medida que ascendíamos la dificultad para avanzar era mayor porque el talud de la montaña va empinándose progresivamente. Camino duro, fatigante y un poco más arriba pensé en devolverme: al frente tenía un barranco saliente cubierto por laureles, algunos sandes, pinos nativos:

—¿Seré capaz de salvarlo? —me pregunté.

Pensaba que la montaña era cada vez más difícil de ascender y que a lo mejor no podría alcanzar la cima.

Ahora el bosque parecía una selva que se iba compactando por la vegetación baja, que cierra los espacios entre los troncos de los árboles. Le dije a Ezequiel: «No me gustaría continuar», y él respondió:

—Lucía, ya estamos cerca.

Yo sabía lo que significaba ese «cerca» de los caminantes veteranos.

No sé qué hora era en ese momento, tal vez el mediodía, a lo mejor un poco menos, y cambié de idea:

—Aquí es ahora o nunca. Yo vine a subir y voy a subir. Ya hemos avanzado bastante y sería una locura deshacer el camino —y claro, di el paso adelante y comencé a salvar la cuesta con mucho esfuerzo.

El ascenso era sofocante pero pensaba que ya deberíamos estar... a lo mejor cerca del final, y a esa altura aquello me pareció como un estímulo. Yo no trepo mal, de manera que no sentía los músculos adoloridos. Tampoco estaba agotada. Fatiga sí tenía, imposible que no, pero para avanzar seguía agarrándome de los troncos, de las ramas, de la misma hierba que había en ciertos claros. Ese medir cada paso, esa lucha por colocar bien un pie, luego el otro para no resbalar y caer de espaldas al vacío era una locura.

—El ascenso ahora es, por lo menos, de un sesenta por ciento —dijo Ezequiel en aquel punto, y tenía razón porque ahora parecíamos arañas agarrándonos de la montaña, tratando de seguir las pisadas de otra araña con un paso muy fuerte, muy seguro. De todas maneras, las fuerzas me alcanzaban para avanzar a su lado. Atrás venían el sardino, el joven y su compañera. Yo no podía verlos, y en algún momento el sardino nos llamó:

—¿Dónde están? ¿Dónde están? —preguntaba desde algún punto a nuestras espaldas, arropado por la vegetación.

Yo no sabía exactamente quién venía detrás de mí en aquella senda que se retorcía según las curvas de nivel de la pendiente. Lo esperé unos segundos, tal vez minutos, no lo sé bien, y cuando me alcanzó, dijo:

—No puedo más. Voy a devolverme.

Se supone que la pareja debería venir un poco más atrás. Imposible calcular el tiempo que llevábamos caminando. Imposible calcular la altura que habíamos ganado hasta entonces arañando la montaña.

Me esforcé un poco, le di alcance a Ezequiel y continuamos. En aquel momento el sardino desapareció. Y nuevamente Ezequiel:

—Lucía, falta muy poco para coronar la cima.

«¿Muy poco? —pensé—. Muy poco pueden ser cinco o pueden ser también cincuenta minutos».

Subimos a una pequeña planicie, falso suelo. Allí no pisábamos ahora la tierra sino un piso formado sobre el abismo por las raíces de las plantas, que temblaba a medida que uno caminaba.

—Ojo, que es un paso angosto. Si se sale un poco de las pisadas que le marco, se va al abismo —dijo Ezequiel.

Allí ya no se veían corrientes de agua. El agua había quedado más abajo y la única que podría encontrarse estaba en el fondo de las hojas de las bromelias, que transforman la niebla. Eso quería decir que habíamos ascendido a unos 2.100 metros.

Un poco más allá de aquel descanso, una nueva trepada a partir de dos curvas hacia arriba y hacia delante. Un ascenso largo.

No sé cuánto tiempo después, mucho para mí, Ezequiel anunció:

—Llegamos. Esta es la cima de Pico de Loro.

Piedras muy grandes, rocas que se insinuaban en medio del manto de niebla, una niebla asociada con la vegetación. Algunas veces estábamos en medio de una nube y unos pasos más arriba veíamos las nubes debajo de nuestros pies.

El bosque había desaparecido porque en la medida en que subíamos más y más, la montaña se veía más desprovista de vegetación.

—He leído que este es el concepto de farallón: un levantamiento rocoso ocasionado por una fuerza interna —dijo Ezequiel.

—¿Cuál fuerza?

—La del océano Pacífico. Estamos muy lejos de allí, tres farallones más, imagínese. Pero hasta aquí llega la fuerza del mar, que se mete por debajo de la cordillera y va levantando las montañas. Ahora estamos sobre una falla. Los que saben dicen que Los Farallones suben un centímetro cada año.

En la cima de Pico de Loro sólo hay rocas y vegetación enana. Vegetación achaparrada, le dicen, pero aquí no se veía ese frailejón de hojas grises y peludas (su abrigo), que crece en otros páramos del país.

A esta altura, en ciertas épocas del año se presentan fuertes lluvias de granizo y el pico se ve blanco. Y ese peso hace que se desprendan porciones del suelo con su vegetación, porque es tal el tonelaje cuando se consolida con el Sol, que empieza a derretirse y se viene abajo. Allí lo que se ve son raíces agarradas de la roca en un suelo pedregoso y poco profundo.

En adelante nos acompañó la niebla, que a esa altitud, 2.800 metros, aparece generalmente un poco después del mediodía y se queda durante la tarde y la noche alimentando el bosque, condensándose en las plantas y transformándose en musgo, en parásitas como las bromelias, en chorriones de agua que bajan por los troncos, por las ramas... Al pie de los árboles que crecen a menor altura, ya se ven hilos pequeños. Un poco más allá, hilos más gruesos. Abajo son chorros que buscan los pliegues de la montaña y allí se van uniendo para formar arroyos.

En este sentido, el bosque nublado determina su propio régimen porque produce agua todas las tardes y todas las noches, de manera que el caudal de las corrientes es estable. Allí no se conoce el verdadero verano. Esa es parte de la riqueza de este país, pero nosotros no la conocemos porque nunca nos la han explicado y la gente destruye la naturaleza. Árbol derribado significa menos agua. O sea, un paso hacia la formación de desiertos.

Parados allí, respirando y escuchando los golpes del corazón, nos mirábamos y parecíamos espectros en medio de la niebla. Abrí más los ojos y comencé a ver las siluetas de los árboles grandes, como sombras desenfocadas, indefinidas, grises oscuras, negras.

Descansamos en medio de aquellas rocas y unos minutos después vimos que en el manto de niebla se movía la figura del muchacho. Él llegó a nuestro lado y, sin hablar, se sentó. Éramos tres personas agitadas pero en silencio. Había una sensación de aire fresco. Me había recostado, cerré los ojos y lo único que escuchaba en ese momento era nuestra respiración, y sentía el frío de la montaña en el sudor de mi cuerpo.

Luego comimos huevos, un trozo de atún, unos sorbos de agua. En el morral quedaban unos pocos trozos de coco, creo que menos de un cuarto de fruta, agua y una naranja. Debían ser las primeras horas de la tarde según el horario de la niebla.

Sobre las dos o algo así, Ezequiel dijo:

—Es hora de regresar para ganarle a la noche —y nos pusimos de pie. Ese fue uno de los pocos momentos en que miré el reloj: dos de la tarde y tres minutos.

Antes de partir, el muchacho se despidió. Tenía que apurarse para encontrar a su compañera y al sardino que habían quedado abajo.

Caminamos un trecho largo y tanto Ezequiel como yo comenzamos a notar que en la subida no habíamos cruzado por un rincón con menos pendiente y, claro, comenzó el sobresalto:

—¿Hacia dónde vamos?

Allí el bosque era diferente: más ondulado, un bosque que me pareció amarillo frente al verde que habíamos dejado atrás. El camino más amarillo, hojas más secas, ramas más oscuras por la niebla y porque... sí. Es que eran más oscuras.

Caminamos toda la tarde. Bosques amarillos, bosques pardos, nuevamente bosques verdes y después de los verdes, otra vez amarillos, generalmente descendiendo.

Un poco después encontrábamos colinas y luego más descensos. Suponíamos que íbamos bien porque estábamos bajando. En algunos tramos había niebla, y cuando desaparecía la niebla quedaba esa luz verde apagada de los bosques porque las copas de los árboles se cierran arriba y forman una cubierta pareja que no deja pasar el Sol. Por eso allí oscurece más temprano, y a eso de las cinco de la tarde comienza «la noche más larga de todas las noches», como en las novelas.

A esa altura yo había perdido completamente la noción del tiempo y del espacio porque aquello era una masa verde, o amarilla, o parda, como sea, pero era una masa de vegetación que no deja ver más allá de un metro, tal vez de dos. Era una senda estrecha y no podíamos salir a un claro aunque avanzáramos.

Eso lo logramos después de mucho tiempo luchando con la maraña cerrada en círculo. Era una pradera de salvia, alta, como de setenta centímetros, calculo yo, y completamente florecida. Flores blancas. Debíamos estar a unos 2.300 metros de altitud.

La pradera estaba demarcada por la costa del bosque y muy pronto vimos que, al lado de la salvia, el piso estaba invadido por una red de enredaderas que nos atrapaban y teníamos que agacharnos a cada paso, desenredarnos los pies, dar otro paso levantando la pierna, y más adelante hacer lo mismo... Por eso también las deben llamar «enredaderas». Para los científicos, éstas son de la familia de las *florantáceas*: se dan en la tierra, suben a los árboles pero también invaden el suelo.

En el bosque vi citronela, una planta por cierto muy frágil, que contiene un alcohol, el citronelol. Ese citronelol aleja a los insectos.

Mezcladas con las enredaderas, había raíces con espinas.

Por fin salimos al final del claro, donde comenzaba otro bosque, y allí mismo en la costa, Ezequiel empezó a buscar un camino, una senda, algo que nos llevara a algún sitio, pero luego de intentarlo se devolvía, miraba en otra dirección, después en otra. La verdad es que no encontró una salida clara.

Nuevamente estábamos sobre un falso suelo, alto pero falso y no me sentía muy segura. Abajo debía haber un precipicio o algo así. Avanzamos unos pasos y por fin él encontró algo parecido a una senda porque se veía la pisada. Nuevamente grandes árboles y la cortina de vegetación baja.

Caminamos pero muy lentamente, porque debíamos abrirnos paso con el cuerpo:

—No haber traído un machete...

Para Ezequiel utilizar el machete, aun en estos casos, era una agresión contra cualquier ecosistema y por eso jamás en su vida había cargado uno.

Finalmente salimos al frente de unos árboles caídos, pero muy verdes, muy verdes en medio de ese bosque amarillo. Más allá no se veía por dónde continuar.

En ese momento me sentía atrapada y no me atrevía a mirar hacia atrás. Pensaba que si veía lo que había a mis espaldas podría de pronto comprobar mejor que sí, que estábamos aprisionados, y comencé a sentir como una fuerza, como algo que tampoco me permitía mirar hacia arriba.

En parte podía ser la falta de experiencia en las montañas pisando sobre el barro, saltando por sobre las raíces superficiales, por encima de las piedras. Y también tenía... no sé. Un temor a quitar la vista del suelo por la inseguridad para andar.

En adelante no volví a levantar los ojos: el piso, el piso era lo único que miraba, temía enredarme en algo y caerme o rodar a un hueco o a un abismo cubierto por la vegetación, como sucede con frecuencia en los terrenos escarpados. Aquél era un momento extraño: miraba al suelo buscando referencias del camino, y a la vez buscaba una explicación sobre lo que estaba pasando. ¿Qué fue lo que sucedió cuando emprendimos el regreso?

Ahora estaba en un mundo distinto de todo. Nunca había tenido esa percepción, pero yo sentía otra energía, otra fuerza, algo diferente, y esa sensación de que si miraba hacia atrás, algo iba a sorprenderme, algo me iba a suceder.

¿Qué recuerdo ahora? Esa imagen recurrente de estar sitiada por un círculo cerrado, más allá del cual no se veía una senda, no se distinguía nada diferente del bosque aprisionándolo a uno. Pero, además, mi visión se había limitado al colchón de hojas doradas y amarillas que en las zonas más secas crujen cuando uno pisa.

Hojas amarillas... piso de los robledales. Uno las remueve y encuentra debajo un suelo tejido con hilos blancos. Es una malla de micorrizantes, mejor dicho, hongos cómplices de las raíces porque les transmiten nutrientes del suelo. El roble es socio de la niebla y de los hongos.

En otro punto decidimos treparnos a los árboles caídos para tratar de mirar más lejos, pero ahora estábamos en una zona de árboles con huecos, troncos aparentemente huecos, viviendas de pájaros o de ardillas o de razas de monte, de animales que se asocian con los árboles para que unos y otros puedan vivir: ellos les dan a los árboles sus deyecciones, y cuando mueren, sus cuerpos descompuestos, que son alimento. A cambio, los árboles les proporcionan refugio.

Y había además árboles caídos, la vegetación cubría sus huecos y, claro, sentía temor de meter el pie en alguno, desequilibrarme y quebrarme los huesos.

No vi animales. Lo que escuchaba eran pájaros y a la vez bandadas de mariposas. Mariposas azules, rojas, amarillas, verdes. Mariposas negras con azul o negras con rojo.

Y estábamos en una zona con moscas grandes. No eran mosquitos, eran moscas silenciosas, moscas que se nos pegaban al cuerpo y a la ropa, a los brazos, al cuello, a los oídos, a la cara. Era la sensación de un velo. Y después de las moscas, tábanos. ¡Cómo duele la picadura del tábano!

Nos encaramamos sobre aquellos troncos de un metro y medio, de casi dos metros de diámetro que nos impedían ver lo que había más allá. Exploramos desde allí y Ezequiel vio un sendero a mano izquierda y lo seguimos.

Más bosque, descendíamos y de un momento a otro comenzamos a escuchar, abajo, en el fondo de un cañón, el ruido de un río. Debían ser algo así como las cinco de la tarde cuando tomamos aquella senda que, aunque tenía alguna dificultad, era menos pendiente que las anteriores. Por fin llegamos al río.

¿Cuál río? Yo pensé que se trataba del Pance y si era así, no debíamos haber cambiado de cuenca. No sé qué pensaba Ezequiel, pero lo cierto era que habíamos llegado a la ribera de un río encajonado en un cañón. Un río que corre siempre por entre piedras y se escucha desde lejos.

Se suponía que si el sendero que nos trajo estaba interrumpido por la corriente, debería continuar en la otra orilla de este río correntoso pero a la vez poco profundo en aquel punto.

Lo atravesamos con el agua hasta un poco más arriba de los tobillos, sosteniéndonos de las piedras que salían a la superficie. Cuando llegamos al otro lado todavía había luz. El río corre allí por sitios libres de vegetación y eso permite que pasen los últimos rayos del Sol y brille el paisaje.

Antes de atravesar me pareció haber visto una salida, pero ya en la orilla contraria desapareció. Desapareció o no estuvo nunca allí. Sí, desde lejos vi un espacio aparente, pero al llegar al sitio lo encontramos invadido por la montaña.

Sin embargo, dimos unos pasos hacia adentro y encontramos un bosque de árboles espinosos, y nuevamente la red de enredaderas bajando de las copas. Jardines colgantes que impiden avanzar. Las enredaderas se traban formando una telaraña sólida, verde, inmensa que lo captura a uno. Y cuando no se tiene experiencia, resulta imposible quebrar los gajos con las manos, de manera que intentábamos abrirnos paso con los brazos, con los pies y con el peso del cuerpo, alejándonos de las espinas de algunos troncos.

Más adelante descubrimos que la manera de abrirle huecos a la red era sacando los tallos de raíz. Caminar en ese punto fue muy difícil. Y muy lento.

Más adelante seguimos encontrando árboles con espinas en las hojas y en las raíces. Éstos tenían troncos grises.

Y mezclados con ellos, otros que parecían fuertes, pero al tocarlos las hojas se desgranaban como plumas. Esos también tenían espinas y el suelo cruzado por raíces también espinosas algunas veces, por huecos, por pequeños pozos sobre un barro resbaloso, de manera que si uno no se agarra de algo, pierde el equilibrio y no puede adelantar con seguridad la pierna para medir el siguiente paso.

Nos movíamos por la cara opuesta del cañón que aprisiona al río, una ladera casi vertical. Insistimos un tiempo, pero realmente allí no había senda, era un bosque virgen y abandonamos la dirección que llevábamos. En ese punto, Ezequiel exploró más, pero no encontramos paso y finalmente decidimos volver al río. Desde allí y ya con las primeras sombras, él intentó buscar la senda por donde habíamos bajado pero no vio nada.

—Lucía, raro, no encuentro el camino de llegada. ¿Qué pasó? —comentó. Luego pensó unos segundos y me dijo:

—Debemos regresar.

Cuando escuché «regresar», sentí temor de volver a ese bosque. No quería, pero, aun así, pensé:

—Si él decide, lo acompaño.

Yo hacía lo que él decía. Él era mi guía, era un caminante más experimentado.

El cañón me impresionaba: cortado desde la altura de un edificio de veinte pisos, las rocas bajaban y se metían hasta el fondo del río. En las orillas no había playa sino un espacio por donde apenas uno podía caminar y Ezequiel propuso que nos quedáramos allí esa noche.

—Es que ahora no podemos hacer nada. No encuentro camino por este lado. Al frente tampoco se ve algo. Es extraño. Mejor tratemos de descansar y mañana buscaremos una salida —dijo.

Escogimos un rincón protegido por una roca, un poco más allá de la orilla del río sobre la playa angosta, y allí nos sentamos. No había arena, era grava, piedras diminutas, y allí, en silencio, pensábamos en la preocupación de las familias que nos esperaban ese mismo atardecer.

La noche era oscura y solamente se veía el reflejo plateado del agua y en algunos pasos, cuando chocaba contra las rocas del cauce, se distinguía una línea blanca de espuma en las crestas. De todas maneras las noches tienen algo de luminosidad, tal vez la de las estrellas; tal vez reflejos de la Luna aun cuando uno no la vea.

¿Cuánto tiempo estaba transcurriendo? ¿Qué hora era en ese momento? Aún hoy no lo sé, porque no miraba el reloj, guardado en el pequeño morral para protegerlo del agua.

Traté de acostarme pero el suelo tallaba la espalda.

Allí había silencio, pero al tiempo estaba ese ruido parejo —monocorde, dicen los músicos— que hacía el agua. Yo miraba los reflejos de la espuma. Y los reflejos que hacían los remolinos. Estaba distraída viendo esa película cuando, de un momento a otro, empecé a sentir que el nivel del agua subía lentamente y comenzaba a cubrirme los pies. Me asomé por un lado de la roca que nos protegía, miré aguas arriba y vi encima del río una masa blanca, enorme, temblando a lo lejos. Un instante después sentí un estallido.

—Ezequiel, una avalancha.

—Sí, es una creciente. Una creciente, Lucía, montaña arriba debe estar diluviando. ¡Movámonos de aquí!

De lejos yo no veía mucho. Creo que él tampoco a pesar de su experiencia, y empecé a tantear la pared de roca y nos fuimos corriendo de allí, comenzamos a trepar piedras más o menos altas y finalmente nos refugiamos detrás de una saliente, unos metros más allá de donde estábamos. La orilla del frente era un recostadero del río... Bueno, el arco más largo de una curva.

Logramos subirnos y acomodarnos en ese nuevo rincón y segundos después comenzó a bajar la avalancha rugiendo. En ese momento el río, sí... el río rugía, allí, frente a nosotros. Y con el rugido empezó a desgajarse un aguacero que acribillaba la selva, pero de una manera tal, que lo podíamos escuchar a pesar del estruendo del río. Ese era el mismo diluvio que había causado la avalancha arriba y ahora venía detrás del río que recorre el cañón más rápido que la lluvia.

Realmente no esperábamos lluvia en esta época de sequía, pero de todas maneras aquí llueve mucho: 2.500 a 3.000 milímetros. Menos que en la cara de la cordillera que mira al Pacífico. Allá es de unos 7.000...

En ese momento había muchos sonidos a la vez. Ruidos que, de verdad, sobrecogen y lo hacen sentir a uno como una brizna en medio de la naturaleza, como el de esa gran masa blanca que estaba pasando frente a nosotros con una fuerza tan violenta que arrastraba piedras grandes, troncos, barro. Mi única sensación fue entonces la de un gran respeto por la montaña.

—Sí, arriba está lloviendo muy fuerte —dijo Ezequiel en medio de los truenos que estallaban y el sonido recorría el cañón desde muy arriba y se iba alejando, alejando, como si rasgara el aire, hasta que desaparecía en la distancia. Y después de cada trueno, fogonazos de luz azul que nos iluminaban de tal manera que podíamos vernos las caras empapadas y brillantes. En ese momento pensé en la última noche de mi vida. Pensé en el Apocalipsis, y me pregunté:

—¿Por qué esta situación? ¿Por qué esto?

Oramos para que no lloviera más, porque si la borrasca continuaba, la avalancha aumentaba y nos podía sacar de aquel rincón. Se lo dije, y Ezequiel me tranquilizó.

—Eso no va a suceder. Tranquila que no va a suceder.

Aquella tarde no habíamos hecho ruido. Cuando hablábamos, hablábamos en voz baja. Nada que perturbara. Es que hay zonas de nuestras montañas que guardan un equilibrio perfecto entre la tierra y la atmósfera, y cualquier ruido rompe ese equilibrio y al momento se precipitan algunas lluvias. Mejor dicho, con las ondas sonoras uno puede ocasionar problemas.

Sobre estas cosas que parecen mágicas, los campesinos manejan otro tipo de creencias: ellos dicen que la montaña se enoja cuando alguien habla fuerte y entonces responde con agua.

La tempestad barría el bosque, pero creo que Dios... bueno, Dios y la montaña tal vez nos escucharon, y poco a poco fuimos sintiendo que la lluvia golpeaba menos hasta que se convirtió en llovizna espesa. En ese momento el río nos llegaba arriba de los tobillos.

—Lo siento alto —dije, y él contestó:

—Tranquila. No sienta temor. No hay por qué.

La llovizna se sostuvo un buen tiempo y de pronto se acabó. Un poco después levanté la cara y vi que comenzaban a brillar los bordes de las nubes, y las nubes empezaban a moverse. Más tarde el cielo se había despejado un tanto y apareció la Luna. Luna llena del 19 de julio anunciando que el tiempo había cuarteado. En ese momento debíamos estar entrando al cuarto creciente y ahora la luz nos permitía ver muy bien la avalancha saltando, y al otro lado el bosque ya no era verde, ni amarillo como al atardecer. Era azul como la luz de la Luna.

Y nos permitía vernos el brillo de las caras empapadas, y al lado el brillo del río. Tengo esa imagen viva. Traté de mirar el reloj, pero la iluminación de esa noche me hizo olvidar de la hora y de todo. En ese momento aún no sentía hambre. Estábamos muy mojados. Quietos ahí, sin movernos. No sé cuánto duró la luz, pero luego vi que todo volvía a oscurecerse y Ezequiel dijo por fin:

—Esperémonos a que mañana el río merme las aguas un poco, porque como está ahora no vamos a poder atravesarlo para buscar hacia arriba.

En ese punto, el caso era pasar al otro lado y explorar por allí, sin tratar de devolvernos porque ya sabíamos que por aquí no había salida. Pensé que cuando amaneciera era importante explorar y movernos porque estábamos mojados y con frío.

No dormimos.

A la madrugada me quité varias veces la chaqueta y traté de escurrirla. Fue una noche muy dura. Hay cosas de las que no me acuerdo porque todo parecía tan monótono pero a la vez tan tensionante... El río, el mismo ruido del agua, la oscuridad, nosotros allí sin movernos, y esa idea permanente:

—¿Encontraremos por fin una salida?

Al cabo del tiempo tratamos de sentarnos sobre aquella roca, pero era difícil porque no había un solo centímetro plano y, además, el agua que escurría por el talud lo golpeaba, se volvía una regadera y nos bañaba.

Nuevamente en la oscuridad casi total hablamos de las familias, pero siempre yo terminaba preguntándome por qué nos estaba pasando eso, y me decía luego:

—Esta es una prueba de la vida y tengo que afrontarla.

Antes de la tempestad estaba intranquila porque nunca había amanecido fuera de mi casa. Pensaba en mi casa y en mi cama. Quería estar allá. Me imaginaba a la gente durmiendo y comiendo:

—La gente que a esta hora puede comer y descansar no sabe lo que tiene.

Me sentía abandonada:

—Esta noche tendría que estar en mi casa con mi familia. Ellos me estaban esperando.

Tenía una confusión total. La perdida en ese bosque, las enredaderas queriéndonos atrapar, la avalancha y a los pocos minutos la luna llena. Después, nuevamente la oscuridad y el frío.

No había visto mucha fauna aunque sabía que en Los Farallones hay guatines, perros de monte, pavas que son rastreras, venados... Los venados tienen para mí una imagen de tranquilidad, son imágenes tan puras...

Tal vez no vi fauna porque, sencillamente, en estos bosques hay una gran diversidad, pero a la vez poca población en comparación con zonas como Canadá y Estados Unidos, donde hay menos especies. Por eso, nuestros ecosistemas naturales son tan frágiles que si la gente mata algunos ejemplares, puede poner en peligro a toda una especie.

Bueno. No sé si logré conciliar bien el sueño. No lo recuerdo ahora. Tal vez cerraba los ojos algunas veces... ¿Dormir? Entre sí y no. Un rato estábamos de pie, otro medio sentados.

Un poco después de las cinco, tenían que ser más de las cinco, comenzó a amanecer. También una luz azul, pero borrosa porque la niebla subía por el cañón como una nube moviéndose de abajo hacia arriba. Miré el sitio donde estábamos y allí muy cerca había un tronco, había piedras y, por supuesto, charcos.

Después de que la niebla llenó todo el cañón empezó a desaparecer y ahora veíamos que el día era claro, un cielo limpio.

Fue muy difícil levantarme de allí. A Ezequiel le sucedía lo mismo, las piernas no respondían... Yo me hacía masajes, traté de incorporarme y en ese momento Ezequiel me dijo:

—Lucía, quisiera comer algo.

Llevábamos horas sin pasar bocado, pero yo no pensaba en la comida. En ese momento lo que me agobiaba era encontrarme en un lugar tan ajeno al medio en que me muevo, que conozco, que domino, y esa tremenda inseguridad me hacía sentir a merced de todo.

La única esperanza era que los que regresaron hubieran logrado llegar a Cali y se les hubiera ocurrido llamar a la casa de Ezequiel para avisar que nos habíamos quedado en la montaña. No se lo habíamos pedido, pero aun así teníamos una pequeña esperanza. Bueno, eso era lo que pensábamos en ese momento. De todas maneras, confiábamos.

Cuando resolvimos movernos de allí, Ezequiel insistió en buscar el camino por el que habíamos llegado. Bajó por la orilla del río, pero esta vez tampoco lo encontró. Yo lo sabía porque al regresar estaba en silencio. Luego se quedó allí, mirando en las ramas telarañas todavía húmedas por el aguacero, con gotas engarzadas que se veían como puntos de cristal en el contraluz de la mañana, y finalmente me dijo:

—Vayamos nuevamente hasta el frente y miremos.

Desde luego, el río estaba más crecido que la tarde anterior, llevaba buenas aguas, sí, pero allí el cauce no es muy pendiente ni muy hondo, de manera que esperamos a que bajara un poco, y tal vez a la hora, no lo sé muy bien, él me dijo que compartiéramos la naranja que quedaba. La partió en dos con su navaja y nos la comimos.

Escurrimos nuevamente la ropa, sacamos el agua que estaba dentro de los zapatos y decidimos pasar a la orilla contraria. Cuando atravesábamos el nivel me daba tal vez a la mitad de la pierna, no lo recuerdo muy bien. Es que a partir de ese momento comienzo a perder detalles, situaciones y lo único que aparece en la mente es un río de unos diez metros de ancho, más o menos plano, pero en los sitios más hondos formando corrientes.

Cuando íbamos por el centro, le dije:

—No atravesemos. Sigamos el curso hacia abajo, que con seguridad el Pance —estaba convencida de que era el río Pance porque habíamos entrado por esa vertiente— nos tiene que sacar a algún lado. Aguas abajo está La Chorrera del Indio, un balneario, y hay más sitios con turismo. Tarde o temprano tendremos que llegar a donde haya gente.

Él nunca me dijo sí, o no, pero más tarde propuso que subiéramos por la ladera y una vez en lo más alto, tratáramos de mirar qué había al frente, para ver qué senda o qué ruta podríamos seguir.

Nos internamos nuevamente y comenzamos a trepar por una pendiente pronunciada, agarrándonos de la vegetación. Otra vez los árboles espinosos, la red de enredaderas cayendo de los árboles, y otra vez las manos sangrando. Subimos casi hasta el final y allí me avisó:

—Lucía, allá veo un camino.

Pero además de ese, se veían otras sendas y comenzamos a probar por cuál seguíamos. Bajábamos, subíamos, una, otra vez, después encontramos un arroyo saltando por la pendiente y allí dije:

—Sigamos el curso de esa corriente. El agua nos tiene que llevar a algún sitio.

—Pero, ¿a dónde?

—Pues al río, pero más abajo de donde estábamos.

Ese segundo día, mi idea, una idea fija, era el río.

—No, aquí hay otro camino —dijo.

Lo tomamos, salimos a una depresión profunda, y al fondo de la depresión, nuevamente el arroyo.

Bajamos, lo atravesamos y subimos a una colina; él se internó por una senda y mientras lo esperaba vi otra a la izquierda, pero cerrada de vegetación y dije. «Voy a esperar a que él decida». Lo llamé y no contestó. Lo seguí a través del bosque, al fin y al cabo tan apretado como siempre, pero desde luego no veía nada y cuando lo llamaba no me contestaba. Avancé un poco más en la dirección que lo había visto tomar, y por fin respondió:

—Por aquí no parece haber escape.

Nos devolvimos y una vez en el primer sitio tomamos otro rumbo, caminamos, caminamos abriéndonos paso, y de un momento a otro vimos que estábamos dando vueltas en círculo alrededor de una comunidad de robles negros.

Nos detuvimos nuevamente. Él dijo «subamos». Subimos, y nada. Volvimos a bajar. Nada. Veíamos caminos, o sendas, o lo que pensábamos que eran senderos, pero estaban cortados por la muralla de vegetación. Tomamos otro rumbo y, nuevamente, girando en círculos.

—¿Qué hacemos?

Anduvimos hacia atrás, o hacia lo que creíamos que era atrás, y fuimos a salir a una pequeña planicie que al parecer le sirvió de campamento al Ejército porque en la pradera encontramos una bolsa que decía *Soldado colombiano*.

— Si el Ejército estuvo aquí, debe haber un camino —le dije.

Le dimos la vuelta al sitio buscando algo y por fin encontramos un sendero. Lo tomamos y caminamos bastante. Cuando habíamos ascendido mucho comenzamos a escuchar ruido: música de radio, una sierra, personas que hablaban.

—Aserradores. Por allá hay gente, la escucho cerca.

—Sí, Lucía, adelante hay gente.

Me dije: «Si nosotros los escuchamos, ellos tienen que oírnos a nosotros», y empecé a gritar pidiendo ayuda. Levantaba la voz cuanto podía, y como finalmente no escuchamos respuesta nos movimos hacia allá. Bajadas, subidas, un terreno rizado, y al fondo de cada rizo, arroyos de agua limpia.

Caminamos, caminamos y llegamos a una montaña de roca y piedras. No sé si ya era el mediodía, o el comienzo de la tarde. No lo sé. Al frente se veía un muro que cortaba el camino. A detenernos. En uno de los costados vimos un sendero. Ezequiel bajó adelante y pronto me di cuenta de que estaba llegando una vez más al río. Para mí, era el mismo.

—Lo que hemos hecho es subir en el sentido de la corriente y, claro, nos devolvimos. Este es el mismo río, pero aguas arriba.

Retrocedí y me enfrenté a la pared de roca pensando en trepar por allí para mirar desde arriba y buscar otro rumbo, pero no pude. Es un terreno muy deleznable. Usted trata de agarrarse de una piedra y la piedra se desprende y uno tiene que dar el paso atrás. Si está arriba, ese paso atrás puede significar una caída al vacío, y dije no.

Ezequiel ya estaba en la orilla del río, no se me olvida la escena. Y no se me olvida porque lo rodeaba una bandada de mariposas azules... No, más bien moradas con plateado que los campesinos llaman *morfo*. Hay muchas en el cañón.

Bueno, pues fui hasta allá y pensé que había tomado la decisión de bajar por el cauce pero siguió a la izquierda. Hacia el otro lado yo veía un cañón azul, como se ven los bosques en la distancia, y abajo oscuro. Negro. Eran peñascos apretados y muy, muy altos. Rocas, esta vez, por lo menos tan altas como edificios de unos cincuenta pisos. Pensé que en esa dirección debería estar La Chorrera del Indio.

Empezamos a movernos río abajo, río abajo por la orilla, angosta como arriba porque la costa del bosque llegaba generalmente hasta el agua. Cuando la vegetación tocaba el agua entrábamos al río y caminábamos por allí. Así, poco a poco, poco a poco hasta encontrar unas piedras apretadas unas contra otras, bloqueando el cauce de lado a lado. El agua se colaba por entre los espacios que dejaban libres y al otro lado se precipitaba en caídas, no sé... unas de uno, otras de dos metros o algo así. Allí aprendí que a aquellos saltos les dicen *cangilones*, caídas con una pendiente del ciento por ciento.

En este punto no recuerdo detalles, pero lo que me llega a la cabeza es un trayecto complicado en el que no teníamos otra alternativa que seguir el agua, burlar las rocas, observar bien dónde picaba el raudal para calcular la caída, y una vez escogido el sitio, lanzarnos.

Pasamos el primer cordón, avanzamos por aguas tranquilas, más delante encontramos otro y nuevamente dejé caer al vacío mis cincuenta y dos kilos... Bueno, tenía cincuenta y dos en el momento de partir. Más allá encontramos un trayecto de descenso suave, y otro raudal...

No entiendo cómo salvé los más altos: ese vértigo en cada caída, ese miedo de poner al final los pies sobre los bordes de las piedras y dislocarme un tobillo, porque en algunos podía escoger piedras planas anchas, en otros no. Igual, tenía por fuerza que brincar, no había otro camino, pero lo hacía con ese temor. Yo iba adelante. Él detrás... Por fortuna, a ninguno de los dos nos sucedió algo.

En un punto determinado, cogimos en el bosque unos palos para usar como bastones y atravesar algunas corrientes sin caernos. Avanzábamos en zig zag, buscando canales según veíamos el lecho, y rara vez caminábamos por la orilla porque no siempre había orilla.

El Sol se comenzaba a inclinar, ahora debía ser la tarde y en un paso menos estrecho de la ribera, él me preguntó si nos quedaba algo de comer.

—Cuatro trocitos de coco. Dos para cada uno. El último bocado.

Regresamos al agua y a pesar de los bastones, nos resbalábamos en las piedras, caíamos, nos incorporábamos. Algunas veces perdíamos los bastones, arrimábamos donde se podía, conseguíamos otros y continuábamos por el cauce. Un paso muy lento. El agua muy fría pero el ambiente tibio. Y los pies muy maltratados. Cada vez que regresábamos al río era duro ponerlos nuevamente dentro del agua, pero había que hacerlo.

Llegó un momento en que comencé a aprender a caminar por allí. O sea, a conocer las piedras del fondo. Las muy resbalosas estaban cubiertas por una capa amarilla y las plateadas permitían un paso firme.

Allí tampoco volví a levantar la cabeza. Mantenía los ojos pendientes de las piedras. Nada más. Piedras amarillas, piedras plateadas, piedras verdosas, piedras rosadas, dónde colocar el bastón, dónde afirmar cada pie. En algunos tramos todo era amarillo. Ahí nos inclinábamos y avanzábamos en cuatro patas. Más adelante, una vez más de pie.

Tal vez a media tarde encontramos otra muralla de rocas atravesadas. Aparentemente no había por dónde cruzar porque la luz entre una y otra era reducida. Al otro lado escuchábamos una caída más ruidosa. Cataratas más altas que las que habíamos pasado ya.

Nuevamente me sentí atrapada. El bosque era fuerte y muy cerrado, de manera que no veía salida alguna. En la banda izquierda, aguas abajo, vi un árbol en lo alto de un peñasco, un árbol a punto de desprenderse por un risco que caía a plomo muchos metros hasta el río. Las raíces estaban muy altas desde donde yo me había ubicado, y el tronco mucho más para mi escaso metro con sesenta y cinco centímetros de estatura.

—¿Cómo lograré llegar hasta allá para salvar este paso?

Intenté treparlo de frente, me agarré de la roca y sentí que me iba hacia atrás tomando el camino del vacío, pero no sé cómo logré estabilizarme a centímetros del borde...

—Tiene que ser por aquí. No hay otro paso.

Aflojé un poco los músculos de las piernas, tensioné los brazos, hice una fuerza para mí descomunal, «Dios, ayúdame», pensé, salté y abajo alcancé a agarrarme de algo que se aflojaba, una raíz, una rama, y caí a un pequeño espacio en la orilla.

Ezequiel intentó más tarde hacer lo mismo pero perdió el equilibrio. Sentí que estaba en el aire, me estiré como pude, lo agarré de la mano y lo halé hacia mí.

Abajo el río corría más profundo y formaba una catarata de unos... ¿tres metros? ¿Cuatro metros?

Por aquel paso estrecho de la orilla comenzamos a bajar, a bajar hasta que finalmente regresamos al río y otra vez, dos bastones, y de nuevo dentro del agua helada, pero entonces empezaba a llegar la noche.

Pasamos a la banda derecha, donde la ribera era un poco más amplia antes de una curva del río, y buscamos sitio para reposar esa noche.

Allí ya no pensé en la creciente. Estaba cansada y lo único que quería era sentarme o tenderme en algún sitio seco. Habíamos visto una pequeña playa y nos detuvimos, allí descansamos y antes de que la noche entrara completamente lo vi agotado. Se había tendido sobre la grava y lo dejé allí unos minutos y me fui a explorar aguas abajo. Al fondo veía más rocas en el cauce, lo que quería decir que había más cataratas, y desde luego más saltos, y volví a preguntarme:

—¿Cómo diablos vamos a cruzar este trayecto?

Regresé, no le dije nada y antes de tenderme empecé a cortar hojas y ramas de los árboles para hacer una especie de colchón, pero estaban muy húmedas. De todas maneras acomodamos dos camas, camas, digo yo, y nos acostamos.

Creo que dormí un poco más que la primera noche. No lo sé muy bien. Tal vez eran sueños intermitentes porque yo trataba de detallar el río, las rocas, las piedras grandes en el cauce, pero ya no podía acomodar el cuerpo ni sobre el costado izquierdo ni por el derecho. Y además, el frío. Y además, el dolor en los músculos.

En algunos momentos me acostaba boca abajo, no podía mantener por mucho tiempo esa posición, me volteaba, y lo mismo. Tenía despellejadas las yemas de los dedos, las plantas de las manos heridas, y en ese momento me sentí cortada y ensangrentada.

Esa noche empecé a perder la cuenta de los días, de los espacios. No puedo recordar con exactitud cosas que sucedieron en adelante.

Debió amanecer. No sé si había niebla o el día era opaco, o si estaba brillante. Debí sentir las punzadas en las piernas y en la cintura antes de incorporarme, y creo que fue en ese sitio... ¿Qué sería? ¿El segundo amanecer? ¿El tercero?... No lo sé, pero creo que fue allí donde Ezequiel no pudo levantarse. Es que físicamente no pudo. Estaba totalmente agotado, y desde allí me dijo:

—Lucía, no puedo continuar. Físicamente no puedo. Siga el camino.

«Y yo sola, ¿para dónde sigo?», pensé. Sentí miedo, sentí algo intenso, pena, tristeza. Eran la separación y algo parecido a la sensación de orfandad. Él era mi guía, él era quien me había sacado del bosque. Un hombre de su calidad con quien había caminado desde hacía casi tres años. Exploraciones a la cordillera, a La Pastora, en Risaralda, otro parque con cascadas y montañas, al Pico de Águila, a La Vorágine, a Dapa, todos parques naturales que en Colombia son selvas y bosques...

¿Partir en ese momento? Sentía que me resistía, pero a la vez comprendía que dada la situación, esa era la única posibilidad de salvarnos los dos. En ese momento lo que yo lograra hacer era definitivo. Para Ezequiel, y para mí.

Partir fue difícil, porque además de mi aprecio personal, él era un hombre muy valioso, digamos, algo así como un apóstol de la naturaleza, y le inculcaba ese amor a la juventud. Un atleta a pesar de sus setenta y cuatro años, un ser que me había transmitido mucha paz en esos días, a pesar de nuestra situación tan crítica.

Era tal su amor por la naturaleza que, por ejemplo, cuando subíamos a algunos bosques nos pedía recoger la basura que encontráramos contaminando la flora, la fauna, las aguas. Su experiencia como caminante era inmensa. Comenzó a hacerlo muy joven.

(Lucía baja los ojos y guarda silencio)

Me fui alejando río abajo, pero ahora sí había perdido la poca noción que me quedaba de todo. De cualquier cosa. Hoy no recuerdo muy bien esos días. Sé que caminé y caminé. Me acuerdo de la niebla, tal vez por las tardes. La niebla y quizá momentos de Sol, otros de oscuridad... Lo único que tenía claro era que mi camino era el río, y en cada curva o a cada diez curvas la misma pregunta:

—¿Dónde está La Chorrera del Indio? ¿Por qué no la encuentro? ¿Por qué está tan lejos?

Y cada tantas vueltas del río las caídas del agua, los saltos al vacío. Caer abajo, chapotear pero sentir que había colocado firme las plantas de los pies en el fondo. No recuerdo haber visto en adelante piedras amarillas.

Lo cierto es que siempre volvía a sentirme atrapada. Cada momento era una prueba que me exigía decidir lo que tenía que hacer por obligación. Allí se trataba de avanzar... o sencillamente de entregarme y morir. Más nada.

No sé cuántos días se me fueron en el agua, pensando, chapoteando, saltando. Y luego de cada salto:

—¿Me quedo aquí? Pero, ¿me quedo esperando qué? ¿Esperando a quién?

Miraba al río y pensaba, luego burlaba las grandes piedras y me lanzaba. Me parece que estaba, ahí sí es cierto, entre varias aguas. Una rendirme. Otra, entre la decisión y el riesgo a cada paso, porque yo tenía que salir, quería encontrar a alguien. En ese momento ya no sentía angustia. Ahora me lanzaba con la cabeza en blanco.

Únicamente me acuerdo de una noche allí sola. Pienso en las demás y siento un vacío, los recuerdos cerrados, negándose. Pueden ser mis propias defensas mentales...

Bueno, pues me acuerdo tal vez del siguiente atardecer con Sol. El río entró en un claro, había un Sol hermoso, un día muy bello. Me senté en la orilla buscando que se me secara un poco la ropa y de pronto me pareció escuchar el motor de un avión pequeño, tal vez una avioneta, pero no la veía. ¿Era una fantasía? ¿Era mi imaginación?

Sin embargo, pensaba que ellos me podrían descubrir desde allá y luego mandar a alguien a rescatarme. Me quedé mirando el cielo y lo que vi cruzar fue soledades, aquellas aves verdes parecidas a los loros, que no deben ser muy solas porque iban en bandada. Volaban en escuadrón: una v, y al frente el líder marcándoles el rumbo, y las envidié:

—Ellas sí tienen rumbo fijo. Ellas sí conocen el camino. Cómo son de libres las aves.

El contraste eran mi fatiga, mi confusión. Sentía que no daba más. En ese momento, físicamente no podía pararme, no podía continuar porque cuando intenté incorporarme me caí. Cero fuerzas. Volví a intentarlo, me caí. Creo que no había un solo músculo del cuerpo que no estuviera adolorido.

Tomé agua y decidí quedarme allí esa noche, pero desde ese punto recorrí con los ojos el terreno tratando de buscar un espacio que me permitiera mirar lejos («si yo fuera un pájaro...»), pero no. Todo parecía igual, en el sentido de que todo era un gran cañón, y en el centro del cañón esa soledad que me aplastaba.

Bueno, pues recorrí varias veces el lugar con la mirada y por fin descubrí una colina y en ella un bosque oscuro. Anochecía y me moví hasta un sitio un poco más ancho, miré nuevamente hacia la colina pensando en seguir ese camino cuando amaneciera, pero...

—Se ve muy oscura, vegetación muy cerrada.

Cuando acabó el atardecer volví a pensar en la creciente, pero no podía moverme. Estaba acostada a lo largo. Hoy trato de recodar mejor y me parece como que lloraba, como que hablaba sola. ¿Hablaba qué? No lo recuerdo. Lo único de lo que estoy segura es de que ahora no me sentía sola. En ese momento tenía unas fuerzas diferentes, como que estaba acompañada por algo, como que el bosque me miraba y yo veía lucecitas un poco más allá. No sé, debían ser cocuyos, debían ser luciérnagas titilando allí, al frente, entre el talud, el río y yo. No escuché aves nocturnas, no oí animales de la noche. El ruido del río lo apagaba todo.

Y luego:

—Hasta aquí no va a venir un ser humano.

El dolor del cuerpo no me permitió dormir. Aún hoy no he podido identificar las sensaciones de aquellas noches, pero lo que pienso ahora es que no aceptaba entregarme, esperaba recuperar fuerzas para volver a moverme por la mañana, o al mediodía, o cuando fuera, pero salir de allí. Moverme. No aceptaba ser impotente.

—Dios, dame fuerzas. Dame energía para seguir adelante.

Nunca pensé en la comida. Tenía el estómago... ¿cómo será? ¿Adormecido por la tensión? No lo sé, pero el hambre no era lo que me acorralaba. A mí me parece extraño, pero es que durante esos días nunca pensé en la comida. Al fin y al cabo, la prioridad era encontrar a alguien.

Borré lo que tenía dentro de la cabeza un tiempo y cuando volví a pensar, me di cuenta de que en ese momento con lo único con que contaba era con la soledad:

—¿Por qué camino tanto y no encuentro a nadie?

Era el sentimiento concreto del abandono.

El frío iba siendo mayor a medida que se acercaba la madrugada y empecé a sentir nuevas sensaciones. Nuevos estados de ánimo:

—Si mi destino es morir aquí, lo acepto.

Avanzaba la noche, y más tarde:

— No. Yo no acepto la muerte sin luchar más. Tengo que luchar. ¿Cómo así que me pasa por la mente entregarme y me entrego?

Amaneció. Un día... ¿gris? ¿Con niebla? Como fuera, pero ahora había tomado la decisión de seguir luchando.

Busqué el reloj dentro de una cajita donde había guardado el coco... Pero no. Resolví no mirarlo. Ya no me interesaba qué día era, qué hora era. No quería dejarme acosar por el tiempo, pero en ese momento simplemente quería saber cuánto podría caminar, hasta donde podría avanzar antes de que llegara la noche, buscar un sitio donde acampar y continuar luchando contra mis fobias, contra la soledad, pero a la vez seguir pensando que mi última decisión, la de luchar por sobrevivir, era eso: mi última gran decisión.

No sé cuánto caminaba cada día... Recuerdo que andaba desde las primeras horas y sólo me detenía muy al atardecer. Como dicen, «al filo de la noche».

¿Cuántas noches más vinieron después? No me acuerdo. Pienso que, obligatoriamente, la historia de esos días perdidos tiene que haber sido igual: camine por el río, encuentre obstáculos, brinque cascadas, caiga, siga avanzando, y al atardecer busque una orilla. Acomódese, maneje la cabeza, maneje los sentimientos, venza los temores, espere a que amanezca nuevamente.

Antes de incorporarme, oré, me hice masajes en las piernas, me dolía el cuerpo pero no sé cómo pude ponerme de pie. Tenía que hacerlo, no había otra alternativa. Pero una vez de pie, pensaba en el frío intenso del agua y no me animaba a volver al río, pero... Es que tenía que hacerlo. No quería, pero tenía que dar el paso. Por fin coloqué los pies allí, y logré vencer la primera dificultad de cada mañana. Y después, caminar y caminar. No me acuerdo tampoco de cuánto avancé. Siempre el río, el río. Me resbalaba, me caía...

—¿Qué hago?

No sé en qué momento miré hacia la montaña:

—¿Tomo ese camino? ¿Qué hago ahora? Señor, ilumíname —y no sé cómo ni cuándo encaré la ladera. Muy cerrado el bosque, pendiente, oscuro. La montaña no cambiaba.

—¿Y cómo hago para subir? Tengo las fuerzas muy medidas.

Me pareció ver arriba una luz. Tal vez un claro en medio de la vegetación...

—Sí, parece un claro. Voy a intentar llegar allá. Yo voy a intentarlo. Necesito alejarme del río.

Trepé muchísimo. No sé si la cuesta me pareció muy larga o qué, pero es que estaba midiéndola por el esfuerzo. Una subida más difícil que todas las anteriores. Me agarraba de las ramas y algunas veces me caía, luego empecé a identificar los árboles más seguros. Los más fuertes eran aquellos que tenían los troncos húmedos por el musgo que los cubría. Eran verdecitos, sólidos y rectos. Cuando no había de aquellos árboles tenía que agarrarme de las raíces de los espinosos, pero había que hacerlo. ¿Qué más? Otras veces clavaba las uñas en la tierra y me impulsaba con los brazos, con las piernas.

Adelante aparecieron de nuevo aquellos con las hojas como plumas, aparentemente fuertes pero, a la hora de la verdad, débiles.

—No puedo ser un árbol de plumas.

Encontré troncos de árboles caídos, unos podridos con sus hongos de colores, otros a punto de descomposición. Mi idea era continuar en zigzag cuando lo podía hacer, porque había obstáculos y porque la pendiente era bastante pronunciada. Pero a la vez no quería alejarme demasiado del curso del río.

Recuerdo que estaba de día, pero en algunas ocasiones la oscuridad del bosque era tal que me impedía ver bien. El dosel de la selva era tupido en aquel punto.

Ahora no debía estar tan lejos de la cima, y en esa confusión entre el día y la noche, recuerdo que me dediqué a escoger árboles donde pasar la noche. Llegaba al pie de uno y descansaba allí. Lo que buscaba eran sitios más o menos planos y troncos anchos que no me dejaran rodar por la pendiente una vez que cerrara los ojos.

Por el camino llegué a escoger cinco, y frente a cada uno:

—Este puede ser... ¿Paro aquí, o más adelante? ¿Doy unos cuantos pasos?

Es que ya no daba más. Las piernas se me doblaban, me dolía la rodilla izquierda y tenía que luchar una vez más contra las enredaderas. Desenraizaba algunas, dejaba espacios libres, me arrastraba por debajo de aquella telaraña, o las rompía por donde se veían los tallos secos. Más adelante me arrastraba por debajo de algunos matorrales. Mucha incertidumbre.

Me pareció que el primer tronco que escogí no me daría seguridad. El segundo parecía más ancho, pero allí el terreno era pendiente. El tercero... Y me acordé del cuento de aquel condenado que pidió como última voluntad escoger el árbol donde lo debían ahorcar, y se la concedieron... Pues nunca lo encontró. Así parecía yo aquella tarde.

A esa altura ya no sentía temor de mirar atrás y entonces volvía la cara, veía la pendiente pronunciada, calculaba cómo me iba a tender, y decía:

—Cuando cierre los ojos no me puedo mover porque me voy al precipicio. No. Tengo que buscar otro árbol.

Buscaba un rincón más o menos plano, pero allí no había nada plano. Pero ese buscar el árbol ideal me permitió subir, subir y lo que encontré mucho más arriba fueron los troncos inmensos y caídos de robles, de aguacatillos, no sé si de laurel, que me impedían pasar. Otra vez atrapada, por Dios. Todos eran más altos que yo, y yo no tenía fuerzas para treparme en ellos y continuar:

—Tengo que crear energía, vencerlos y dejarlos atrás.

Allí no me iba a quedar a dormir. Necesitaba un árbol vivo. Al pie de los troncos muertos pueden refugiarse los animales.

Miré mejor y vi unas cuerdas fuertes colgando un poco más allá:

—Las enredaderas que necesito.

Me colgué de algunas para ver qué tan firmes eran, y caramba, parecían de acero. Me ayudé con ellas, no sé de dónde saqué alientos y cuando me di cuenta estaba sobre el tronco. Luego me fui resbalando cogida de la enredadera y al llegar al suelo miré hacia los lados. Los árboles caídos formaban una barrera larguísima porque, generalmente, cuando se cae uno, con su peso se lleva a otros al suelo.

Ese esfuerzo me quitó mucha energía, pero ahora sí:

—El ahorcado tiene que escoger, ¡ya!

Me concentré, ya no escuchaba el ruido del río y calculé que en ese momento estaba muy arriba, pero no llegaba a la cima. Más adelante otro tronco, lo miraba, no, aquí no acampo. Seguía igual, y como no lo encontraba, continuaba subiendo, hasta que levanté la cara y vi el cielo. Un claro.

—¿Estaré viendo visiones? ¿Será verdad?

Abajo había una senda cubierta de hojas secas y sin pensarlo me vi allí. Era un camino bien demarcado que avanzaba y se encaramaba luego en una colina. Continué adelante y de pronto se me apareció una cerca de alambre de púas.

—¡Gente!

Me arrastré un poco porque ya no me podía tener en pie. Las piernas me temblaban, traté de llamar pero no me salía voz. Me acerqué a la cerca y continué por debajo de los alambres. Por allí tenía que haber una casa cerca. Levanté la cara y vi un burrito, y vi mariposas negras con amarillo y verde y el número cien en sus alas.

Intenté llamar al burro pero yo no tenía voz. Debía acercarme. Un poco más adelante distinguí la esquina del techo de una casa. No, era una choza más arriba. Yo estaba al final de una pendiente, pero más allá había otra, y después una tercera. Sobre la tercera, la choza dominando el lugar.

Pensé quedarme tendida en aquel prado,

—No lo estoy imaginando, es un prado de verdad. Un burro de verdad... ¿Coger al burro y cabalgar? Imposible cogerlo si no tengo un lazo... y mucho menos sin fuerzas.

Allí tendida parecía resignada:

—Tal vez morir y que algún día me encuentren. Al fin y al cabo, encontré el prado que yo quería. Todavía hay algo de Sol, es el Sol de las dos... tal vez el de las tres de la tarde... Sí, me quedo aquí porque ya no tengo fuerzas.

Esperé pensando en tomar algunas energías y, finalmente, decidí:

—Voy a tratar de llegar a la choza.

Comencé a agarrarme de la hierba y con esa ayuda, a arrastrarme poco a poco, poco a poco, hasta vencer la primera elevación. Al final había una franja plana y no muy larga. Descansé allí. Luego avancé para encarar la segunda pendiente, que me pareció más difícil, tenía menos fuerzas, los brazos ahora me dolían más. No sé cuanto tiempo duré en llegar arriba y allí descansé nuevamente.

—Todavía no me han visto. Cuando me vean, saldrán a ayudarme.

Vencer la tercera elevación fue casi imposible, pero finalmente, ya con el sol de los venados, con esos arreboles de la tarde antes del anochecer, llegué a otra cerca de alambre. Avancé más. Descansé. Avancé, descansé. Crucé el último cercado y por fin logré colocarme muy cerca de la choza.

—¡La puerta. Dos golpes en esa puerta!

La puerta estaba bien cerrada.

Hice una pausa para respirar y como pude me senté sobre un tronco que había en el corredor. Al frente tenía una vista espectacular: un Sol suave, debajo de él esas líneas azules que marcan la cumbre de las montañas, y detrás de las primeras, otras montañas, y al fondo, en el horizonte, las nubes de un color parecido al cobre. Sí, la casa estaba ubicada en un lugar estratégico.

El paisaje, sí, bello, pero en ese momento pensé que estaba muy lejos. Definitivamente, no sabía en qué lugar me encontraba. Aquella puerta bien cerrada, la choza vacía:

—Como sea, esta noche me quedo aquí.

En el mismo corredor me quité los zapatos y vi que en un extremo había frutos de cidra-papa, algo para comer cocido:

—¿Habrá alguien aquí...? No. Parece que no. Pero, ¿por qué hay comida fresca?

Intenté abrir la puerta y no pude. Miré hacia atrás y vi un manzano. Manzanas pequeñas de clima medio, pero no podía tenerme en pie. Traté de caminar, no podía, me caí, pero luego arrastrándome llegué hasta el arbolito. Allí me agarré del tronco, luego de una rama y ya de pie estiré el brazo. Sólo alcancé una y me la comí.

Tantos días sin un bocado y en ese momento se me abrió el apetito. Quería comer algo, tenía sed, ahora me sentía un poco más segura, había una casa. Eso era mucho después de tantas noches en el río.

En aquel claro volví a pensar en una avioneta, pero nuevamente lo que vi fue una bandada de barranqueros buscando su sitio de acampar.

—Aquí es más factible que aparezca algún ser humano. El sitio es despejado, hay senda para llegar. ¿Vendrá el dueño del burro?

Regresé hasta la puerta arrastrándome:

—Claro, con la espalda. Voy a intentar abrir esa puerta con la espalda.

Lo hice, la puerta no abrió, y como siempre, sacando fuerzas de algún lado, le di la vuelta a la casa y allí encontré otra:

—¡Por ahí!

Empujé con la espalda y sentí que se abría un tanto.

—Esta es la entrada principal. Vamos, pa'dentro.

Traté de empujar, no abrió más, pero logré colarme por el espacio libre. Adentro había una tranca y la retiré. En el piso dejaron alambre de púas enroscado... ¡Ay! Un chuzón. Otro paso. Otro chuzón. Yo estaba sin zapatos.

—Maestra, por Dios, abra los ojos.

Logré cruzar por un lado de los alambres, llegué al centro de aquella habitación oscura y unos segundos después comencé a distinguir algo, gracias a los últimos rayos de Sol que entraban por la puerta. El piso era de tierra, un fogón con ceniza en una de las esquinas, una ventana ajustada y al lado una cama hecha con troncos clavados en el piso.

A pesar de la oscuridad —ya había comenzado la noche—, toqué y distinguí sobre la cama unos sacos de fibra y una cobija. Me acosté allí y quedé profunda.

Creo que a la madrugada desperté y sentí que los troncos que hacían de colchón me tallaban el cuerpo. Tenía fiebre, deliraba y parecía que todos los músculos se hubieran puesto de acuerdo para protestar, desde la nuca hasta la pantorrilla. La cobija tenía huecos, desde luego no había almohada, pero sin embargo aquello me parecía una maravilla. Quise moverme, no pude, estaba tiesa y me quedé allí, medio adormilada, medio despierta algunas veces.

Un poco después vi que entraba la luz a través de las rendijas de la puerta y de la ventana.

— Amaneció. He ganado un día más.

Debían ser las siete o las siete y media. No tenía fuerzas para bajarme de esa cama y como a los veinte minutos...

—Ahora sí, el esfuerzo. Sacar fuerzas.

Logré bajarme de allí. Arrastraba los pies, me agarraba de las paredes de barro, mejor dicho de bahareque, como en cualquier campo colombiano, salí al corredor, me moví hasta la cocina, había ollas, una cebolla, dos o tres cositas, pero dije no. ¿Qué puedo cocinar?

Otro día con buen tiempo, había Sol. Me puse los zapatos y otra vez vi el manzano.

—Tengo que llevar algunas para el camino.

Me dolían los pies pero sentía más fuerzas luego del descanso. Tomé unas cuantas frutas y me comí dos.

El camino descendía a través de un robledal, tal vez el único bosque homogéneo que hay en nuestro medio tan diverso en vegetación, y seguí las pisadas del burro a través del colchón de hojas tan típico de estos bosques. Yo andaba lento por aquel descenso pronunciado como el de la llegada, tratando de poner muy bien los pies en el suelo, y apoyándome en las ramas llegué a otra cerca, la crucé por debajo y comencé a pensar que por allí debería haber otra casa:

—Este hombre debe tener vecinos.

Tal vez una hora más abajo vi una mata de moras. Había muchas pero estaban verdes.

—Tiene que haber algunas maduras.

Sí. Encontré cuatro y me las comí.

—Debo estar a dos mil metros de altitud.

Pese a todo, estaba entretenida con la naturaleza; me había cambiado el estado de ánimo, ahora tal vez no me sentía tan desprotegida, había encontrado un camino y ese camino me parecía una luz. Ver las moras me alegró más. Era un cultivo más o menos cuidado, presencia de gente. Ahora pensaba encontrar a una familia, o más que a una familia, a una pareja. Avanzaba y pensaba, y al final de una hondonada miré hacia arriba y vi el techo de otra casa. El Sol estaba alto, un Sol del mediodía:

—Aquí sí tiene que haber alguien.

Observaba y no veía que se moviera algo, no sentí perros, no sentí agua corriendo, pero de todas maneras empecé a gritar... Bueno, a tratar de gritar. A llamar a alguien.

Avancé un poco más, y sí:

—Parecen dos personas sentadas a la entrada. ¿Serán personas? Veo borroso.

Volví a pedir ayuda y a agitar el bastón, pero los bultos no se movían:

—¿Sentirán miedo? ¿Estarán tratando de descifrar de qué se trata?

Esperé unos segundos y por fin ladraron unos perros:

—No son bultos, es gente.

Volví a gritar, a agitar el bastón, pero no venía nadie:

—¿Por qué no vendrán a ayudarme?

Más espera, hasta que por fin vi que se paró uno de ellos y se vino a buscarme. Era un muchacho joven. Llegó a mi lado, y le dije:

—No puedo caminar.

—Yo la ayudo.

Lloré, traté de contarle lo que me sucedía mientras él me llevaba a la casa cargada a su espalda.

Era la tarde de un lunes. El 25 de julio. Yo había partido el martes 19 y el río por el cual bajé no era el Pance. Nos habíamos extraviado tanto que cambiamos de cuenca y fuimos a parar al Jamundí.

Después vinieron hora y media sobre un caballo y dos en una camilla hasta donde esperaba la ambulancia.

Tres días después, Orlando Valencia, médico que acompañó a la patrulla de rescate, conceptuó que Ezequiel Moreno había muerto de frío.

En el certificado dice *Hipotermia severa*.

Fusilamiento

Urabá.

Esa mañana estaba lloviendo no muy fuerte. Era un sereno. No era aguacero. Desperté después de la hora precisa y María me llamó: «Rosalba, te está cogiendo el día».

Me apuré, pero de todas maneras no alcancé a tomar el bus faltando cinco minutos para las cinco de la mañana. Un bus que llevaba trabajadores para Rancho Amelia. Yo trabajaba en la cafetería para los obreros.

Como ellos llegaban tan tempranito a su trabajo, acostumbraba a llevar el café hecho y caliente en dos termos, y cuando ya estaba allí sólo tenía que servirlo a la mesa. Y ya.

Esa mañana le dije a María que me esperara para ayudarme, y contestó: «No, porque el Cachaco ya está arriando madres». Cachaco era el chofer del bus, un hombre atravesado, grosero...

Llené los dos termos, cogí la canasta con los huevos, me eché la arroba de arroz sobre la cabeza y salí corriendo. Yo trabajaba con una hija, pero la víspera vino el esposo por ella y se fueron al anochecer. El hijo ya se había levantado y me dijo «Mamá, yo te acompaño». «No, quédate, yo me voy sola».

Cuando llegué al punto, vi que el bus acababa de arrancar y empecé a correr. Corra y corra detrás, pero nada. No paraba. La gente le gritaba que se detuviera, que yo iba detrás corriendo, pero como el Cachaco era un bravero...

En la carrera se me cayó la arroba de arroz de la cabeza y yo, por cogerla, me caí. Se me perdió uno de los termos. Recogí el arroz y seguí corriendo. Más adelante me alcanzó Caratriste, que tambíen se había quedado, corrimos y cuando el bus llegó a la gallera, Chilapo Grande le gritó:

—Hijueputa, ve que la señora viene corriendo y usted no quiere esperarla.

Cuando Chilapo le dijo así, él paró. Me subí y le dije:

—Vea, Cachaco, si no me quiere llevar, dígalo. Ya me hizo perder un termo con café y los huevos se me rompieron por culpa suya.

—Ah, vieja hijueputa.

—No me nombre la madre porque yo no soy cachaca como ustedes, que no les duele que se las batuteen así.

Él era cachaco, pero no de Bogotá sino de Medellín.

—Ah, pero ya se lo dije.

—Bueno, ya lo dijo, pero no más. Me respeta.

Arrancó y cuando llegamos a la estación de gasolina subió Argelia, la oficinista. Ella nunca se iba en el bus. A ella la llevaba en una moto Morroco, el esposo, pero como ese día estaba lloviendo, él la dejó en el bus y siguió detrás.

Cuando nos detuvimos frente al barrio La Chinita, encontramos que hasta ahí llegaba un trancón de carros porque más adelante habían puesto un retén. Un señor se le acercó a Cachaco y le dijo: «Mano, cuádrese detrás que hay un retén», y Cachaco, como siempre:

—¿Cuál retén, hijueputa? Si nos van a acabar que nos acaben, pues.

Sacó el bus de la cola, empezó a adelantarse por fuera de la carretera, y nosotros le gritábamos: «Quédese atrás, quédese.

Si nos pasa algo es por culpa suya», pero él de una vez, ¡cha!: siguió pasando carros y carros, buscando llegar a la cabeza.

Mi vecino sacó la cara por la ventana, y me dijo: «Doña Rosalba, éstos no son del Ejército. Ésta es la guerrilla. Son las FARC. Asómese y verá».

Los guerrilleros no estaban con uniforme camuflado. Mostraban los fusiles colocándolos hacia arriba y las culatas descansando sobre los hombros. Su ropa era de campesino. Cuando los vi bien, dije: «Ay, santo Ecce Homo, no me vayas a dejar matar».

—El vecino empezó a temblar: «Despidámonos, doña Rosalba, despidámonos porque de ésta...

—No. Es que yo no voy a morirme. El santo Ecce Homo no me va a dejar morir. A mí no me van a fusilar.

Me agarré la cara con las manos y me agaché a llorar, pero alcancé a oír cuando subió un guerrillero y le preguntó a Cachaco:

—¿Para dónde va este carro?

—Yo soy de Banadex, y usted sabe, mi comandante, uno tiene que ir para donde lo mandan, mi comandante.

—¿Sí? ¿De Banadex? No siga andando porque si se vuela, se muere, hijueputa.

Argelia me dijo:

—Ay, Rosalba. Nos van a matar.

—Cuando ella estaba hablando, el guerrillero le ordenó a Cachaco que sacara el bus de la carretera principal y se metiera por una *guardaraya*, mejor dicho, por un caminito que parte de la carretera, allí, en el Bajo del Oso.

El bus avanzó unos quinientos metros. La guardarraya corre hacia un lado, luego da una curva y sigue hasta el final, paralela a la carretera, pero escondida entre los árboles.

Paramos frente a un potrero y allí nos hicieron amontonar a todos en la parte de atrás. En ese momento subió un guerrillero alto con una cuerda. Iban amarrándoles las manos atrás a uno por uno, y a medida que amarraban a la persona la arrastraban hasta la puerta y allí la empujaban y la lanzaban afuera.

Yo supe hasta cuando me amarraron y me lanzaron. Recuerdo que le dije al guerrillero «No me apriete tanto que me está haciendo daño». El hombre no contestó. Una vez atada, me llevaron adelante, me empujaron al vacío y fui a caer sobre la nariz y me la hundieron contra el suelo.

No me di cuenta de más.

Cuando me desperté, acostada de medio lado sobre una camilla en un corredor del hospital, continuaba amarrada. Tenía la ropa, la cara y la cabeza muy ensangrentadas. Tenía el cuello adolorido y muy hinchado, los brazos y la espalda quemados, y todavía las manos atadas a la espalda.

En el hospital no estaba ni adentro ni afuera y le pregunté a una enfermera qué hacía yo allá, pero volví la cara y vi a Pantera al lado.

—Pantera, ¿qué ha sucedido?

—Qué cuenta te vas a dar si tú vienes muy estropeada. Tú estabas en el suelo, te recogieron y te tiraron allá, entre el primer camión con parte de los muertos que sacaron de allí después del fusilamiento.

Me dijo que yo había quedado debajo del arrume de cadáveres y luego fui una de las últimas que sacaron, tal vez tres horas después. En la morgue vine a quedar, ya no debajo, sino encima de los otros. Que yo traía la sangre de los cadáveres degollados, contaba Pantera.

La enfermera dijo entonces que cuando llegó el médico dispuesto a abrir a los primeros y estudiarlos para después llenar un papel, ahora yo era de las de encima, y cuando fue a rajarme, sintió que todavía tenía pulso: «Esta mujer está viva», le comentó al ayudante y me trajeron aquí.

—¿Qué tengo en el cuello? —le pregunté a la enfermera.

—Un balazo, pero no es mortal.

—¿Y en los brazos?

—Están muy quemados. La guerrilla incendió el bus después de matarlos a casi todos. Los únicos que se salvaron fueron usted y el señor —señaló a Pantera.

Veintiséis fusilados... O, bueno, la guerrilla dice siempre que son fusilados...

—¿Y Argelia? —le pregunté a Pantera.

—Morroco vio que iban a hacer salir el bus de la carretera y dejó la moto en el suelo. Tal vez pensaba que corriendo iba más aprisa. En el bus estaba su mujer y él creyó que podría hacer algo. Pero llegó después de la matanza y más bien se encontró ya con semejante cuadro. En plena lluvia cogió a Argelia, se la echó al hombro todavía con vida a pesar de que la habían degollado, y salió buscando a alguien que le ayudara.

A Pantera le dieron machetazos en los brazos y un balazo en uno de los costados.

Varios años después, Rosalba siente temor cuando ve un bus, pero, ante todo, la ataca un pánico superior a sus fuerzas durante los amaneceres y a la hora del atardecer. A lo largo de la entrevista le temblaron siempre los labios a medida que hablaba, y más de una vez hizo pausas largas y luego de cada una se secó los ojos.

Por ese motivo, la cara del pánico que aún siente será lo único que se lleve a la tumba, como ella misma lo dice finalmente.

Churidó es un pequeño pueblo, también en Urabá. El camino de tierra por el cual se llega allí es a la vez una de las pocas calles. Las casas de madera, y algunas veces de ladrillo, fueron levantadas a alguna distancia entre sí. Clima cálido, zonas verdes amplias, y en ellas árboles fenomenales, rastro de la selva derribada que cubría lo que hoy es la zona bananera. Hogares de gente trabajadora.

A la sombra de una ceiba nos espera Miguel. Le dicen Migue, un hombre alto y fuerte como los troncos de los árboles.

Ese viernes se miraba un ambiente bueno en este pueblo
—comienza a recordar—. Todos los viernes acostumbrá-
bamos a jugar partidos de fútbol en esta cancha, aquí, a la
entrada del pueblo. Mire, al frente está la cooperativa de la
comunidad.

Bueno, pues desde temprano la gente comenzó a beber
y pasamos el día muy bien. A eso de las diez de la mañana
las personas empezaron a sacar los equipos de sonido y los
colocaron en los andenes, frente a los bares, en algunas esquinas. Como usted lo puede oír, aquí se oye solamente música
vallenata.

El día jueves se había escuchado el rumor de la presencia
de gente extraña alrededor de la finca Alcatraz, una bananera
muy cercana. Como en un pueblo pequeño nos conocemos
todos, se dieron cuenta de que no eran trabajadores; los habían
visto con una fachada muy rara, pero sin armas. No llevaban
nada.

Sin embargo, la gente no le paró bolas al asunto. Eso
quedó así.

Un mes antes, Pedro Joaquín sí había dicho que estuviéramos pilas, que la guerrilla estaba próxima a meterse aquí.
Pedro Joaquín tenía familia simpatizante de la izquierda,
pero de todas maneras demostraba que estaba con la gente
del pueblo. Pedro Joaquín trabajaba en oficios varios en las
bananeras y le teníamos aprecio porque... se nos había metido
por las buenas.

Terminó el partido y algunos nos quedamos bebiendo
aguardiente. Yo lo paso con cerveza: un trago de aguardiente
y más adelantico, cuando ya se baja, un sorbo de cerveza para
que no raspe tanto la garganta.

Creo que comenzamos a chupar por ahí como a las tres
de la tarde en la taberna La Pista, ese salón de billares y a la
vez bailadero que tenemos al frente.

Allí seguimos tomando y tomando hasta que llegaron las
nueve o las nueve y media de la noche. A esa hora yo calculo

que había unas cincuenta personas en La Pista, y al fondo del salón se formó una barra de amigos y programamos un sancocho de gallina. Comer algo y seguir chupando.

Sí, claro, dijeron todos y algunos salieron a buscar la leña, y afuerita en el camino paramos el fogón con piedras, pelamos las gallinas, las compusimos, le echamos a la olla yuca, plátano, papa, aliños y cuanta vaina había, y dejamos que eso hirviera.

Infortunadamente ese día el sancocho nos quedó algo crudo, pero así nos lo comimos. Es que estábamos como ansiosos, como con presentimientos, y a eso de las diez y media retiramos la olla de la candela.

Comimos y seguimos bailando. Un poco después de las once comenzó a caer un serenito, una llovizna fina. La gente empezó a despedirse, pero nos fuimos quedando los más perniciosos; usted sabe, de golpe se presentaba algún rebusque, y si no se cruzaba nada por el frente, pues se trataba de ver amanecer.

A las doce cerraron La Pista y nos fuimos para una cantinita que hay cerca de la entrada al pueblo, la de Pocholo. Cantinita pequeña, como para rematar las juergas.

Allí encontramos a unas quince personas, y al rato me vine a buscar un aguardiente donde Enrique, más arriba de La Pista. Ya iba siendo la una de la mañana cuando regresé con mi aguardiente. Me bebí un trago, luego mi sorbo de cerveza y salí de allí a ver cómo desocupaba la vejiga, y a mirar qué se veía.

Oriné con calma, respiré y cuando estaba a punto de regresar, sentí que le bajaron el volumen a la música: «¿Se van a ir ya y me están dejando aquí? ¿Será que este man va a cerrar?», pensé.

Empecé a caminar y cuando me acercaba a ese árbol de mango y a ese laurel, vi que me salían cuatro tipos de detrás. Dijeron: «Quieto, no se mueva. Manos arriba».

Llevaban fusiles.

—Necesitamos que se quede quieto, nosotros somos del Batallón Voltígeros —dijeron.

Efectivamente, tenían uniformes camuflados y botas de caucho, y les respondí:

—¿Qué pasa? —porque desde cuando los vi estaban en plan de agresivos.

—Pilas, pilas, tírese al suelo.

—No. ¿Por qué me hacen tirar al suelo? Si se supone que ustedes son del batallón, ¿cuál es la necesidad de que yo me tenga que tirar al suelo? Yo no soy una persona delincuente. Ando por aquí porque me gusta el trago, me gusta la diversión... ¿Qué les pasa a ustedes?

Cuando miré hacia la cantina, con la luz que salía vi a cinco más y entonces ya los detallé mejor y me di cuenta de que algunos tenían machetes: «Éstos no son del Ejército. Esta gente es de la guerrilla».

Ellos se dieron cuenta de que yo había cambiado el gesto porque estaba cabriao, y ellos me ordenaron nuevamente:

—Ponga las manos atrás que lo vamos a amarrar.

—No. ¿Por qué? No tienen por qué amarrarme. Díganme qué está pasando o qué he hecho yo. ¿Con quién me están confundiendo? Yo no me voy a dejar amarrar.

—Ah. ¿No se va a dejar?

Me levantaron a golpes. Me daban culatazos, me chuzaban muy duro con el cañón de los fusiles. Por donde me agarraran me daban, tratando de tirarme al suelo. A raíz de eso quedé sordo. Me reventaron el oído derecho. Yo echaba sangre por el oído y así mismo uno me cogía de las manos, y otro intentaba lo mismo, y yo, «que no me voy a dejar amarrar». Al final les dije:

—¿Saben qué? Si me van a matar, mátenme, pero no me voy a dejar poner esa cuerda. Ustedes me van a amarrar para matarme. ¿Qué necesidad tienen de eso, ustedes que son tantos, contra mí que estoy solo?

A lo último me fue entrando rabia de ver que ellos eran tantos y coger a una sola persona y atarla antes de matarla, y seguía: «No me voy a dejar amarrar. Yo no me voy a dejar amarrar».

Al frente de nosotros vi a otro combo como de diez guerrillos al lado de un tipo, alto él, medio rubio, de bigote. Estaban en la puerta de la casa de Fabiola Marmolejo, la señora que manejaba la cooperativa.

Con ese coge-coge de que sí me amarraban y yo que no, nos fuimos acercando a la puerta de la cantina, y cuando estuvimos al frente, miré y vi que allá quedaban seis trabajadores, pero amarrados. No había música, todo estaba en silencio. Entonces el rubio gritó: «Tráiganlo para acá si es que está muy bravito. Tráiganlo para acá».

Cuando llegué, el man dio un paso, se me acercó, y dijo: «¿Es que usted está muy verraco?». Sacó una pistola y me la puso en la frente:

—¿Usted está muy verraco? —repitió.

—No. Solamente les estoy preguntando por qué me tratan en esta forma si yo no me meto con nadie. Ustedes lo que tienen es que averiguar primero las cosas antes de proceder con la gente como lo están haciendo.

—No, venga a ver —dijo.

—¿Usted es el que me va a matar? —le pregunté.

Me insultaba pero yo no me quedaba callado. En ese momento estaba decidido a lo que fuera. Por fin el guerrillo cerró la boca y después me preguntó si en esa casa vivía la señora que manejaba la cooperativa. Dije que sí.

—Ah, nosotros necesitamos que esa señora se levante. Le vamos a comprar una provisión para llevarla.

Cuando Fabiola Marmolejo escuchó mi voz se levantó y ellos le dijeron «Levántese tranquila que no hay problema, le vamos a comprar. Estamos con un señor que es de aquí. A él tampoco se le va a hacer nada. Levántese y salga».

Fabiola Marmolejo se levantó y salió.

—Camine a ver —le dijeron y la echaron por delante.

Cuando avanzábamos hacia la cooperativa vi a otro grupo en una callecita que sube por la orilla del río Churidó. Ellos se habían cogido todo el pueblo y buscaban a quién asesinar. En ese rincón, ya comencé a escuchar la bulla de la gente. La gente gritaba, la gente lloraba y ellos disparaban hacia las casas donde pensaban que pudieran vivir contrarios a sus ideas.

Luego los tipos tumbaban las puertas a culatazos, se metían a las casas, agarraban a las mujeres por el cabello y las tiraban al suelo, hacían disparos, rompían las cosas... Entonces me puse a analizar, y dije: «A mí también me van a fusilar. Éstos me van a matar... Y éstos no van a comprar ninguna provisión, lo que van a hacer es a saquear la cooperativa del pueblo y una vez que hayan hecho eso, me van a asesinar».

Ya con esa idea en la cabeza, pensé otra vez: «Voy a tratar de agarrar a un man de éstos, le echo mano al fusil y con el mismo les doy a los demás».

Detrás de mí iban dos cuidándome y yo me fui quedando. Uno era más bajito y más flaco que yo. «Claro, éste va a ser. Éste va a ser el mío». Pero cuando me fui quedando para acercármele —yo sabía que de todas maneras me iba a morir— él me vio las intenciones y se paró:

—¿Usted para dónde viene? ¿Por qué está desmejorando el paso? Camine a ver.

Yo dije «Me cogió», pero no le respondí nada y seguí. Más adelantico le hice la misma y cuando preguntó, le dije:

—Es que tengo ganas de orinar —yo pensando cómo se la iba a hacer.

En ese momento ya oía los gritos en la casa mía, donde estaban mi papá, mi mamá y mis hermanos, y pensé «Mínimo los están matando». Eso era una gritería y un terror inmenso esa noche de tigre, serenando, poniéndose más oscuro, más que negro. Una noche muy horrible porque se oían los lamentos de la gente, de niños, de mujeres, otros se tiraban al río, un río crecido por la misma lluvia...

Llegamos a una casa de un señor que tiene cuatro hijas grandes y, ¡tun, tun!, le tumbaron la puerta a culatazos.

Hicieron salir al hombre y se formó la confusión con esas muchachas gritando, llorando, pidiendo que no los asesinaran.

Ahí me quedé con unos guerrilleros y los otros siguieron adelante con Fabiola Marmolejo. Íbamos para allá, pero yo llevaba las manos libres porque no me dejé o porque, al final, ellos no quisieron atarme.

Esas muchachas fueron saliendo con sus gritos y ese llanto a voz en cuello, porque estaban asesinando a la gente. Total, se formó la confusión, y detrás de las muchachas, la mujer del señor tan verraca, y tan echada palante que hasta ellos mismos se sorprendieron.

Los guerrilleros sacaron al señor, a la señora también la echaron para afuera y viendo el despelote de los unos llenos de pánico y los de las FARC diciéndoles «No griten, no griten», yo dije: «Este es tu momento, Migue. Voy a tratar de irme»... Entonces, huy, la borrachera se me había pasado hacía mucho rato. Con los golpes y el impacto del drama, ya estaba para comenzar a chupar otra vez.

Bueno, pues mientras los gritos y el llanto y los otros que cállense, y la vaina, me fui recostando contra la pared bien cerca de la puerta, cuando de pronto, ¡zas!, me metí a la casa. Una casa grande con un patio lleno de árboles que daba a la calle de atrás; yo la conocía, y me acerqué a la puerta trasera de una habitación porque pensaba «A la hora que llegue al patio, ¡ya! Seré hombre vivo». Dígame, en esa noche tan oscura y entre tantos árboles que tiene el patio... Más allá del lote corre La Bocachiquera, un arroyo que conduce al río.

Cuando por fin llegué atrás me encontré con una muchacha parada al frente, y yo le metí la mano a la puerta porque creí que la chapa no estaba asegurada, pero sí. Claro que estaba cerrada con llave, y en esa angustia le dije a la muchacha «Ábreme la puerta». Y ella que no.

—¿Cómo crees que te la voy a abrir? Si te dejo escapar, ahí sí nos matan a todos. Migue, ¿cómo se te ocurre? Eso ni lo pienses.

—Ábreme la puerta porque si ellos se dan cuenta de que yo entré y me encuentran aquí, tú serás la primera a la que van a matar porque ellos van a creer que tú me estás ayudando a escapar. Ábreme la puerta y cuando yo salga, tú cierras con llave.

La muchacha tenía las llaves metidas debajo de la cintura y empezó: «¿Ahora dónde están? ¿Dónde están?» Y yo «Tranquila, tranquila, búscalas y ábreme la puerta, pero rápido». Era cuestión de segundos. «Ábrela, ya van a entrar, ya van a entrar».

La muchacha abrió la puerta y salí al patio. Efectivamente la muchacha cerró de nuevo con llave. Mientras salía, yo le había dicho «Cierra esa vaina y vete, te acuestas en esa cama».

Avancé hasta la cerca de láminas de zinc, salté, caí a tierra y me arrastré unos cuantos metros. A los dos metros oí que gritaban:

—Se escapó ese hijueputa. ¿Dónde está?

—Se metió a la casa, camarada.

—Búsquenlo ya. Búsquenlo ya, maricas.

Entraron, pero en la casa no había nadie: puerta cerrada, la muchacha acostada y vaina, y abren la puerta, miran y empiezan a hacer tiros al frente. Yo cogí el arroyo y comencé a bajar de barriga. Un arroyo crecido por la lluvia, no joda, pero me fui alejando, me fui alejando.

Cuando llevaba una media cuadra vi que se acercaba alguien. «¡Un guerrillero, carajo! De todas maneras me tocó agarrarme con este man y ahora sí nos vamos a matar», pero en ese momento cayó un rayo y con la luz del relámpago lo miré, y el man me miró también y una vez reconocido lo llamé:

—Ricardo, Ricardo, soy yo —y él me llama por mi nombre, y dice:

—Yo también voy corriendo para allá.

—Bueno, listo, pero callado, en silencio.

Ra, ra, nos fuimos deslizando, pero La Bocachiquera cruza por debajo de una calle, atravesando un tubo, y no cabíamos por el tubo y tampoco podíamos saltar por encima porque al otro lado había más guerrilleros.

—Ricardo, aquí no nos podemos quedar.

A esa hora los guerrillos ya habían hecho levantar a toda la gente del pueblo.

—Ricardo, por estos lados ellos no van a joder más. Vamos a subirnos y nos regresamos por la quebrada y de allí saltamos al centro de los solares de detrás de las casas.

Solares oscuros con árboles. Uno sentía temor de que allí hubiera más y nos respondieran a bala. Pero cuando ya nos colocamos al final del tercer solar nosotros alcanzábamos a ver muchas cosas porque en la calle estaba la claridad: alumbrado público.

Salimos nuevamente al frente de la cooperativa, alcanzamos a ver que estaban saqueándola, sacaron la caja registradora a la calle y allí la reventaron contra las piedras, saltaban monedas, saltaban pedazos de caja, saltaban tuercas... Fabiola Marmolejo se desmayó. Estaba como muerta en el suelo porque no aguantó la presión de semejante nochecita.

Como ellos habían empezado a disparar para todos lados, me dio miedo de que me alcanzara una bala y di dos pasos adelante hasta una poceta con agua hasta los bordes. Allí me metí y me agaché, de manera que el agua me diera hasta el cuello. Desde ese punto podía oír el llanto de mi familia, la puerta derribada, todos en la calle.

—Los están matando, pero de aquí no puedo salir. Además, ¿a qué voy a salir? ¿A qué?

Yo oía el llanto de mi mamá, la voz de mi papá... Esa noche las FARC mataron a mi papá y a dos hermanos.

Bueno, cuando ellos llegaron a la casa yo estaba sumergido en la poceta y oía a mi papá gritándoles que ellos eran unos asesinos, que eran unos bandidos, que la gente no se mataba estando indefensa.

La reacción de mi papá les tuvo que dar rabia y entonces lo mataron. Yo escuché sus ronquidos cuando le cortaron el cuello con un machete y luego la ráfaga del fusil. Mis dos hermanos ya estaban amarrados, y a ellos igual: a los cuellos y después los balazos.

Mi mamá, muy nerviosa, como pudo se metió en la casa de una vecina.

Después le metieron candela a mi casa. Yo veía las llamas subiendo, ahí, casi a mi lado.

Después siguieron sacando más gente de sus casas y se la llevaron para el puente sobre el Churidó.

Un poco más arriba, empezaron a torturar y luego degollaron a un muchacho hijo de Rafael Galarcio, un dirigente sindical. Como habían sacado varias cajas de crema de la cooperativa, las pusieron sobre el cadáver, las abrieron y allí mismo se comieron la crema.

Cuando terminaron de comer, empezaron a retirarse gritando: «Aquí vamos a volver otra vez».

Siguieron su camino y pasaron a dos fincas bananeras, La Chocolatina y Álex Elena, y allí mataron más gente. Por donde avanzaban, iban dejando la marca de sangre.

Amaneció lloviendo y esa semana empezaron los rumores: que sí, que van a volver, y la gente comenzó a abandonar sus casas, sus huertas. Al mes, Churidó parecía un pueblo fantasma, la gente no quería llegar allí. Y los que no se fueron, quedaron con temor de salir a trabajar a las bananeras, y luego a regresar. No querían ya ni moverse un paso más allá de la puerta de sus casas, hasta que al final el Ejército tuvo que tomar posesión del pueblo. Estuvo allí seis meses.

LA MUERTE NO LES DIO ESPERA

San José de Apartadó. Amanecer del martes 22 de febrero del año 2005.

En el bosque yacen los cuerpos desmembrados de Alfonso Bolívar y el de su compañera, Sandra Milena Muñoz.

Con ellos, los de sus hijos: Andrea, de dieciocho meses, a quien le abrieron el vientre y le cortaron un brazo. A Santiago, de once años, lo decapitaron.

Más allá se encuentra el cadáver mutilado de Alejandro Pérez.

Abajo, a pocos metros de un río, quedaron entrecruzados los del líder Luis Eduardo Guerra y su familia. No hay señales de balazos en los cuerpos. Bellanira, la mujer, está descalza. Le han cortado la pierna de un tajo. Parte de su cuerpo se halla sobre el de su hijo y el resto doblado sobre el de Luis Eduardo, el esposo decapitado. La cabeza del hijo rodó varios metros más allá del tronco.

Con ellos ahora son 162 los muertos en condiciones similares en esta zona.

Población inerme. Los hombres eran cabeza de una aldea que un día le dijo no a la guerra, se declaró Comunidad de Paz y comenzó por impedir la presencia de guerrilleros, militares, policías y paramilitares en sus dos calles.

Un mes atrás, Luis Eduardo Guerra, el líder, había hablado ante una cámara con la periodista española Emilia Bolinches, de Televisión Valenciana.

(Texto de la entrevista, tomado de *El Tiempo*):

«—¿Por qué se constituyó la Comunidad de Paz de San José de Apartadó?

»—Como consecuencia del conflicto en la región desde 1995: hablo del desarrollo del proyecto paramilitar, del exterminio de la Unión Patriótica, del Partido Comunista, y en general, de todas las organizaciones populares que había en la región.

»Cuando se dio este exterminio a sangre y fuego por parte de las fuerzas militares y de los paramilitares, las comunidades campesinas de San José de Apartadó, los que habitábamos en el campo, quedamos completamente solos y sufriendo las agresiones del Ejército y de los paramilitares.

»La gran mayoría de las 32 comunidades que existían tuvieron que huir, fueron desterradas de allí y nosotros, los que estábamos todavía en once comunidades, decidimos buscar como apoyo a la Iglesia para ver qué podíamos hacer: si nos dejábamos matar allí o nos teníamos que ir... porque la gran mayoría no teníamos para dónde irnos.

»Allí fue cuando nació la posibilidad de que, con el apoyo de la Iglesia y de algunas ONG nacionales, se hiciera una propuesta; al comienzo se pretendió buscar territorios humanitarios donde concentrarnos y pedirles respeto a todos los actores armados, incluyendo al Estado, a los paramilitares y a la insurgencia.

»—¿En qué situación se encuentran estas comunidades ahora?

»—Cuando ya nos organizamos hicimos una Declaración: el 23 de marzo de 1997 firmamos el compromiso de no participar en la guerra, de no colaborar con ningún actor armado. Como consecuencia de esto hubo una represión más fuerte, se produjo el destierro masivo de estas once comunidades; hubo masacres y se dieron plazos para que la gente huyera por las amenazas de muerte.

»De ahí en adelante nos concentramos todos en este caserío de San José de Apartadó. Unos seguimos en el proceso. Éramos unas 630 personas. Otros no. Se fueron porque ya no creían que nos iban a respetar. De ahí para acá ha venido la resistencia porque hemos sido víctimas de masacres, de asesinatos selectivos; estamos hablando de que nos han matado a más de cien personas de la población desarmada, entre ellas a varios líderes de la comunidad, pese a que hemos buscado todas las instancias del Estado. Incluso, hemos propuesto comisiones de investigación, pero los resultados han sido nulos. Todos estos asesinatos están en la impunidad.

»La situación actual es que vemos una nueva estrategia para seguir atacándonos, que es el bloqueo económico, que son las amenazas muy abiertas de los paramilitares y de los militares. Este gobierno de Uribe se ha caracterizado por eso, porque ya los paramilitares se sienten totalmente parte del Estado y ellos mismos hacen los controles como si fueran el Estado, y aunque esto se denuncia a nivel nacional e internacional, no sucede nada.

»Nosotros hemos sido muy claros en nuestros principios, hemos mantenido una posición de neutralidad frente a la misma insurgencia, pero lo que dicen es que seguimos siendo organizados por la insurgencia, que recibimos órdenes directas de la insurgencia para desprestigiar al Estado y para denunciar al Estado y para decir que el Estado es el único que viola los derechos humanos. Eso es una mentira a todas luces porque nosotros hemos dicho públicamente, y lo seguimos diciendo, que dentro de estos asesinatos la subversión tiene una gran participación, más de 20 casos, porque no tenemos nada que ocultarle a ninguno de los actores armados.

»Lo único que nosotros hemos pedido es el respeto para la población civil. Entonces vemos que nos están acorralando con las masacres, con los tiros, con los asesinatos selectivos, con el desprestigio, porque sabemos que el mismo gobierno tiene funcionarios haciendo un desprestigio desinformativo a nivel internacional, a nivel incluso de las mismas embajadas, diciendo que ellos tienen toda la voluntad y que son las comunidades las que se oponen a que el gobierno haga presencia cuando es una total mentira, y que ellos no son los violadores de los derechos humanos. Que los violadores de los derechos humanos son la insurgencia, cuando hay un ejemplo muy claro: ¿cuántos muertos tenemos? ¿En cuántos han participado las fuerzas militares? ¿Toda la estructura paramilitar que hay en Urabá por quién está apoyada? Creo que es una situación difícil en estos momentos porque económica y políticamente el gobierno está haciendo un trabajo muy fuerte contra las comunidades, sobre todo contra San José de Apartadó.

»—En esta situación, ¿qué van a hacer las comunidades? ¿Cómo se plantean el futuro?

»—Nosotros siempre hemos dicho, y en esto somos claros, que el proyecto es seguir resistiendo y defendiendo nuestros derechos. No sabemos hasta cuándo porque lo que hemos vivido y durante toda la historia es que hoy estamos hablando, mañana podemos estar muertos. Que hoy estamos en San José de Apartadó, pero mañana puede estar la mayoría de la gente desterrada o que puede haber una masacre de veinte o treinta personas. Eso no es nada imposible. Aquí, en esta región, todo es posible. Pero mientras estemos, nuestros proyectos de vida siguen y son cómo defender a la población civil. Por eso les estamos proponiendo a las comunidades que construyan espacios comunitarios para que la gente no tenga que huir a San José de Apartadó y así pueda resguardarse y defender su territorio.

»Estamos también como hermanándonos con otras comunidades a nivel nacional, otras comunidades que también están resistiendo, para todos diseñar nuestro propio proyecto de vida. Está lo de la Universidad de Resistencia...

»No quiere decir que nosotros seamos una resistencia armada. Nuestra resistencia es contra el Estado, seamos claros, pero somos una resistencia civil. Queremos defender, incluso nuestra misma Constitución. Decirle al Estado: usted está violando la Constitución. Lo que nosotros estamos haciendo es legitimando al Estado, no atacándolo. Entonces nuestro proyecto sigue, pero no sabemos hasta cuándo.

»Económicamente para estas comunidades es muy difícil resistir, pero seguimos haciendo propuestas para realizar proyectos que nos garanticen la alimentación y una mínima dignidad como personas para poder seguir resistiendo, porque hay un dicho muy claro que dice que mientras el estómago esté lleno, pensamos, podemos hacer mucho. Pero cuando el estómago está vacío, se acaba todo».

A pesar de la tecnología en manos de los medios de prensa, la tragedia se le dio a conocer al país apenas siete días después, la noche del 28 en *Caracol Noticias*, el único medio del país que se ocupó del tema. En la emisión de las siete de la noche, el sacerdote Javier Giraldo y la exalcaldesa de Apartadó, Gloria Cuartas, hablaron dos minutos:

Sacerdote: «Unas patrullas de la Decimaséptima Brigada del Ejército, y más concretamente del Batallón 33 Cacique Lutaima, entraron a varias veredas: primero a Las Nieves donde capturaron a una persona acusada de ser miliciana y la descuartizaron en presencia de su familia. Luego pasaron al sitio conocido como Mulatos Medio, donde encontraron a

Luis Eduardo Guerra, líder de la comunidad, y allí lo mataron con su compañera Bellanira Arenza y su niño. Después buscaron a Alfonso Tuberquia y lo mataron. También a su esposa y a sus niños.

»—¿Por qué la gente dice que fue el Ejército?

»—Porque fue la fuerza que entró a la zona en esos días. Y todavía continúa allí».

Gloria Cuartas: «Lo que vimos muestra las huellas y la acción de la Decimaséptima Brigada, que venía haciendo operativos en la zona y cogía a los grupos familiares que iba encontrando y los asesinaban en grupo».

El informativo entrevistó también al ministro de Defensa Nacional, horas después de bajarse de un avión que lo trajo de regreso al país:

Ministro: «La fuerza pública colombiana está hoy tranquila de que no fue ella la que cometió estos atropellos y estos crímenes, y está prestándoles toda la colaboración a la Fiscalía y a la Procuraduría en el esfuerzo por esclarecer estos hechos».

Pero oh, la justicia colombiana: cuando aún no se había iniciado investigación alguna, el director de Fiscalías de la región, Francisco Galvis, a quien correspondía el caso, declaró públicamente: «Las FARC usan a la Comunidad de Paz como sitio de descanso y veraneo».

Poco después, el comandante del Ejército le dijo a la prensa que según los informes de situación de la tropa, el día en que sucedieron los hechos ninguna unidad militar se encontraba en el área de la masacre.

Según los registros del hospital de Apartadó, el domingo 20, poco después del mediodía, ingresaron a ese centro el soldado herido Óscar de Jesús Sepúlveda Altamirano, una niña de cuatro años y un cadáver a la morgue contigua.

De acuerdo con el documento, los tres procedían de un lugar en las montañas llamado vereda Las Nieves, lugar de vivienda de Marcelino Moreno, quien antes de morir a manos del Ejército, hirió a un soldado. La niña herida es su hija.

Realmente, durante las primeras semanas el pudor de la prensa para informar sobre la matanza es bastante ejemplar.

No obstante, en una entrevista con el comandante del Ejército, un reportero le preguntó:

«—General: ¿este caso marca un retroceso en el tema de los derechos humanos?

»—No. Todo lo contrario —respondió aquél—. El Ejército ha tenido un gran avance. Nosotros nos hemos venido educando alrededor del tema. Si se presentan casos, son aislados. Ese no es un proceder común, ya que sabemos cuál debe ser el comportamiento de los militares aun en el campo de batalla. Nuestra institución tiene un centro de gravedad que es la legitimidad y eso para nosotros es lo más importante. Es lo que hemos ganado. Es lo que nuestros enemigos han tratado de atacar y desprestigiar. Cuando entramos a un sitio es para generarle a la gente la sensación de seguridad.

«—General: ¿tiene usted la certeza de que sus hombres no tuvieron nada que ver con la masacre de San José de Apartadó?

»—Estoy absolutamente convencido de que este lamentable acontecimiento de lesa humanidad no se debió a ninguna presencia militar, y si la justicia colombiana llega a determinar culpables a miembros de la institución, pues serán investigados y sus resultados se llevarán hasta las últimas consecuencias. La certeza sólo es divina. Lo demás se debe someter a las investigaciones y a los resultados.

»Siempre le hemos estirado la mano a la comunidad. Los soldados somos pueblo y es muy claro nuestro comportamiento frente a la población civil, sin importar que nos dé la espalda; es respetuoso. Que se entienda que no somos ningunos criminales».

Una semana más tarde, es decir, luego de que el mundo conociera de las torturas y vejaciones sexuales cometidas por sus soldados en una cárcel de Iraq, y de los atropellos con sus presos en Guantánamo, Washington fijaba su posición:

«Estados Unidos dice que Colombia ha mejorado en derechos humanos», anotaban tanto grandes titulares en los diarios, como las notas centrales en los noticieros de radio y televisión:

«El Departamento de Estado destacó mejoras del gobierno de Colombia con respecto a los derechos humanos, al reducir en forma significativa los índices que marcan la violencia en este país».

En el camino de fango, estrecho, abandonado, que lleva a San José de Apartadó, han quedado los rastros de diez mil desterrados que huían de la guerra en la zona bananera cuyo epicentro es Apartadó, y las huellas de un poco más de 1.200 muertos que dejó esta guerra en sólo tres años, a partir de 1995.

San José fue una localidad con fuerte ascendencia del Partido Comunista y del movimiento de izquierda Unión Patriótica. Hoy es un gueto, un conglomerado encerrado en sí mismo. Según la Vicepresidencia de la República, no todos los habitantes de la zona pertenecen a la Comunidad de Paz.

En el centro del poblado hay un quiosco con techo de palma, donde los habitantes se reúnen para hablar de sus actividades. Un poco más allá, otro rancho: es el vestigio de una cooperativa campesina hoy arruinada. Un muro hecho con piedras, en el cual cada una corresponde a uno de ellos, muerto sin un arma en la mano. Un campo de baloncesto cuyo tablero fue quemado por los paramilitares.

En la sede de la cooperativa se reúnen los miembros de un consejo que vigila el respeto por los demás, escucha y resuelve casos de violencia intrafamiliar, cuida del funcionamiento de medio centenar de grupos de trabajo que cultivan la tierra, allí, un bien común, pero el consejo ha llegado a extremos como prohibir que algunas personas se trasladen a Apartadó a consultar a un médico, o a impedirles a comerciantes locales que ejerzan su trabajo.

Un día de la semana tratan de arreglar el camino que conduce a Apartadó, mejoran la escuela, cuidan del buen estado de las viviendas. Y vigilan que allí no les sean vendidos víveres ni a la guerrilla, ni al Ejército, ni a los paramilitares, ni a la Policía. Para ellos la fuerza pública es un actor del conflicto armado.

Parte de la formación de los niños impide que mañana ingresen a las filas de cualquiera de aquellas instituciones de la guerra.

En respuesta al silencio del Estado frente a centenares de denuncias por muertes y atropellos sufridos desde cuando se declararon Comunidad de Paz, se han negado a hablar con cualquier agente del gobierno o de la justicia.

Por este motivo, el presidente de la república, Uribe Vélez, los acusa «de obstruir a la justicia, de coartar la libertad de los ciudadanos y de ser *apoyadores* de la guerrilla», y siempre que tiene un micrófono al frente suyo, pide «que se acabe el corredor de las FARC a través de San José de Apartadó».

Un reglamento adoptado por ellos prohíbe el porte de armas en la comunidad.

Tienen organismos para velar por los derechos del ser humano, por la salud y por la educación.

Han elaborado un manual de convivencia ciudadana que promueve el respeto mutuo y contempla castigos y sanciones para incidentes menores. Por ejemplo, una riña callejera puede acarrear la sanción de un día de trabajo comunitario o una multa en dinero.

La zona fue siempre un lugar fundamental para las FARC. Se trata de un punto en las estribaciones de la serranía de Abibe, muy estratégico frente al eje bananero. Como en toda la región, siempre los alcaldes de Apartadó habían sido de izquierda hasta cuando ingresaron los paramilitares, y la misma guerrilla, masacrando trabajadores y atentando contra la población y sus instituciones. Eso redujo el poder del comunismo y la guerrilla perdió parte de sus corredores de movilidad.

San José está ubicado en medio de Nueva Antioquia y Piedras Blancas, dos localidades también de fuerte influencia del Partido Comunista, ahora reducidas y controladas por los paramilitares, por lo cual el poblado hoy es una encrucijada entre el eje bananero y la serranía de Abibe.

A partir de la derrota de las FARC, sus habitantes empezaron a ser diezmados, y en 1997 se declararon neutrales frente a la guerra.

Sin embargo, ante la agresión fueron objeto de cinco medidas provisionales de la Corte Interamericana de Derechos Humanos en su favor y una de la Corte Constitucional de Colombia que obligan al Estado a darles protección.

La prensa colombiana mantuvo en tercer plano cualquier información acerca de la matanza, hasta cuando *El Tiempo* publicó, un mes y seis días después, las notas del trabajo de campo del fotógrafo independiente Jesús Abad Colorado, que desde luego jamás fueron comentadas por nadie, ni debatidas, ni rectificadas, ni negadas.

En Colombia a este silencio se le llama «Darle entierro de pobre» a cualquier revelación que toque al Estado.

En la bitácora de Abad Colorado los únicos nombres reales son los de los muertos. Los demás fueron cambiados por seguridad de las familias. *El Tiempo* anunció cada cambio de nombre con un asterisco.

Esta es la bitácora:

«No puedo guardar más silencio. Estuve cuatro días con la Comunidad de Paz de San José de Apartadó. Quise viajar a la zona para documentar fotográficamente la búsqueda de sus líderes y familiares asesinados en los campos del cañón del río Mulatos en la serranía de Abibe, una región rica en bosques y aguas que desde hace una década no cesa de ver parir, huir y morir a sus antiguos dueños, los campesinos, muchos de ellos de la Comunidad de Paz».

Jueves 24 de febrero

«En la noche recibí un correo con la trágica noticia del asesinato de ocho personas. "No podemos decir más", agregaban.

»El comunicado responsabilizaba a miembros del Ejército por las muertes y anunciaba la salida de una comisión de habitantes hasta el sitio La Resbalosa a nueve horas de San José para buscar los cuerpos.

»Desde 1997, año en que conocí la población después de la declaratoria de Comunidad de Paz, he visto crecer el Monumento a la Memoria, un muro hecho con piedras que traen del río y en cada una de ellas escriben el nombre de las personas asesinadas. Ahora suman 162».

Viernes 25 de febrero

«Llegué al lugar pasadas las 10:30. A la 1 y 30 de la tarde llegó un reporte: "La comisión de la Comunidad de Paz había llegado antes del mediodía, primero que las autoridades judiciales. No creían que se lograra hacer la exhumación de todos los cuerpos esa tarde".

»Partimos de allí. El ascenso por uno de los brazos de la Serranía de Abibe comenzó rápido. Casi a las cuatro de la tarde nos alcanzó don Alberto. "Es que esos muertos tienen muchos dolientes y eran como nuestros hijos", recalca.

»Mire estas montañas tan bellas y productivas y ahora tan abandonadas. Mi padre nos levantó en ellas, esta es mi vida, aquí vivo con mi mujer y mis hijos y así sea con yuca (mandioca) y cacao vamos a sobrevivir. No pienso desterrarme. Ya lo hemos hecho y eso es muy duro. Son ocho años de persecución y atropellos. Es una rabia contra nosotros, incluso de parte del Estado. Todo por no hacerle el juego a ninguno que maneje armas. Todos quieren utilizarnos.

»El descenso fue más duro de lo imaginado. Luego vimos el cañón del río Mulatos. Eran las seis de la tarde.

»A las 7 y 15 p.m. escuchamos el ruido de dos helicópteros que salían de la montaña. Entendimos que había terminado la exhumación. Minutos más tarde nos topamos con la comisión que había partido en la madrugada. Eran cerca de 80 personas que a pie y a caballo bajaban de la finca de Alfonso Bolívar Tuberquia, uno de los líderes de la Comunidad de Paz asesinado y en cuyo cacaotal fueron encontrados los cuerpos mutilados.

»En el río iluminado por la Luna nos detuvimos a esperar a otro grupo. Varios líderes informaron que los cuerpos encontrados fueron cinco: "Había huellas de balazos en la cocina de una casa. Unas palabras escritas con carbón en los muros, manchas de sangre en el piso y la huella de una mano ensangrentada que se resbalaba por la madera. Los cuerpos estaban en dos fosas a pocos metros de la casa y en medio del cacaotal".

»Allí encontramos los cadáveres de Alfonso Bolívar, Sandra Milena Muñoz y a sus hijos, Santiago de 20 meses y Natalia Andrea de seis años. También encontramos el cuerpo de Alejandro Pérez, que trabajaba en la recolección de cacao. Hubo trabajadores que lograron huir. A los adultos los descuartizaron. Sólo quedaron los troncos. A la niña de seis años le cortaron un brazo y le abrieron el vientre. Igual que al niño de 20 meses. Luis Eduardo Guerra y su familia no estaban en las fosas, pero una comisión salió al anochecer para verificar en algunos sitios cercanos al río, donde fueron detenidos.

»Minutos después aparece la otra comisión con la noticia de que habían hallado el sitio donde estaban los otros cuerpos: Luis Eduardo, Deiner y Bellanira. "Están río abajo y al aire libre, más allá de la escuela y a un lado del camino que lleva al antiguo centro de salud de la localidad de Mulatos. La cabeza del niño la vimos a orillas del río y cerca de los cadáveres. Esta madrugada los gallinazos se los están comiendo". Nos devolvimos por la cabecera del río cerca de media hora.

»Son casi las 10 p.m. y estamos junto a una pequeña casa de madera y techo de paja. Hay una sola habitación y varias familias. Una de las mujeres de la comunidad relata que es nacida en esa zona. Ella cuenta que "Hasta hace una década vivíamos unas 200 familias en el cañón del río Mulatos. Había tiendas comunitarias, escuela, centro de salud y ahora de eso sólo quedan ruinas. Tanta incursión armada y las muertes de campesinos nos han ido sacando de nuestras tierras. Hace un año había cerca de 90 familias y en una incursión del Ejército y paramilitares sólo quedaron como 16. Ahora quién sabe cuántas van a quedar".

»Otros campesinos señalan el cañón del río y hablan de un lugar llamado Nueva Antioquia. "Desde allí los paramilitares han organizado muchas incursiones y las coordinan con el Ejército. Con la desmovilización del Bloque Bananero de los paramilitares y la llegada de la Policía a Nueva Antioquia, han montado otros grupos y campamentos hacia esta zona limítrofe con la localidad de Mulatos, conocida como Rodoxalí"».

Sábado 26 de febrero
«El día empieza a las 5 a.m. La comisión se reparte tareas. Un grupo regresa a San José de Apartadó para preparar el

sepelio. Otro bajará a cuidar los cuerpos y esperará a que la Fiscalía haga su levantamiento. Nos acompañan miembros de las Brigadas Internacionales de Paz (BPI, por su sigla en inglés), y de Fellowship of Reconciliation (FOR). El grupo en que voy con cerca de 40 personas parte a las 6 a.m. Cuarenta minutos después de caminar por cerca del lecho del río los gallinazos advierten la llegada al sitio.

»A orillas del río Mulatos se encuentra lo que queda de la cabeza del niño de Luis Eduardo, llamado Deiner Andrés, de once años, el cráneo y algunas vértebras. Quince metros más arriba está el resto del cuerpo del niño y el de su padre. También el de Bellanira Areiza de 17 años y compañera de Luis Eduardo. Sus cuerpos están entrecruzados. De ellos poco queda. No hay señales de balazos en sus cabezas.

»Bellanira está descalza y su cuerpo está una parte sobre el de Deiner Andrés y el resto doblado contra el de Luis Eduardo. A cinco o seis metros del cráneo del niño hay un machete dentro de la maleza que bordea el río. Treinta metros más abajo, en la mitad del río Mulatos y entre las piedras, hay una bota pequeña y negra de Bellanira, y quince metros más allá está la otra con parte de la pierna cortada de un tajo. Muy cerca hay otro machete.

»Los miembros de la Comunidad de Paz se detienen y observan el cráneo del niño. Luego suben hasta donde están los cuerpos: "Que nadie vaya a tocar ningún elemento en los alrededores. Las pruebas no se pueden tocar. Es importante que la Fiscalía las recoja para la investigación".

»Pasan las horas y nada de los helicópteros con comisiones de fiscales. Los brigadistas internacionales se comunican desde un teléfono satelital y recuerdan una y otra vez el sitio de recogida de los cuerpos.

»A las 11 a.m. llega el desayuno. El día está despejado y se nos informa que en la casa donde amanecimos hay una nueva familia esperando para huir. Varios jóvenes armados de hondas lanzan piedras a los gallinazos que se arremolinan en las copas de los árboles.

»Son las 2 y 30 p.m. Los acompañantes de BPI, al ver que no llega la Fiscalía y ya sin probabilidades de comunicación con sus sedes, deciden regresar a San José. El grupo de la Comunidad de Paz decide permanecer cuidando los cuerpos.

»A las 4 p.m. el ruido de dos helicópteros anuncia la llegada de la Fiscalía. Eso creen todos. El grupo trata de llamar la atención de los pilotos. Éstos llegan hasta el sitio La Resbalosa. Baja un helicóptero y otro vigila desde el aire. Luego se dirigen a un punto llamado El Barro. Baja nuevamente el mismo helicóptero y descarga la tropa que ha recogido en La Resbalosa. Repiten una y otra vez la operación hasta completar cuatro o cinco viajes. Estas acciones no duran mucho, pues ambas montañas están frente a frente. Por el centro baja el río Mulatos. Los campesinos agitan sus camisas, prenden fuego, hacen señas, pero los helicópteros se pierden de nuevo entre las nubes.

»A las 5 y 15 p.m. llega una comisión de soldados y policías. No se acercan. Preguntan por los representantes de la comunidad y deciden hablar a solas con uno de los líderes y con un abogado que nos acompaña.

»Más tarde un capitán de la Policía me llama y se presenta. Es el capitán Castro. Me pregunta para quién trabajo y si puedo hacerle fotografías a los cuerpos para las diligencias del levantamiento, en caso de que no llegue la Fiscalía.

»Al regreso los campesinos me dicen que un soldado sin identificación se llevó el machete que estaba cerca de las botas de Bellanira. El soldado lo limpia y lo afila contra las piedras. Al ver que lo observo se voltea de espaldas. Cuando bajan el abogado y el representante de la comunidad les cuentan y éstos suben a hablar con el capitán. Le piden informar al superior del Ejército "porque es una manipulación de pruebas".

»Al regresar a donde se encuentran, los campesinos están en mayor zozobra: "El soldado que cogió el machete pasó por nuestro lado y sin vergüenza o pena por lo que vimos nos hizo señas y dijo que ese machete era el degollador".

»El oficial dice que hasta el día siguiente no va a ser posible realizar el levantamiento de los cadáveres, que él amanecerá en un lugar cercano y va a vigilar que los gallinazos no sigan destrozando los cuerpos.

»El representante de la comunidad y el abogado les informan a este oficial y al del Ejército que al día siguiente "la comunidad hará dos comisiones. Una regresará hasta el mismo sitio a esperar que recojan los cuerpos y otra saldrá hasta El Barro, donde no se sabe nada de algunas familias, a pesar de que viven muy cerca".

»El oficial del Ejército responde que en aquel lugar están ellos y allá no hay familias. La comunidad insiste. A las 7 p.m. regresa al sitio de dormida».

Domingo 27 de febrero

«Son las 6 a.m. La primera comisión parte con el abogado hasta el sitio donde se encuentran los cuerpos de Luis Eduardo, Bellanira y Deiner. Las catorce personas que salen hasta El Barro me piden que los acompañe. La fila se detiene un momento. Hay un retén de tres uniformados. Preguntan a los campesinos qué hacen en este sitio. Ellos dan la explicación. Un soldado tiene en el brazo insignias del Batallón 33 Cacique Lutaima. Los otros dos no tienen nada. Me preguntan quién soy y por qué estoy con el grupo. Les explico de mi trabajo documental y sobre la búsqueda de varias familias de ese sector, de las cuales no se sabe nada después de los hechos ocurridos el día lunes 21 o martes 22. El soldado habla con los otros y luego sigue hasta donde hay más uniformados. Al momento baja y nos deja pasar.

»A escasos 200 metros hay tres casas de madera y techos de zinc. En la primera, un letrero hecho con tizón: "Fuera guerrilla, te lo dice tu peor pesadilla: El Cacique". Encima se lee: "El Alacrán BCG 33". No hay nadie en una de las casas. Las personas que la habitan están en las otras dos, muy cerca una de la otra.

»Detrás de la comisión llegan tres uniformados y se quedan pendientes de las casas. Allí hay dos mujeres. La más joven le da pecho a un bebé y la abuela habla en voz baja. Quieren saber desde cuándo estamos en la zona y si venimos por ellas. Dan gracias a Dios "porque va a terminar esta pesadilla. Empezó el lunes que llegaron los del Ejército y no nos han dejado salir. A Rigo, que es vecino, también lo tienen detenido. No le permiten ni ir a su casa que está al frente en la otra montaña. Tiene a su mujer y a sus hijos solos. Me interrogan y amenazan porque dicen que soy la enfermera de la guerrilla. Con ellos vino Melaza, que es un paramilitar. Es la tercera vez que viene a mi casa con el Ejército. Dijo que va a acabar con todos los de la Comunidad de Paz porque son una manada de hijueputas guerrilleros y que si lo tiene que hacer, les dará bala a los extranjeros. Que estamos en una zona que es de ellos y les pertenece. A mis hijas las han amenazado con cortarles la cabeza cuando van al pozo por el agua. Han hecho varios huecos buscando armas".

»La mujer dice que "Luis Eduardo fue al cacaotal porque necesitaba el dinero para llevar a su hijo al médico. Salió en la mañana y quedó de regresar, pero no lo hizo".

»Los uniformados llegaron el lunes 21 de febrero después del mediodía y no hemos hecho sino sufrir. Nos la hemos pasado rezando, hasta hoy cuando llegan ustedes. Escasamente nos dejaron coger un poco de maíz. El miércoles nos dijeron que habían matado a unos guerrilleros en el río, que uno iba con la mujer y el hijo, y yo les dije: ¿No será que ustedes mataron a Luis Eduardo y al niño? Ellos son de mi familia. Bellanira es su compañera. Ellos cambiaron y al momento dijeron "A esos los mataron los paramilitares".

»Le pregunto a un soldado desde cuándo está en la zona. "Desde el lunes", responde. "¿Aquí en El Barro?", pregunto. "No. Entramos el sábado por Las Nieves y aquí llegamos el lunes".

»A las 10 y 30 a.m. las familias están listas para su huida. El *graffiti* de la primera casa ha sido borrado por los uniformados. El ruido de dos helicópteros que salen del cañón del río Mulatos anuncia que culminaron las diligencias de levantamiento de los cadáveres de Luis Eduardo, Bellanira y Deiner.

»A las 7 p.m., agotados por la jornada, entramos a San José de Apartadó. Muchas personas salen al encuentro. "¿Dónde están los colegas de la prensa?", pregunto a los habitantes. No hay respuesta. No ha llegado nadie.

»La población está alrededor del salón comunal. Allí están los cuerpos de Alejandro Pérez, Alfonso Bolívar Tuberquia y Sandra Muñoz, sus hijos Santiago y Natalia. Los habitantes de la Comunidad de Paz y su consejo decidieron esperar a que estuvieran todos los cuerpos para hacer un sepelio colectivo.

»Antes de la medianoche son traídos en un campero. Vienen acompañados por el sacerdote jesuita Javier Giraldo y por Gloria Cuartas. Ella, como alcaldesa de Apartadó, vio nacer a esta comunidad.

Lunes 28 de febrero

«Son las 7 y 30 a.m. La misa se inicia a esta hora, cuando llegan los campesinos de los lugares cercanos. Es una misa donde se pide la verdad, se clama justicia y respeto a la dignidad humana de esta Comunidad de Paz».

Padre Javier Giraldo: «Luego de ocho años de registrar las atrocidades perpetradas contra esa comunidad heroica y de denunciarlas ante todas las instancias posibles, cuando supe la noticia me quedaba difícil hacer un análisis claro de lo que estaba ocurriendo. Por una parte, me venían a la memoria más de 500 agresiones denunciadas anteriormente y me parecía que todo había ocurrido dentro de la misma lógica y libreto de persecución y exterminio a que la Comunidad de Paz viene siendo sometida desde su gestación en 1996.

»Recordé con estremecimiento muchas masacres anteriores y el hostigamiento permanente de sus líderes e integrantes, lo que parecía llevarme a una conclusión que yo rehuía por sus duros efectos desmoralizadores: nada ha cambiado; la condena al exterminio se continúa aplicando implacablemente, así los discursos del Estado hayan evolucionado.

»Pero, por otra parte, me venían a la memoria tantas reuniones de concertación con el Estado en seguimiento a las medidas de protección que la Corte Internacional de Derechos Humanos había solicitado insistentemente al gobierno colombiano desde octubre del año 2000, precedidas por "las medidas cautelares" de la Comisión Interamericana asumidas desde noviembre de 1997.

»Recordé especialmente muchas expresiones del vicepresidente de la república Francisco Santos y de otros miembros de su despacho que aseguraban que la comunidad no iba a ser destruida sino protegida por el Estado y que era una decisión clara del gobierno actual, concertar con la misma comunidad la más conducente a su protección.

»Lleno de interrogantes llegué a San José de Apartadó aquel viernes 25 de febrero. Un helicóptero del Ejército sobrevoló el poblado con una enorme bolsa colgante agitada por el viento.

»Las comunicaciones recibidas a través de teléfonos satelitales de acompañantes internacionales nos anunciaron desde la zona de la masacre que ya habían sido exhumados, legalmente levantados los despojos de cinco víctimas. Todos los cuerpos estaban mutilados y tenían estigmas de crueles torturas.

»Con Gloria Cuartas, exalcaldesa de Apartadó, y algunos acompañantes internacionales decidimos ahorrarles a las familias la penosa diligencia de reclamo de los cadáveres.

Varias autoridades se reunieron en el cementerio de Apartadó la tarde del sábado 26, donde los trámites interminables de la entrega de los cuerpos fueron con reclamos fuertes a las autoridades por la palpable poca diligencia en el levantamiento de los otros cuerpos.

»En efecto, los cadáveres de Luis Eduardo y de su familia no habían sido hallados como se creía inicialmente en ninguna de las dos fosas donde los victimarios sepultaron en forma apresurada a las últimas víctimas en un campo de cultivo de cacao dentro de la finca de Alfonso, sino que fueron encontradas a la intemperie junto al río Mulatos, ya bastante devorados por los gallinazos y otros animales.

»Aunque la Fiscalía tuvo conocimiento del sitio exacto en la tarde del viernes 25, sólo llegó al lugar en la mañana del domingo 27 a practicar los levantamientos legales, cuando ya el agotamiento de los grupos de búsqueda era extremo y habían decidido transportar los cuerpos sin esperar las diligencias oficiales.

»Otro helicóptero sobrevoló la zona con la macabra bolsa colgante y la tarde del domingo se repitió la experiencia tan penosa de los trámites de la entrega de los cuerpos en que los legalismos inútiles ofenden los sentimientos y el sentido común.

»En el cementerio de Apartadó, a pesar de los fuertes reclamos que le hizo Gloria Cuartas, la funeraria contratada por el alcalde local se negó a transportar los cuerpos porque era de noche.

»El joven conductor de una "chiva" —aquel autobús de costados abiertos y colores brillantes, típico en los campos colombianos— se arriesgó a llevarnos y dos días después el conductor fue amenazado de muerte por un paramilitar protegido por el coronel Duque, comandante del batallón que controla la zona de San José».

«Pasada la medianoche del domingo teníamos los ocho féretros reunidos en el quiosco que había servido para tantas asambleas comunitarias y donde se han tomado tantas decisiones solidarias; una vigilia con reflexiones, cantos y lecturas bíblicas congregó a muchas personas en el amanecer del lunes 28, esperando la hora del funeral, fijada para las ocho de la mañana.

»Con la voz entrecortada presidí la eucaristía, mientras era penetrado por sentimientos intensos que se expresaban en cada gesto y en cada suspiro de los participantes.

»Escogí un texto del cuarto *Evangelio* donde Jesús afirma: "Nadie me quita la vida sino que yo mismo la entrego para volverla a recuperar". Palabras que provocaron en sus oyentes el veredicto de que se había vuelto loco, mientras sólo unos pocos dijeron: "Alguien que les abre los ojos a los que están ciegos no puede estar loco" (Juan 10, 17-21).

»No sólo veía reflejado en ese texto el misterio de la muerte y de la vida de aquellos seres, especialmente de aquellos niños que apenas se asomaban a la vida conducidos por unos padres convencidos y heroicos, sino la vida y la muerte de toda esta comunidad que ha pagado el precio de 162 vidas por no someterse a unas estructuras de muerte e indignidad que nos envuelven.

»Algunos periodistas y autoridades regionales consultaron por teléfono si podían asistir al funeral. Los que les respondieron les expresaron la indignación que reina en la Comunidad de Paz por las actitudes de autoridades y periodistas que, en lugar de condenar crímenes tan horrendos como éstos, iniciaban en ese momento una campaña gigantesca de estigmatización de las víctimas y de la comunidad, campaña que fue creciendo y creciendo en las semanas que siguieron».

«Una vez en San José de Apartadó, la conversación con algo más de diez testigos que presenciaron la masacre me fue permitiendo reconstruir el itinerario del crimen.

»Algunos de ellos fueron retenidos en forma ilegal por tropas del Ejército que entraron el sábado 19 de febrero a la vereda conocida como La Esperanza y los confinaron en una vivienda sin permitirles moverse de allí.

»Otros vieron llegar a las tropas en la tarde de ese sábado a la vereda Las Nieves, donde al amanecer del domingo 20 irrumpieron violentamente en la vivienda de Marcelino Moreno disparándole mientras estaba acostado e hiriendo a su niña. Marcelino que había sido miliciano, se levantó ya herido a buscar un arma y se enfrentó a los soldados, quienes lo mataron, quedando herido un soldado en el enfrentamiento.

»Al recorrer la vereda Las Nieves, dos de sus pobladores fueron perseguidos por los soldados quienes manifestaron en voz alta que los iban a asesinar, pero un encapuchado que no vestía uniforme militar les dijo que no dispararan "porque así van a dañar el plan".

»Gracias al grito, los dos campesinos lograron correr y esconderse sin ser alcanzados por la tropa, que al parecer llevaba la consigna de no hacer mucho ruido con las armas para que la gente no huyera.

»Al día siguiente, lunes 21 de febrero, la tropa aparece en la vereda Mulatos, contigua a Las Nieves, y encuentra por el camino a Luis Eduardo con su familia, que va a recoger un cacao en un cultivo de su propiedad.

»Otro pariente que lo acompañaba descubrió a un militar en el camino, a poca distancia, pero al señalárselo a Luis Eduardo el militar se agachó y se ocultó. El pariente le dijo a Luis Eduardo que regresaran o huyeran porque era clara la presencia del Ejército, pero Luis Eduardo dijo que no lo iba a hacer y que si era necesario entrar en discusión con la tropa para que lo dejaran recoger el cacao, lo haría.

»Un momento después se fueron levantando, por todos los lados, soldados que estaban ocultos a los lados del camino y le gritaron: "Alto y manos arriba".

»El pariente de Luis Eduardo huyó rápidamente por entre el bosque y aunque gritaron que lo iban a detener no le dispararon, lo que permitió que se les escapara. Después él me dijo: "Ya tenían a su presa principal y no la iban a soltar para perseguirme a mí".

»Cuando iba a cierta distancia escuchó gritos de Luis Eduardo y de Bellanira, su compañera, lo que permite concluir que fueron rápidamente sometidos a torturas y muerte.

»Junto a sus cuerpos ya destrozados por los animales, a poca distancia de donde fueron capturados, fueron encontrados un garrote y un machete ensangrentados. La cabeza de su hijo Deiner Andrés de once años, fue hallada a veinte metros del cuerpo.

»Las redes de comunicación de nuestros campesinos, que funcionan con una rapidez difícil de entender por los habitantes de las ciudades, pusieron a la gente de la región en alerta.

»Al mediodía un campesino llegó a la casa de Alfonso Tuberquia en la vereda La Resbalosa, a una hora de distancia de la localidad de Mulatos, mientras Alfonso, su familia y cuatro trabajadores estaban almorzando, y los alertó sobre la presencia del Ejército y la captura de Luis Eduardo y les dijo que desaparecieran de allí, pero mientras les estaba diciendo esto se dio cuenta de que ya la casa de Alfonso estaba rodeada por la tropa.

»Cuando todos salieron al patio, los militares dispararon y ellos huyeron por un espacio que todavía no estaba cercado por los soldados.

»No pudieron recoger a Sandra y a los niños porque los disparos eran más intensos cada segundo y calcularon que si se devolvían los mataban.

»Alfonso y los trabajadores se refugiaron en una casa que queda a unos 20 minutos de camino, y a las dos horas, cuando ya no se escuchaban disparos, Alfonso decidió regresar a su casa a conocer la suerte de su esposa y de sus hijos y a morir con ellos si tenía que hacerlo.

»Prometió regresar, ellos lo esperaron hasta el mediodía siguiente y en ese momento los trabajadores regresaron a la finca para saber qué había ocurrido. Encontraron sangre y ropa ensangrentada por todas partes y entendieron, profundamente conmovidos, en qué escenario estaban.

»El cabello de la niña, Natalia, aparecía regado en diversos sitios, en algunos con cuero cabelludo, como cercenado con un machete.

»Luego de buscar mucho encontraron tierra movida en el cultivo de cacao y escarbaron un poco. Al reconocer pedazos mutilados del cuerpo de Alfonso, horrorizados volvieron a cubrir la fosa y huyeron. Alguien fue a buscar rápidamente a los líderes de la Comunidad de Paz para comunicarles lo ocurrido.

»Los soldados avanzaron aquella misma tarde del lunes 21 hacia un sitio reconocido como El Barro, en los confines de las veredas Mulatos y Las Nieves, a donde llegaron a eso de las tres de la tarde.

»Allí vivían familiares de Luis Eduardo, quienes fueron confinados en una casa con prohibición de moverse siquiera para tomar del campo algo para comer.

»Sin saber de su parentesco los soldados les contaron que esa mañana "habían matado a tres guerrilleros", dando su descripción. Los familiares entendieron inmediatamente que las víctimas eran Luis Eduardo, su compañera y su pequeño hijo. Miembros de la tropa escribieron en un muro el nombre de su unidad: *Contraguerrilla 33*. Se trataba del Batallón de Contraguerrilla número 33, Cacique Lutaima, adscrito a la Decimaséptima Brigada del Ejército, el mismo que se identificaría luego cuando llegaron los fiscales a realizar el levantamiento de los cadáveres.

»En efecto, los campesinos, expertos en rastreo de huellas habían reconstruido el recorrido de la tropa y habían comprobado que no existían huellas de salida de la zona.

»No quedaba duda. Estaban frente a un nuevo y horrendo crimen de Estado. La presencia de algunos paramilitares mezclados con la tropa, cuya vestimenta es en gran parte idéntica a la del Ejército sólo confirma el grado de responsabilidad

estatal en el crimen. Los campesinos han aprendido a iden-
tificarlos plenamente a través de nueve años de experiencias
horrendas.

»Esfuerzos posteriores del gobierno por construir un re-
lato ficticio donde aparezca la insurgencia como autora del
hecho fueron tan desafortunados que mostraron precisamente
como "testigos" a dos jóvenes que un año antes habían sido
torturados por el coronel Duque y sometidos a un montaje
judicial que sirvió de chantaje para obligarlos a ingresar a algo
llamado "programa de reinserción a la vida civil", de modo
que hoy están bajo la custodia de sus propios victimarios, sin
libertad alguna para tomar decisiones autónomas.

»Pero como la inmensa mayoría de los colombianos no
tiene acceso a estas verdades, la difusión masiva de las igno-
minias por los medios de "información" se ha colocado como
base de la campaña de estigmatización de las víctimas de la
Comunidad de Paz, promovida por el gobierno en forma
intensa.

»Hoy, en primer lugar, se le quiere hacer creer al país y al
mundo que la fuerza pública no ha podido entrar desde hace
muchos años a San José de Apartadó, porque la Comunidad
de Paz se lo prohíbe. La realidad es que casi la fuerza pública
prácticamente no sale de allí.

»En segundo lugar se quiere hacer creer al país y al
mundo que la presencia de fuerza pública en todos los rincones del territorio nacional es exigencia de la Constitución,
porque es para proteger a la población y hacer cumplir las
leyes. Sin embargo, la experiencia en San José revela, más
bien, que la fuerza pública siempre la ha pisoteado y no ha
protegido en forma permanente a la población civil, perpetrando centenares de crímenes horrendos como masacres,
asesinatos, desapariciones forzadas, torturas, violaciones
carnales, saqueos y pillaje de bienes de subsistencia, incineración de viviendas, detenciones y allanamientos ilegales,
robo de animales de carga, de los dineros comunitarios y
familiares, de herramientas de trabajo, amenazas y actos de

terrorismo. En pocas palabras, lo que la Constitución y las leyes prohíben con mayor énfasis.

»En tercer lugar, se quiere hacer creer al país y al mundo que la Comunidad de Paz "obstruye la justicia", pero la verdad es que ha rendido centenares de declaraciones ante fiscales y procuradores sin ver jamás un acto de justicia ni de reparación.

»La verdad es que el fiscal general de la nación se ha negado a investigar de acuerdo a derecho más de 300 crímenes de lesa humanidad perpetrados contra la Comunidad de Paz, denunciados formalmente en su despacho en noviembre del año 2003, mientras la verdad es que el gobierno, por su parte, se ha negado a constituir una Comisión de Evaluación de la Justicia, pedida en forma insistente por la Comunidad de Paz ante la evidencia de numerosas irregularidades de los procesos judiciales. La verdad es que, incluso, varios miembros de la comunidad han sido asesinados luego de rendir declaraciones.

»En cuarto lugar, se quiere hacer creer al país y al mundo que la comunidad "tiene vínculos con la insurgencia". La verdad es que la insurgencia ha atacado 20 veces a miembros de la comunidad o a pobladores de la zona, siendo por ello fuertemente cuestionada por la misma comunidad en comunicados públicos. La verdad es que la comunidad hace respetar de manera transparente su reglamento interno, que le impide colaborar con cualquier actor armado. Otra verdad es que las acusaciones sobre vínculos de miembros de la comunidad con la insurgencia han sido construidas en la Decimaséptima Brigada del Ejército sobre falsos testimonios de informantes pagados o extorsionados, que no resistirían el más mínimo análisis probatorio».

Gloria Cuartas: Llegamos a San José el 25 con el padre Javier Giraldo. Allí supimos que desde el 19 la Brigada del Ejército realizaba operaciones en la región y luego lo comprobamos en los registros del hospital de Apartadó.

El día 21 Luis Eduardo, el líder, había salido de la casa de su madrastra, a unas ocho horas de la Comunidad de Paz, y estaba en el campo recogiendo una cosecha de cacao. La gente tiene sus pequeñas parcelas dispersas por toda la zona. La suya estaba en un lugar llamado Mulatos Medio.

Este hombre tenía que recoger la cosecha porque el miércoles siguiente debía estar en Medellín llevando a su hijo para que le hicieran una nueva cirugía en una pierna, pues en agosto del 2004 fue víctima de una granada que había quedado en la comunidad. Esa granada mató a su mamá, hirió a dos más y le dejó al niño una pierna lesionada.

La Defensoría del Pueblo y la Decimaséptima Brigada sabían que la granada estaba en el lugar, porque la comunidad alertó que el Ejército la había dejado allí, pero como está escrito en la Defensoría del Pueblo en Apartadó, el Ejército respondió que se trataba de una granada de humo que no tenía peligro. Pero la granada estalló en la casa de Luis Eduardo cuando él no estaba allí.

El día de su muerte, él iba con Bellanira, una muchacha de 17 años con quien empezaba a establecer una relación de pareja y con un amigo que se salvó de morir. Ellos vieron la presencia del Ejército y el sobreviviente les dijo que corrieran. Pero Luis Eduardo nunca le corría al Ejército, porque ya le había tocado tantas veces hablar con el vicepresidente de la república, con los mandos de la Decimaséptima Brigada, con los organismos del Estado, pues era el interlocutor en los comités que se habían creado en la Vicepresidencia de la República para ir evaluando la situación de la región y estaba acostumbrado al diálogo. Entonces tenía muy claro que en ese momento debía hablar con la fuerza pública.

Donde mejor conocían su perfil era en la Vicepresidencia de la República. Él no era un N.N. en la región. Estamos hablando de un hombre con liderazgo, interlocutor del Estado y con la comunidad internacional, de manera que le dijo al sobreviviente: «Yo no corro. Lo lógico es hablar con ellos».

El amigo corrió y cuando estuvo a cierta distancia comenzó a escuchar gritos, y huyó.

De allí la tropa camina hacia un sitio llamado La Resbalosa, a una hora a pie, y llega a casa de Bolívar. Él estaba con Sandra, su compañera, una mujer de 24 años, estaba con su niña de 18 meses y con su hijo de 11 años, y con ellos algunos trabajadores recogiendo cacao.

Bolívar salió de la casa, no había avanzado mucho cuando escuchó un balazo y entonces les dijo a los trabajadores:

—Espérenme aquí. Yo regreso. Prefiero morirme al lado de ella.

Los trabajadores lo esperaron toda la noche y parte de la mañana, y como no regresaba, el grupo se fue hasta la casa. Allí encontraron letreros escritos con carbón que decían, *Cacique Lutaima, Batallón 33 de Contraguerrilla*. Hallaron sangre, cuero cabelludo, siguieron la huella y afuera encontraron tierra movida, levantaron con un palo y vieron un cuerpo. No continuaron destapando, volvieron a cubrir y se fueron a San José a dar aviso.

Hacía dos años, tiempo reciente, yo no iba a la región. La mañana del viaje tenía temor de encontrarme nuevamente con la gente de la comunidad, pero mi dilema era cómo regresar a San José y cómo volver a mirar a la gente cuando estábamos en el marco de una tragedia. Todo eso era muy difícil para mí.

En el aeropuerto de Apartadó nos esperaba gente de las Brigadas de Paz, una organización internacional. Su tarea es acompañar sin armas a líderes comunitarios. Nos recibieron porque yo no puedo ir a Apartadó sola. No voy con escoltas de seguridad ni con gente armada. Iba con el padre Javier

Giraldo y allá estaban las Brigadas Internacionales de Paz acompañándonos.

Tomamos los doce kilómetros que hay de Apartadó a San José de Apartadó: un camino para mulas y caballos. Allí hubo carretera hasta 1997, pero los camiones que entran a sacar madera y el olvido del Estado la han deteriorado completamente, a pesar de los arreglos que algunas veces le hace la comunidad con picas y palas.

Cuando llegamos ya habían salido hacia los dos lugares, reportados por los testigos, yo calculo unas 300 personas. A la vez, estaba llegando a San José gente de las distintas veredas. Nosotros nos quedamos acompañando a los habitantes porque en ese momento no sabíamos realmente qué estaba sucediendo.

Por teléfono satelital dijeron que en las montañas estaban pendientes de la llegada de la Fiscalía y del defensor del Pueblo de Apartadó, que no había ido todavía a la comunidad a hablar con ellos, a pesar de la incertidumbre que había allí desde el 21 de enero. Ahora era 25.

Llamé al alcalde de Apartadó para que ayudara a agilizar la visita oficial de la Fiscalía. Eso era interminable porque el teléfono sonaba en buzón en forma insistente. Llamé también a la Brigada, pues escuchábamos al helicóptero yendo al rescate de los primeros cadáveres y temíamos que oscureciera o lloviera en la serranía y no pudiera llegar.

Un poco después vimos cruzar el helicóptero. Situación muy dolorosa... Sensaciones muy diferentes: la que se vive allá viendo la fosa y la que se vive aquí, viendo desde abajo el helicóptero sin saber a quién va a encontrar. Aquí las caras de la gente mirando al cielo, los niños, los adultos en silencio absoluto.

Pasó mucho tiempo y ya al final de la tarde vimos regresar al helicóptero con unas bolsas negras colgando. Esa imagen fue muy intensa. Luego volvimos a llamar y preguntaron si el padre Giraldo y yo íbamos a estar atentos para lo que venía en Apartadó, que era reclamar los cuerpos.

En ese momento supimos que Luis Eduardo no estaba en la fosa encontrada en casa de Bolívar... Escuchábamos las palabras de la gente que se hallaba en el sitio de la muerte, contando frase por frase lo que iban viendo: «Hallaron una mano, hallaron un tronco, hallaron una pierna, el brazo de la bebé, 18 meses de edad y absolutamente descuartizado». Allá iban describiendo con palabras de dolor a quienes estaban en la montaña, y aquí las caras descompuestas, las lágrimas, la desesperación... La impotencia total a medida que le íbamos repitiendo a la gente lo que escuchábamos.

En ese momento el padre Giraldo, la hermana Clara, Brandt, una irlandesa, otra gente de las Brigadas de Paz y yo nos fuimos hasta el cementerio de Apartadó.

Ese trayecto tuvo para mí muchos significados. A lo largo del camino empecé a ver casas destruidas, casas incendiadas, los límites que marcaban las parcelas de la gente desaparecidos, ruinas y más ruinas, vegetación absolutamente verde y frondosa, como denunciando que en esos terrenos que estaba recuperando la selva antes había mucha vida. En un sector llamado La Playa, donde están los indígenas, el abandono también era total... Huellas de la guerra.

La travesía hasta el cementerio de Apartadó me pareció eterna porque en el momento de partir se me vino la película de mis primeros ocho meses en la Alcaldía: 1995. Un año cruel como pocos.

Comencé por recordar el 18 de agosto. Llevaba entonces ocho meses en el cargo. Ese día, en un lugar llamado La Martina, hombres uniformados con ropa del Ejército y de la Policía hicieron un recorrido de unos kilómetros entre Turbo y Apartadó. Lista en mano llegaron a la una de la mañana a un corregimiento de Apartadó llamado Churidó Pueblo, tumbaron las puertas de los ranchos, obligaron a los hombres a salir de sus casitas y fusilaron a cuatro. Luego quemaron la cooperativa comunal.

La misma noche entraron a la finca Mapaná y repitieron la operación. Otras cinco muertes. Más allá dejaron otros dos cadáveres.

En ese momento se señaló a las FARC como autora de la masacre, en venganza por otra cometida seis días antes, en contra de simpatizantes suyos: eso fue un sábado 12 en el café del pueblo. Se llama Aracataca: 18 muertos de El Bosque, un barrio de invasión respaldado por el Partido Comunista y la Unión Patriótica.

El mismo día del *Aracatazo*, doce personas fueron muertas en Apartadó, en actos que también se atribuyeron a las FARC.

En esos meses vivíamos una situación parecida a la de 1989, otro año de mucha sangre. Entonces, la región estaba volviendo a un conflicto entre las guerrillas comunistas de la línea Moscú y la línea Pekín, y por otro lado de paramilitares que ese año entraron de lleno a la región.

Apartadó es un retazo de cascos urbanos, cada uno controlado por una de las fuerzas.

En 1995, como siempre, los campesinos y los indígenas estaban en medio de una guerra por el control del territorio y las víctimas eran ellos.

El mes de abril yo llevaba apenas cuatro meses en la Alcaldía y los indígenas zenúes abandonaron sus tierras y huyeron. Acusaban a la guerrilla de haber torturado y descuartizado a machetazos al gobernador indígena, José Elías Suárez.

En ese momento para la guerrilla todos los habitantes de Apartadó eran paramilitares. Y para los paramilitares muchas familias de las zonas rurales eran simpatizantes de la guerrilla. Para los organismos del Estado, todos éramos sospechosos de algo.

El éxodo era permanente. La gente abandonaba sus tierras aterrorizada. Todos estaban expuestos a la muerte. Y más que a eso, a la tortura. Y después de la humillación, claro, a la muerte.

Un año en que la prensa traía cada semana historias de una crueldad salvaje. La escena era siempre la misma: hombres sacados de sus casas y muertos a golpes, campesinos decapitados a machete.

En junio, la prensa decía que estábamos frente al éxodo más grande de los últimos años: 20 mil desterrados en seis meses.

En ese momento, las ONG decían que los principales responsables del éxodo eran los paramilitares financiados con dineros de negocios legales y también del narcotráfico. En ocasiones, según la misma prensa, ellos actuaban en forma combinada con el Ejército.

Los grupos más famosos eran entonces Los Mochacabezas y Los Escorpiones, al mando de Fidel Castaño.

Los muertos provocados por los paramilitares se unían a los muertos de la guerrilla. En ese momento calculábamos que, en promedio, eran asesinadas dos personas cada día.

En agosto, Apartadó registraba más de 200 muertes violentas en lo corrido del año 95 y los bananeros amenazaban con cerrar seis mil hectáreas de cultivos. Es decir, tres mil desempleados más.

Pero, además, las escuelas y colegios se cerraban en Chigorodó. Más de 200 maestros abandonaron sus puestos porque habían comenzado a matarlos.

La guerra era más cruel de lo que alguien pueda imaginar. El 29 de agosto, un martes, amanecieron en Carepa 16 cuerpos con las manos atadas atrás y las caras contra el piso. Balazos en la cabeza. Eran campesinos de cuatro fincas que se dirigían en un autobús a sus trabajos.

Luego fueron masacrados otros 25 en un sitio llamado el Bajo del Oso.

Cuando llegamos a Mangolo, el primer poblado al pie de la serranía, donde se habían asentado muchos desterrados, abrí los ojos y me encontré nuevamente con el abandono. Luego continuamos bajando hasta llegar al centro de Apartadó.

Allí cruzamos por el barrio Bernardo Jaramillo —nombre de un candidato de la izquierda a la Presidencia de la República asesinado— hoy con 16 mil habitantes, controlado por los paramilitares. Anteriormente fue una comunidad habitada por seguidores de la Unión Patriótica, con sus organizaciones sociales, cooperativa, tantas cosas que fueron destruidas antes de cambiar de dueños.

Continuamos bajando y cruzamos por La Chinita, un barrio de 2.500 familias, 25 mil personas. Había una fiesta. Aquella imagen de la gente en su rumba, el ruido, la música a un gran volumen en las calles y arriba, sin que nadie lo mirara, el helicóptero con los cadáveres, son otra gran huella de aquel viaje.

En aquel momento confirmé que ese no era el Apartadó que yo había conocido en tres años de matanzas, de destierro, de muerte. Entonces, cuando cruzaba un helicóptero llevando la muerte, por lo menos la gente guardaba silencio algunos segundos y la música cesaba, o le bajaban al volumen y se sentía la conmoción interior de las personas. Aquella tarde no. Bailaban».

Continuamos y una vez en el cementerio nos impidieron la entrada. Yo le dije a la Policía que vigilaba: «Mire: nosotros no nos podemos quedar afuera, sentimos temor».

Es que el padre Giraldo y yo en Apartadó, a merced de cualquiera. Algo muy peligroso para nosotros en el clima de una masacre como la ocurrida.

Nos dejaron entrar y nos ubicaron un poco lejos de la morgue donde estaban preparando los cadáveres. Mejor dicho, donde trataban de armarlos. Intentaban hacer coincidir a quién correspondía un miembro, a cuál esta mano, a cuál aquella cabeza...

Afuera empecé a recorrer con los ojos las tumbas que coincidieran con 1995, 1996 y 1997, los años en que fui alcaldesa. El cementerio de Apartadó es la mejor denuncia para demostrar la impunidad de la región. Ir allí y hablar con los muertos, para mí era recordar en forma muy vívida tanta crueldad.

Son épocas: la mía, la década del noventa. Y decía: «¿Tanta gente se puede morir pero no de muerte natural en este rincón de Colombia?». En esto hay una constante: las FARC están presentes en la zona, y se ha demostrado a través de ocho años que cuando tienen un enfrentamiento con el Ejército, el Ejército se viene a San José y aquí se la cobra a la comunidad de Paz. ¿Por qué? Porque ellos parten de que esta comunidad es paso de la guerrilla. El resto de las instituciones públicas y privadas de la región piensan lo mismo.

Los muertos. Esperamos allí no sé cuánto tiempo.

La funeraria de aquella tarde era la misma con la cual yo concerté tantos, pero tantísimos entierros. Era la misma historia. Entonces, me parecía que el tiempo no se había movido. Cuando hablé con ellos, vi que eran los mismos hombres de ayer, era la misma carroza, tenían las mismas camisas, el mismo gesto.

Noche larga. A las siete o algo así, dijeron que la autoridad no podía entregar los cadáveres. Lo harían por la mañana temprano.

Luego vimos al defensor del Pueblo, y le dije:

—Estoy impresionada porque si para algo existe la Defensoría es para acompañar a las comunidades, para prevenir, para hacer alerta temprana frente al peligro, para acompañar en la incertidumbre. ¿Cómo es que esta comunidad no ha contado con usted?

Más o menos a las ocho pensamos en regresar a San José, calculando que parte de las trescientas personas ya estaba de regreso, pero que otras cien continuaban caminando en busca de Luis Eduardo.

Yo sentía un vacío. Era la incertidumbre total. Como que el dolor es tan fuerte que uno dice: «Qué pena estar aquí otra vez, otra vez la orfandad, otra vez esta crueldad».

A las nueve regresamos a San José, no dormimos, estuvimos allí con la gente, y a eso de las seis y media, siete, llegaron con los cinco ataúdes. Los colocamos en el salón comunal, un quiosco hecho de paja donde la comunidad se reúne a hablar.

Recuerdo que el padre y yo estábamos tomándonos un café en el pequeño balcón de la cooperativa. Él bajó y se dirigió a un hombre mayor.

Cuando llegué a su lado, el padre le decía:

—Espere, tómese un café, hable con la gente de la comunidad —y el hombre respondió:

—No. Yo sólo vengo a decirle que los de la OEA quieren hablar con esta gente.

Se trataba de monseñor, el obispo de Apartadó. Me impactó que no se acercara a decir alguna oración frente a las víctimas, ni que tampoco quisiera hablar con la gente. Una vez dicho lo que dijo, se fue.

Para mí aquello era extrañísimo porque yo venía de estar con el padre Javier Giraldo como hombre de Iglesia acompañando el sufrimiento de la gente, un ser comprometido con la verdad, con la justicia de este país. Un hombre que a uno, como mujer creyente, le da la certeza que ésta es la Iglesia con la que uno quiere caminar. Al mismo tiempo, veía allí a una parte de la jerarquía.

Hacia el mediodía recibimos otra llamada. Habían encontrado los cuerpos de Luis Eduardo, Bellanira y el niño.

Nuevamente el dolor intenso. A nuestro lado los ataúdes y por el teléfono el informe, palabra por palabra, pausa por pausa, descripciones detalladas. Los habían matado a garrotazos y luego con machetes.

Un momento muy doloroso, muy doloroso porque, además, era como volver a sentir que nuevamente el proceso de la Comunidad de Paz era golpeado, era sentir las palabras de Luis Eduardo en Italia, en Estados Unidos, en diferentes lugares de América Latina, en muchas conferencias en Bogotá con las organizaciones sociales hablando del derecho a la vida.

Y nuevamente el proceso de llamar a la Vicepresidencia de la República, a la Brigada pidiendo el helicóptero para la evacuación, al defensor del Pueblo que aún no había ido por allí.

En la Brigada dijeron que el helicóptero no podía despegar.

Nosotros habíamos dicho: «Si a las dos de la tarde no han subido a la serranía por los cadáveres, que la comisión de campesinos que está allá levante un acta de cómo los encontraron y se los traigan por tierra». Una opinión que estábamos dando a muchas horas de distancia, porque sospechábamos la respuesta.

En ese momento sabíamos que los gallinazos habían desaparecido parte de los cuerpos.

Nuevamente escuchamos al de la Brigada:

—Pero está lloviendo en la zona.

—Yo estoy en la zona —le dije—. Aquí no está lloviendo.

Varias veces ellos hablaron del mal tiempo. Estaban dilatando la operación.

Finalmente escuchamos el helicóptero. Tres de la tarde. Nuevamente el espectáculo de las bolsas negras flotando debajo del aparato. Los mismos de la víspera nos fuimos para Apartadó. ¿Por qué los mismos?

Porque una de las prácticas usadas en Apartadó en los últimos ocho años es que cuando viene gente de la zona de San José muerta en ataques, sepultan los cadáveres en el cementerio para obligar así a que los familiares vayan a visitar las tumbas, y allí los identifican y los localizan y comienzan a seguirlos hasta saber plenamente su identidad, sus costumbres, sus rutinas. No entregar cadáveres y dejarlos allí ha sido una práctica de guerra.

Práctica complementada por la fuerza pública con los in-
terrogatorios, desde luego ilegales, a los familiares durante
el tiempo de la espera de su ser querido. Con base en esto
han hecho centenares de montajes que tienen como final las
cárceles.

Bueno, llegamos al cementerio de Apartadó nuevamente,
y para acabar de ajustar, miran a Ann Brandt.

—¿Nacionalidad?

—Irlandesa —responde ella.

—¿Qué está haciendo una mujer irlandesa en San José?

—Pertenezco a una ONG.

—¿A una ONG? (claro. ¡Es terrorista!).

Según inteligencia militar y según el imaginario popular,
es muy grave la presencia de una irlandesa en el acompaña-
miento a una comunidad colombiana.

Pasa el tiempo y alguien de la Fiscalía dice:

—Que venga alguien de la familia para que reconozca a
Luis Eduardo.

—Pero, por favor, es que a quien acaban de traer es a Luis
Eduardo.

—Entonces vayan a buscar la placa dental de esta gente.

Fuimos al hospital y ninguno de ellos había visitado jamás
a un odontólogo en ese lugar. En aquel momento, nosotros
estábamos haciendo un seguimiento que le correspondía a
la misma Fiscalía. Esa era su obligación.

Luego regresamos al cementerio con la misma pregunta
de horas antes: «¿A qué hora nos entregarán los cuerpos?».

—Hay que esperar.

—No sabemos. Hay que esperar.

—Hay que esperar.

Y nuevamente:

—¿Qué pasó con la placa dental?

—Ya se lo hemos dicho: ellos nunca vieron a un odontólogo aquí.

En ese momento comenzamos a escribir qué recordábamos
de Luis Eduardo, un hombre de 35 años, cómo era su físico...

Pero ya no podíamos hablar de la cara, no podíamos hablar de bigote, de labios grandes, de ojos rasgados, porque no había rostro.

Entonces, ¿cómo eran sus dientes? El padre Giraldo, una niña de las Brigadas de Paz y yo recordamos la abertura entre dos de los dientes de la mandíbula inferior. Los de la Fiscalía aceptaron finalmente que sí se trataba de él.

¿Y Bellanira? Llamamos a una hermana suya en la Comunidad de Paz. Aquélla la describió por teléfono y por fin llegó a algo concreto: tenía el colmillo izquierdo sumido. Sólo eso. La única descripción válida en aquel momento porque ella tampoco tenía rostro.

—¿Y el niño?

—La pierna derecha. Deiner tiene en su pierna una placa de metal, de la primera intervención quirúrgica que le hicieron luego del accidente de la granada.

—Ah —dijo el de la Fiscalía—, por ese motivo, cuando los trajeron registramos la presencia de una pieza metálica extraña en uno de los cadáveres y los de inteligencia militar pensaron que se trataba de un cadáver armado con una bomba dentro para volarnos a todos. Por eso llamamos a los de antiexplosivos.

A las cinco de la tarde sucedió algo extraño: los de la funeraria, que no tienen límites porque andan por esa zona a cualquier hora y sin que nadie les diga algo, nos dijeron:

—No tenemos permiso para trasladarnos hasta San José a llevar los cuerpos.

—Yo me comprometo a acompañarlos y luego a regresar con gente de la Comunidad, también a acompañarlos al regreso —les dije— y ellos lo pensaron un momento. Y luego:

—Esperemos hasta las seis de la tarde.

A las ocho de la noche dijeron que no podían subir. Y para completar, los de la Fiscalía preguntaban quién iba a firmar el acta para podérselos entregar.

—Nosotros.

—Pero tiene que venir algún familiar.

—No. Nosotros firmamos. ¿A dónde tenemos que ir?

—A donde nosotros estamos alojados: en la Policía —es decir, en el complejo de la Brigada del Ejército.

Si existían denuncias como las que nosotros habíamos hecho, según las cuales la fuerza pública estaba implicada en la masacre, ¿cómo era que los funcionarios de la justicia se alojaban allí? Respondimos que no iríamos allá.

—Esta investigación no tiene un solo viso de imparcialidad —comentamos.

—Se formó un murmullo entre ellos y finalmente aceptamos ir hasta las oficinas de la Fiscalía en el mismo Apartadó.

—Es que el funcionario local no se encuentra —dijeron.

—Ustedes tienen que buscarlo.

A las diez de la noche salimos, y Ann, que se veía agotada, dijo que se quedaba allí a cuidar la puerta del cementerio con otra gente para que no nos la fueran a cerrar y poder salir más tarde con los ataúdes. Yo me fui con el padre y con la hermana Clara para la Fiscalía.

Llegamos allí y el fiscal comenzó a interrogarme, a obligarme a poner una denuncia. Sentí su presión indebida y le dije que él no podía obligarme.

Es que la comunidad, en noviembre del 2004, había declarado su ruptura con el sistema judicial porque luego de denunciar 502 casos de hostigamiento, no habían abierto una sola investigación. No hablar con ellos más es una forma de rechazo a la impunidad.

—Aquí, ustedes lo único que nos han dicho es que aportemos elementos para identificar los cadáveres. Las actas están a nombre mío —les dije.

A las once de la noche aceptaron el reconocimiento, a las once y media nos entregaron los ataúdes y alguien salió a buscar un vehículo de servicio público para que nos llevara, pero nadie quiso hacerlo.

Más tarde supimos que el paramilitar Wilmar Durango les había prohibido a los transportadores subir a San José con los ataúdes.

Bueno, pues nosotros insistimos hasta que logramos convencer a los choferes de dos «chivas» viejas.

Regresamos con ellos y en la puerta del cementerio encontramos a Ann profunda. Se había dormido por la tensión y por el agotamiento de dos días de marcha por las montañas en busca de las víctimas.

Más tarde supimos que una camioneta roja con gente armada había llegado hasta la puerta del cementerio en busca del padre y de mí.

Finalmente acomodamos los ataúdes en una de las «chivas» y partimos, pero un poco después de la medianoche se descompuso una rueda de la que iba adelante con los cadáveres. El cuadro era patético: una noche muy oscura, árboles gigantescos apretando la vía estrecha. Con la luz de los focos de la «chiva» de atrás, veíamos la silueta de los ataúdes allá arriba, encaramados en el techo.

Un poco después se solucionó el problema y a la una de la mañana llegamos a San José. Una llegada también triste, otra noche larga. La gente se declaró en vigilia, a pesar de que habían regresado de una marcha interminable por la serranía.

Un poco más tarde el padre hizo una oración en medio de la oscuridad, y a las dos y media de la madrugada, rendida, con una sensación de impotencia, de soledad, de tristeza, me tiré en una pequeña cama.

El sepelio fue por la mañana. La gente de San José también está enterrada en un cementerio con cruces pero sin nombres como en Apartadó, porque cuando los tenían, venían a buscarlos para iniciar la persecución de los familiares a partir de allí.

Hoy, igual que ayer

En Colombia, la brutalidad se ha congelado en el tiempo. Los siglos continúan inmóviles como los machetazos sobre los seres humanos y la indiferencia del país ante la barbarie es la misma de ayer.

La república nació en 1819 luego de una guerra de independencia de catorce años, librada en parte con pólvora, en parte con machetes. Luego comenzó a correr el siglo diecinueve y vinieron once años de silencio porque en 1830 volvieron los machetes.

Según Darcy Ribeiro (*Las Américas y la civilización*), entre aquel año y 1903 —fin de la guerra de los Mil Días— la atrocidad se tradujo en veintinueve alteraciones constitucionales, nueve grandes guerras civiles nacionales y catorce locales, dos guerras con el Ecuador, tres cuartelazos y una conspiración fracasada, en las cuales el tañido de los machetes pareció ahogar siempre a los rifles.

El destierro, hoy catalogado por entidades internacionales y repetido por los locales simplemente como «desplazamiento», no es nuevo. Hace dos siglos ya era un fenómeno que taladraba a Colombia.

Según Ribeiro, «En cada una de estas convulsiones los vencidos sufrían la confiscación de sus bienes y eran desterrados con sus familias en busca de refugio.

»Estas violencias han generado una herencia de odios y resentimientos, un espíritu de revancha que, al pasar de generación en generación, se agrava cada vez más».

En 1903 volvió el silencio porque en el siglo pasado Colombia vivió en paz durante sólo veintisiete años a partir del fin de la última guerra civil —si la miseria y el odio reprimido pueden llamarse paz—, y en 1930 despertó otra vez la atrocidad, en esta ocasión de los liberales contra los conservadores.

Nuevamente el machete. Una vez más las cabezas de los campesinos lanzados al enfrentamiento, rodando por los contrafuertes de las montañas. Desde entonces la barbarie con características absolutamente similares no se ha detenido un solo año, un solo mes, una sola semana hasta hoy, primera década del siglo veintiuno.

Del libro de Jorge Villegas, *La guerra de los Mil Días*, he tomado algunas secuencias trazadas por él y por los escritores citados en su obra, las cuales podrían ser también escenas del conflicto de hoy:

«Cuanto más tierras y más peones tuviera un hacendado podía contar con un ejército más numeroso. Si en la región se unían dos o tres hacendados, ya estaban reunidas las condiciones mínimas para dar lugar a un levantamiento que se podía contagiar a otras regiones».

Además, existían una serie de motivaciones ideológicas: luchas entre proteccionismo y libre cambio (hoy apertura económica y Tratado de Libre Comercio), diferencias en el tratamiento de los problemas fiscales (ahora reformas tributarias), problemas religiosos, centralismo contra federalismo.

«Sin embargo, la lucha era por el poder. Con la carne de cañón de los peones recogidos a la brava, alimentados con aguardiente mezclado con pólvora "para que se enverraquen", se tejió toda la "epopeya" de nuestras guerras. Y así iban por los campos los generales a caballo y los soldados "voluntarios" a pie, atados con sogas para evitar su fuga».

* * *

Efe Gómez: «Un pelotón de hombres armados con machetes desciende por la colina. Los guía el propietario de la hacienda, el rico hombre a quien mantiene insomne el amor de Elisa, hija de un peón. El que odia a muerte al peón Leonardo, que dentro de tres días ha de casarse con Elisa, párase en una vuelta del sendero y enséñale a los que guía una choza, y se oculta con cautela.

»Bajan los demás, cercan la choza y hunden la puerta a machetazos. Penetra en ella una parte mientras otros la rodean. Poco después salen los que entraron, trayendo atado a Leonardo mientras las hermanas caen suplicantes de rodillas.

»A poco llegan al patio frente a la choza entre dos filas de soldados, atados por las muñecas casi todos los que bajaron ayer tarde cantando por la montaña. Vienen reclutados, cazados como malhechores destinados a la matanza, ellos, los buenos, los que edifican fibra a fibra el organismo de la patria.

»Aparece Elisa. Se abre paso, se abraza a Leonardo y se vuelve a los que lo tienen prisionero en rechazo por interponerse entre su novio y el destino.

»¡La infeliz! Si pudiera ver ella el gesto con que desde su escondite se la devora su victimario».

* * *

Max Grillo: «A machetazos echan por tierra los postes del telégrafo, medida que no obstante ser necesaria causa disgusto por tratarse del único signo de progreso existente en aquellas veredas.

»Llegada la gente a Jordán, camino de El Socorro, atravesaron el río por el más hermoso y sólido puente colgante con que entonces contaba Santander. Cuando los revolucionarios liberales estuvieron en La Mesa de los Santos, se ordenó que fuese cortado el puente con los machetes.

»El rastro del paso de los combatientes va quedando claramente marcado por estos signos de destrucción y por el plumero de las aves de corral hurtadas a los campesinos de sus chozas a la vera del camino.

»Los cuerpos que van a la vanguardia despojan sin compasión a las gentes de las veredas; se ven en éstas infinidad de plumas de gallina y pavo. Los gritos de las aves sorprendidas por la irrupción de sus bárbaros enemigos aturden, y las protestas de las dueñas, entremezcladas con lágrimas, son para ablandar corazones duros.

»—Señor coronel, señor comandante —dicen los despojados—. Nosotros somos de los mismos. Hágame devolver mis gallinas... Y ver que somos liberales, que nuestros maridos están con los pronunciados. Luego pasarán *los otros* y también nos quitarán los animales. Los pobres somos los que estamos sufriendo».

* * *

Joaquín Tamayo: «En todo este período de guerra regular que hemos descrito, la caballería prácticamente no existe, se pelea en terrenos tan montañosos y fangosos, las vías de comunicación son tan incipientes que su utilidad es nula. Es el infante, el campesino de machete quien arrastra todo el peso de la guerra.

»Más que el fusil, el machete. Se combate cuerpo a cuerpo y en estas circunstancias un fusil de poco sirve. Son cargas de macheteros desbaratando las columnas enemigas que, al paso de estos soldados ennegrecidos por el Sol, se doblan con la facilidad y rapidez con que se doblan las espigas en la siega bajo el filo cortante de la hoz.

»Un golpe, dos; a la derecha, a la izquierda y los machetes suben y bajan quebrando huesos con ruido sordo, metálico».

* * *

Max Grillo: «Oh, qué horror y tristeza se apoderan de mi alma. A pocos pasos de una pequeña ranchería que humeaba y expedía olores nauseabundos, se veían entre un cafetal, tendidos, centenares de muertos, presa escogida de voraces gallinazos que jamás concibieron la voracidad de los hombres para prepararles aquel festín de carne humana. ¡Qué cuadro tan salvaje!

»Los gallinazos nos dejaron a la vista un largo trecho inclinado en el que los cráneos de humanos desprendidos, ya sin piel y bañados por los aguaceros torrenciales de la víspera y colocados los unos al lado de los otros, formaban un blanco adoquinado».

La guerrilla tampoco es de ahora. El salvajismo en Colombia es el mismo de hace siglos.

Según Villegas, «la guerra de guerrillas surge desde el primer día de la guerra de los Mil Días. Tiene como principal escenario el occidente de Cundinamarca y los departamentos de Huila y Tolima. Es difícil hacer una generalización de las guerrillas porque presentan todas las modalidades, desde los grupos de voluntarios con jefes surgidos de la propia masa que luchan por vagas aspiraciones libertarias y de reivindicación, pasando por los clásicos grupos de terratenientes-generales que llevan a la brava a sus peones al combate, hasta los simples grupos de bandoleros que, aprovechando la coyuntura guerrera, izan una bandera para escudar su pillaje».

En enero de 1901, Rafael Uribe Uribe desde Nueva York desautoriza a las guerrillas. Otro tanto hace el gobierno conservador cuatro días más tarde, asimilándolas a bandas de salteadores y ordenando su fusilamiento sin hacer prisioneros.

Vale seguir con la vieja costumbre de hacendados-generales a caballo y peones amarrados luchando a pie.

«La caballería es la fuerza principal y el machete su arma. Machete por la escasez de fusiles. Esta inferioridad se neutraliza buscando siempre la lucha cuerpo a cuerpo en fulminantes cargas de caballería, donde esta arma cobra su mayor eficacia.

»El general Avelino Rosas, creador del *Código de las guerrillas*, dice: "Combatiendo un hombre cuerpo a cuerpo con un machete, vale más que tres con rifle. Combatiendo de lejos, un hombre con rifle vale más que diez con machete".

»La guerra de guerrillas no se da prisa. Coexisten ambas modalidades: guerra de guerrillas y guerra regular».

Gonzalo París Lozano: «¿Por qué van a la guerra estos campesinos que, privados de derechos políticos; ellos que sólo eligen y nunca son elegidos; desconociendo las razones que alegan los políticos, no tienen aparentemente motivación alguna? No es posible responder con un motivo general. Son muchísimos. Aflora todo el odio acumulado contra un sistema que cotidianamente los veja. Y se van con su caballo, su machete y sus ansias de liberarse y de cambiar el mundo horrible que los rodea para caer en otro peor».

Luego: «En el alma de aquel campesino prendió el odio sus voraces llamas. Amoló de lo lindo el machete más largo que pudo conseguir y bajando a Ambalema se presentó en el campamento del *Negro* Marín: "Vengo a matar godos", dijo al enrolarse y fue desde entonces el más implacable, el más feroz de los macheteros en el norte del Tolima».

Para diciembre de 1899 las fuerzas liberales del Tolima han sido fuertemente golpeadas. En el combate de Colombia, Huila, son derrotadas de nuevo y no tienen otra salida. Tramontan la cordillera y llegan al llano concentrándose en Santa Helena de Apía; allí se les reúne el general Abelino Rosas, que llega acompañado de unos pocos hombres por la vía de Venezuela.

«Este prestigioso jefe regresa desde La Habana, donde combatió al lado de Maceo, el líder de la independencia cubana, quien lo ha señalado por su arrojo y capacidad apellidándolo El León del Cauca. Rosas está en total desacuerdo con lo que se ha venido haciendo hasta ahora. Sabe que la revolución liberal no tiene fuerzas ni recursos para oponerse en guerra regular al gobierno. Considera que la única posibilidad de triunfo estriba en la guerra de guerrillas y trata de llevarla a cabo. Elabora un código de guerrillas que él llama "Código de Maceo", en homenaje al líder cubano».

La *vacuna* tampoco es nueva en este país.

«Aristides Fernández impide a la vez la liberación de los presos políticos y arrecia su política de contribuciones forzosas de guerra para los liberales, decretando la cuota de Cundinamarca en 375 mil pesos mensuales. Muchos de los elementos pacifistas que hasta este momento han permanecido alejados de la contienda se ven forzados a dirigirse a los campamentos y crecen las fuerzas de los revolucionarios liberales».

A finales de octubre de 1900 se decreta la guerra a muerte que hoy continúa silenciosa, sin que alguien la declare de antemano:

El alcalde de Ortega, Tolima, revolucionario liberal, decreta: «Por orden del general Aristóbulo Ibáñez, todo conservador que sea cogido, esté o no en armas, será fusilado».

Pocos meses más tarde, marzo de 1901, el gobierno hace otro tanto según decreto del presidente Marroquín: «Considerando: que muchos individuos prevalecidos de la condición de guerrilleros rebeldes liberales cometen delitos graves y que es necesario el inmediato castigo de éstos para que se produzca un saludable escarmiento, decreta: serán juzgados por medio de consejos verbales de guerra los siguientes delitos cometidos por individuos que se hallaren en armas contra el gobierno: el incendio, el asalto, el homicidio, el robo, las heridas, etcétera. Contra las sentencias que dicten dichos consejos de guerra no habrá lugar a recurso alguno. Pero si la sentencia impusiese la pena capital, se consultará con el jefe civil y militar del respectivo departamento, quien resolverá la consulta en el perentorio plazo de 48 horas».

En adelante no habrá prisioneros. Uno y otro bando aplicarán en forma pródiga la pena de muerte, generalmente con machetes.

Mostrar resultados en la guerra tampoco es afán de hoy.

Propiciando más la matanza, el ministro José Vicente Concha ordena a los comandantes de columna que, «como los ascensos se han venido confiriendo con una largueza tal que hasta los alcaldes y prefectos se han hecho coroneles y generales, en lo venidero este despacho será la única entidad que los otorgará, advirtiendo que el requisito indispensable para ascender de mayor a teniente coronel, será que el agraciado haya dejado cuanto menos cien muertos en el combate».

Ante orden tan colombiana, el coronel Leonidas Flórez apunta:

«Si en los escalafones urdidos en el laboratorio de la política se hallaban 300 mayores, éstos deberán efectuar una matanza de 30 mil colombianos para que su carrera culminara.

»Barbaridad mayúscula y a la vez inhumana con tal directiva, era lógico que ningún mayor podría dejar prisioneros gracias a sus machetes».

Para finales de agosto están casi totalmente dispersos y derrotados los liberales del Tolima. Sólo resta la columna del general Tulio Varón, que da mortíferos golpes: el combate de La Rusia, excelentemente descrito por Joaquín Tamayo en su libro *La revolución de 1899*.

Acosado, Tulio Varón decide romper el cerco, «colarse en el gallinero, matar algunas aves y escapar de carrera», según sus propias palabras.

«En la madrugada del 31 de agosto de 1901, a tiro de fusil de las tropas gobiernistas el jefe revolucionario liberal, a media voz, con cautela y sagacidad propias de su astucia, apagados los cigarros, distribuye las guerrillas con orden de andar ligero.

»La noche está en silencio. A eso de las tres una descarga cerrada hecha a quemarropa despierta a los centinelas conservadores, que entre quejidos de muerte dan la voz de alarma.

»La lucha comienza cuerpo a cuerpo y los machetes con su sonido peculiar anuncian a los desprevenidos su trágico fin. Los guerrilleros de Varón, desnudo el brazo izquierdo para reconocerse mutuamente (hoy la guerrilla exhibe allí el tricolor nacional), descargan sus golpes de machete con precisión matemática, salpicando de sangre y de materia orgánica sus mismos rostros que a luz de las hogueras simulan caras de piedra de antiguos dioses sanguinarios. Fue una carnicería horrenda. Por espacio de una hora no se oyó ruido diferente al del macabro de los machetes al chocar contra los huesos».

Villegas: «El nuevo siglo, el mil novecientos, llega acompañado de una pregunta ansiosa: si el siglo pasado nos deja como herencia decenas de guerras civiles, ¿cuántas nos traerá el siglo veinte?».

Por las regiones donde cruzan los ejércitos, de uno y otro bando quedan huellas claras e inolvidables de su paso: los campesinos reclutados para carne de cañón y sus pertenencias saqueadas, los ganados y caballos robados, las mujeres violadas, las viviendas incendiadas. El menor amago de resistencia se paga con la vida.

A comienzos de 1902 Marroquín reconoce que el espíritu de lucro impide la paz.

Gonzalo París Lozano: «Aún no ha llegado el día en que todos puedan consagrarse severamente al trabajo, no tanto a causa de las operaciones y movimientos militares... cuanto por el infernal espíritu de sórdido lucro y especulación de que están poseídos muchos de nuestros compatriotas, que han hallado en el desorden medios nunca imaginados para negociar y acumular caudales. Ellos apetecen la prolongación de la lucha armada, porque entienden que en la paz han de agotarse las singulares fuentes de riqueza que actualmente benefician, y acaso sin dejar de condenar la conducta de los rebeldes, contribuyen poderosamente a procurarles ventajas infinitas».

Villegas: «Algunos de los grandes comerciantes, por ejemplo Silvestre Samper Uribe y Pedro A. López, mantienen intactas sus fortunas de antes de la guerra, pues avisadamente convierten su capital en oro extranjero y se ausentan del país.

»¿Los testimonios de la época narran que numerosos mendigos desterrados de sus lugares deambulaban por ciudades y campos. De Boyacá informan de gentes que mueren de hambre. En la guerra, más brutalmente que durante la paz, se evidenció la constante de nuestra historia: el enriquecimiento continuo y progresivo de unos pocos y la inmensa miseria y el dolor de los demás».

Pero, además, ayudas como el Plan Colombia y el Plan Patriota, diseñados, bautizados y puestos en marcha desde Washington, tampoco son de hoy.

Cuando comenzaba el mil novecientos el sonido de los machetes era la resonancia en primer plano que protegía el proyecto estadounidense de un canal propio que uniera el Atlántico y el Pacífico. Entonces aquella parte del país era el punto más estratégico de América, pero los machetazos habían impedido que los políticos colombianos, obsesionados con la guerra, pensaran que Panamá era vital para nuestros propios intereses.

Por el contrario. En aquel momento, tanto liberales como conservadores pujaban por cuál entregaría más barata aquella porción del país.

Colombia había otorgado una concesión a los franceses para que construyeran el canal interoceánico, pero la compañía gala no pudo terminar la obra. Sin embargo, aprovechándose de la guerra logró que el gobierno le prorrogara el plazo de entrega del canal. Maniobra que tampoco dejaron advertir los machetazos, porque tenía como objetivo negociar la concesión con los Estados Unidos a costa de Colombia.

Todo bien, dijeron los políticos, los gamonales y los generales colombianos del momento, porque en 1846 los Estados Unidos se habían comprometido «solemnemente» a garantizar a Colombia la soberanía en Panamá.

Con base en el tratado Bidlack-Mallarino, los marinos estadounidenses habían desembarcado en varias oportunidades en Panamá, unas por petición del gobierno colombiano, pues no había entonces cascos azules, y otras por decisión de Washington.

El 25 de noviembre de 1901 se produjo otro desembarco. La guerra era intensa en cercanías de Colón y Ciudad de Panamá, donde se enfrentaban los macheteros del general Herrera (liberal) y Albán (conservador). Sorpresivamente, marinos del barco de guerra Iowa desembarcaron «para mantener el orden».

Con el fin de guardar las apariencias de una ayuda, días después el gobierno del presidente Marroquín le ordenó al embajador Martínez Silva que lo solicitara en forma oficial.

En enero de 1902 los liberales no pueden sacar partido de su victoria en el istmo. Las fuerzas estadounidenses previenen a los rebeldes que no les permitirán la toma de Ciudad de Panamá, y los liberales entienden que el bando hacia el cual se incline el poder de los Estados Unidos ganará la contienda. Siendo evidente el interés de los estadounidenses por poseer el canal, entran a negociar.

Pero los conservadores llevan apreciable ventaja, puesto que más de un año antes el embajador de Colombia en Washington, Carlos Martínez Silva, gestiona el traspaso de la concesión francesa a ese país.

Por este motivo los liberales deben ofrecer más ventajas. Antonio José Restrepo, agente confidencial de la revolución liberal en los Estados Unidos, con autorización de sus jefes, declara:

«Si el resultado final de la presente guerra favorece a los liberales, nosotros tomaremos sin duda posesión de esas propiedades —el canal— y se las venderemos a los Estados Unidos».

En el periódico *Sumapaz*, de los guerrilleros liberales de Cundinamarca, escribe Manuel María Aya: «Es difícil conservar lo que todo el mundo codicia. Solicitemos a los Estados Unidos que tome la soberanía sobre el canal de Panamá en lugar de nosotros, y por cederles nuestro derecho que nos den cien millones de dólares». Antonio José Restrepo felicita al autor de la propuesta y los panameños se encolerizan.

Esta jugada se adelantó a las conversaciones que durante los meses anteriores había sostenido Charles Burdett Hart, embajador de los Estados Unidos en Bogotá, con Carlos Liévano, representante del Partido Liberal. El fin era obtener la intervención estadounidense para terminar la guerra civil en favor de los liberales.

Pero, por otro lado, los conservadores habían ido a la embajada a solicitar la intervención estadounidense para que se plegaran a favor suyo, comprometiéndose el gobierno de Marroquín a entrar en un tratado satisfactorio del canal si los Estados Unidos le ayudaban.

En ese momento la única región de Colombia donde los liberales tenían la posibilidad de ganar era en Panamá, pero los marinos estadounidenses les impidieron combatir.

Marroquín solicitó entonces otro desembarco y el 22 de septiembre de 1902 llegaron fuerzas al mando del teniente de navío Thomas C. McLean. Posteriormente el vicealmirante Sylas Casey asumió el poder.

Dos meses más tarde, a bordo del buque de guerra estadounidense Wisconsin, se firmó la paz.

Desde luego, hoy, un siglo después, la ayuda estadounidense continúa aunque los bienes estratégicos sean otros. Ahora, más allá de los machetazos están de por medio cosas como el canal interoceánico Atrato-Truandó y la Amazonia, una esponja de seis millones de kilómetros cuadrados cargada de agua —en medio de la más angustiante crisis de agua dulce en el mundo—, y el cincuenta por ciento de los genes para el futuro de la humanidad en su selva.

Ha transcurrido menos de medio siglo y en 1930 un cambio de gobierno pone fin a lo que se llamó la hegemonía conservadora, que se celebra, desde luego, a machetazos. Niños, mujeres, hombres caen en los Santanderes, Boyacá, Cundinamarca y lo que hoy son Caldas, Risaralda y Quindío.

Uno de los ministros conservadores del nuevo presidente Olaya Herrera, citado por monseñor Germán Guzmán Campos, señala:

«La elección de Olaya mudó totalmente el horizonte. Hombre de fuerte personalidad, de ideología individualista, con acentuado don de mando, con grandes capacidades de gobernante y ascendiente popular, realizó una administración de centro, sólida, ordenada...

»No obstante todas estas circunstancias favorables, se produjeron brotes de violencia en varios departamentos y cuando se esperaba que se consolidara la convivencia de los dos partidos, empezó a asomar de nuevo la pasión sectaria y a renacer el odio.

»El gobierno y Olaya Herrera personalmente hicieron esfuerzos inimaginables para estancar la sangría... Pero el hecho continuó y empezó a reabrirse el abismo entre los dos partidos y a germinar el ánimo vengativo que habría de traer luego días aciagos para la nación.

»El conservatismo fue objeto, entonces, de despiadada, metódica y persistente persecución. Departamentos enteros quedaron sometidos a implacables sistemas de terror, y diariamente los conservadores regaban con su sangre el suelo de la patria. Verdaderas masacres de campesinos indefensos se sucedieron en distintas comarcas colombianas. Las propiedades abandonadas eran ocupadas por feroces tiranuelos rurales o compradas a precios irrisorios bajo la amenaza de muerte. Destacados jefes conservadores cayeron asesinados en emboscadas o aun en sus propios hogares.

»A la Policía nacional y a las guardias departamentales ingresaron delincuentes y maleantes reconocidos, y a multitud de poblaciones, caracterizadas por su fervor tradicionalista, se llevaron asesinos debidamente armados, verdaderas turbas amaestradas en el crimen, cuya misión consistía en atacar, perseguir y ultimar si era preciso a todas aquellas personas que no comulgaban con su pasión política. La vida se hizo extremadamente difícil y hasta llegó a ser un acto heroico conservarla en muchos sitios de Colombia».

Max Grillo, liberal citado por el mismo Guzmán Campos, escribió:

«Apenas transcurre día sin que los periódicos den cuenta de algún crimen horrendo. Lo más doloroso es que la sociedad parece haberse familiarizado con la producción en serie del crimen. Nadie se impresiona ante el atentado criminal. Asesinatos en que los bandidos ultiman a familias enteras, ancianos y niños; venganzas que recuerdan la vendeta corsa; actos de crueldad estúpida como desollar con machetes a las víctimas y mutilarlas en forma salvaje.

»Antioquia conoce con pavor las asonadas policivas: en Támesis se abalea al pueblo un domingo después de obstruir las entradas a la plaza. En Pueblo Rico, Buñuelo —un superexaltado— deja rastros de la máxima barbarie. En la plaza de Jericó cae gente asesinada con vileza».

«Pero, ¿quién se preocupa de niños huérfanos y de los adolescentes que recibieron lecciones de crimen e insurgencia?».

Dieciocho años después, un liberal reconocía públicamente: «En el 30 sembramos. Hoy recogemos pero con características diferentes».

En 1946, con la llegada de gobiernos conservadores, comenzó «la destorcida». El país, un país sin memoria, parecía descubrirla porque la llamó la época de la Violencia, que se acentuó mucho más en 1948 con el asesinato del caudillo liberal Jorge Eliécer Gaitán.

A partir de allí, el machete, que no había perdido su vigencia de más de un siglo, fue el arma que según historiadores dejó tendidos en cerca de tres lustros a trescientos mil niños, mujeres y hombres sin cabezas y sin brazos, con los vientres abiertos. Igual que hoy.

A centenares les cortaban los labios para que al morir quedaran exhibiendo una carcajada. Otros eran decapitados con golpes de acero en las dos caras del cuello. Entonces les pusieron nombres a los machetazos: «Corte de franela», «Corte de corbata», «Corte de la mica»...

A través de la prensa y la radio del momento el país recibía una imagen de una Colombia realmente virtual, en parte porque un sector estaba con el gobierno. En parte por el peligro que significaba para la oposición aventurarse a registrar siquiera una cara cercana a la realidad. Pero comenzaron a publicarse libros en ediciones modestas que, sin embargo, alcanzaban grandes tirajes.

A partir de los trece años pude leer entonces *Viento seco*, *Guerrilleros buenos días*, *Tierra sin Dios*, *Pogrom*, *Lo que el cielo no perdona*, *Cristianismo sin alma*, y en algunos de ellos aprendí que existían los mismos lugares que hoy son escenarios de una guerra similar. Supe, por ejemplo, de una carretera de fango que partía de Medellín y cruzando a través de montañas colosales corría hacia el norte buscando el golfo de Urabá. La llamaban Vía al Mar, y a través de aquellas historias se grabó en mi imaginario como una vía de muerte que comunicaba en forma desordenada al país de ciudades con Dabeiba, Mutatá, Ituango, Cañasgordas, Urama, Juntas de Uramita, Frontino, Chigorodó. Una aldea llamada Camparrusia, entre Urama y Juntas de Uramita, escenario de parte de la historia narrada en *Lo que el cielo no perdona*, firmado por alguien que se identificaba como Ernesto León Herrera.

Más tarde supe que algunos de sus autores debieron huir del país luego de las publicaciones. Como hoy.

A través de las escenas en aquellos libros pude ver y escuchar el sonido de los machetes y el de los disparos de los fusiles... No. No les decían fusiles. Les decían grass, chopos, utilizados en actos públicos como los fusilamientos masivos en las plazas de los pueblos, porque durante los asaltos en la madrugada preferían garrotes y machetes (no se les hacía ni un disparo, ni se les dejaba gritar para no alertar a los bandoleros que vivían en las cercanías). Lo mismo que hoy.

En aquellos libros pude entonces medir la magnitud del desastre. Con el mismo fin encabecé el capítulo de las muertes en San José de Apartadó con un par de escenas que buscan eso: darles a los colombianos de hoy la verdadera dimensión de nuestra tragedia.

La Violencia de las décadas del cuarenta y del cincuenta fue para nosotros los colombianos tan profunda, que nos introdujo en toda una cultura de la violencia —costumbres heredadas de generación en generación— que, para mí, explica en parte las causas del conflicto de hoy.

En los campos vimos que la arquitectura estaba cambiando. Como medida de protección desaparecieron las ventanas de las casas y en ellas sólo dejaban una rendija en la cocina para que saliera el humo. Y las mujeres no volvieron a acostarse con sus maridos: los hombres pasaron a ocupar con sus hijos las habitaciones del frente, y las madres con sus hijas se acomodaban en las de la parte trasera.

Y aún lejos de las escenas de aquellos libros, alargamos nuestro vocabulario. A través de la radio aprendimos a decir francotirador, saqueo, clandestino, bandolero, chusmero, cachiporro, collarejo, aplanchar, chulavita, mercenario...

Entonces vinieron mercenarios al país, igual que hoy, y al poco tiempo supimos que había aparecido en todos los rincones algo llamado «la plancha», sistema falangista implantado a través de españoles, veteranos de su guerra civil y traídos por el gobierno para adiestrar a los matones en contra de quienes no pensaran como en el Palacio Presidencial.

Y aprendimos un sentido diferente de la palabra *paseo*, otro sistema español: venían los grupos de violentos, se llevaban a las personas y éstas jamás regresaban a sus hogares.

Y *chulavita*.

Chulavitas les decían a los policías de entonces, porque los primeros elementos de aquel cuerpo oficial —una Policía política que dependía del Ministerio de Gobiarno (hoy del Interior)— fueron reclutados por gamonales en la zona rural de Chulavita, en Boavita, Boyacá.

Y la existencia de comisiones de orden público que salían a los campos a eliminar adversarios, muchas veces como en el norte de Antioquia, encabezadas por algunos párrocos, que acaso tomaban venganza de los templos incendiados y los sacerdotes muertos durante la década de los años treinta. Allí les decían «comisiones de orden pútico». En un sector de la prensa, «comisiones de paz».

Tampoco «el boleteo» es nuevo en el país. En *La Violencia en Colombia*, de monseñor Germán Guzmán Campos, Orlando Fals Borda y Eduardo Umaña Luna —acaso el estudio histórico y sociológico más detenido de aquel hito de nuestra guerra sin final—, se explica cómo, durante la segunda ola de violencia a partir de 1953 con la subida al poder del general Rojas Pinilla (en la incipiente televisión y en la radio oficial le decían *Teniente General Jefe Supremo, Gustavo Rojas Pinilla*), se registró el fenómeno:

«En las prácticas utilizadas para hostilizar a los enemigos, ocupa el primer lugar el "boleteo", que consiste en anónimos con orden perentoria de abandonar la región, estipulando plazo de días, algunas veces de horas. Al analizar estos mensajes, observamos que son utilizados por primera vez en el Valle y Caldas, de donde se extiende su uso a todas las áreas de violencia.

»Redactados con vocabulario soez y forma pésima, rezuman ignorancia, odio, envidia, crimen; sirven de medio fácil a colindantes o caciques de vereda para expoliar a las víctimas y a veces a los terratenientes para robarles las mejoras de sus fincas. Casi siempre llevan estampados emblemas de fatídico significado fúnebre: armas, ataúdes, cirios, machetes. Esto constituye el boleteo, tremendo aviso de muerte, usurpación o destierro».

Todo se repite. Nada parece nuevo en nuestro conflicto. Los paramilitares no son de ahora. Pienso que son apenas un eco de los *pájaros* de aquella época, bandidos a sueldo que actuaban protegidos por la Policía o a la par con ésta.

Guzmán Campos, Fals Borda y Umaña Luna los describen con precisión:

«De repente aparece un nombre antes desconocido que encarna la réplica del guerrillero liberal: el *pájaro*.

»Nace en el occidente de Caldas y es perfeccionado en el Valle. Integra una cofradía, una mafia de desconcertante eficacia letal. Es inasible, gaseoso, inconcreto, esencialmente citadino en los comienzos. Primero opera solo, en forma individual, con rapidez increíble, sin dejar huellas. Su grupo cuenta con automotores, "flotas" de autos comprometidos en la depredación, con choferes cómplices en el crimen, particiones del despojo. Se señala a la víctima, que cae infaliblemente. Su modalidad más próxima es la del sicario.

»Al principio no asesinan infelices, sino a gente de nota, sindicada de apoyar la revolución liberal, o a dueños de haciendas, especialmente cafeteras, cuya cosecha sirva para acrecentar el fondo de la organización.

»Aquí se habla de "organización"; en las toldas liberales de "movimiento". Asesinar a alguien constituye un "trabajo". Al pájaro se le llama para "hacer un tabajito...". Y se ajusta el precio y se conviene la partija.

»La mecánica política se monta contra comités, directorios municipales. A mano de los pájaros caen los miembros liberales de estos organismos con precisión cronométrica, sin respetar lugares ni personas y sin esperar castigo para los criminales porque las gentes se asustan y no los denuncian.

»Dentro del templo parroquial de Belén de Umbría, por ejemplo, fue abaleado un conocido ciudadano mientras asistía a un acto religioso. El crimen quedó impune.

»Desde luego, cuentan con la anuencia de las autoridades, policía, detectivismo y venalidad de los jueces. Aun llegan a tener empleo en las alcaldías.

»Lamparilla tenía entrada libre a la gobernación del Valle. El jefe seccional de ese departamento se citaba con el jefe de los pájaros de El Dovio a diálogos de espanto en la Granja Experimental de Roldanillo. Allí hablaban de los "trabajos" realizados, de las futuras víctimas, de métodos y planes de avance, ante un testigo absolutamente fidedigno a quienes ellos creyeron copartidario y cómplice.

»En los pueblos se concentran en cafés especiales, cuentan con protectores influyentes, disponen de ambulancias en caso necesario, organizan casas de reposo como la que funcionó cerca del puente de Anacaro sobre el río Cauca (vía Anserma), saben de guaridas a donde regresan luego de cometer las fechorías.

»Es un Ku Klux Klan criollo, de fichas intercambiables, que van siempre "volando"de un lugar a otro.

»Los gamonales y reducidores se enriquecen en el Valle y Caldas comprando café robado por los pájaros que ellos alimentan, azuzan, contemplan y protegen. "Darles alpiste" significa facilitarles armas, medicamentos, dinero...

»Julio Alberto Hoyos envió el 9 de marzo de 1959 una comunicación al presidente del Senado, cuyos apartes dicen:

»Según don Joaquín Sierra, El Cóndor era el actor intelectual y a veces material de la violencia que se desataba. Por haber abierto la boca ante las autoridades, en la noche del mismo día el señor Sierra fue asaltado en su casa, pero logró huir a la costa atlántica.

»De mis investigaciones llevadas a cabo en Tuluá, pude comprobar que El Cóndor obraba en connivencia con la Policía y el detectivismo y manejaba a los miembros de estas entidades como parte de su cuadrilla de pajarería, cosa que ocurre no sólo en Tuluá, sino en varias partes del suelo colombiano.

»Donde hay un puesto de Policía existe una cuadrilla de malhechores formada por agentes y particulares que a la sombra del sectarismo político asesinaban, incendiaban y robaban, como tuve oportunidad de decírselo personalmente al entonces ministro de Gobierno, doctor Domingo Sarasti, en presencia del entonces ministro de Justicia y hoy de Gobierno, doctor Guillermo Amaya Ramírez.

»Un día El Cóndor, acompañado por sus secuaces, penetró violentamente al despacho del fiscal segundo superior y revólver en mano obligó a revocar un auto de detención en su contra. Los miembros del ministerio público y del órgano jurisdiccional protestaron. El Tribunal Superior de Buga envió a Bogotá a una comisión a pedir garantías para los administradores de justicia, pero cómo estaría de entronizada la impunidad que nada se hizo y El Cóndor siguió haciendo de las suyas y el fiscal tuvo que renunciar para salvar su vida».

Hoy en mi mente parecen confundirse las figuras de Fidel Castaño, Carlos Castaño y Don Berna, con las de El Cóndor, Pájaro Azul y Lamparilla.

En la obra, los tres autores citados establecen cómo, en el proceso de la violencia colombiana, «la forma de crimen marca una parábola progresiva hacia la atrocidad y el sadismo. En este terreno no se puede generalizar ni sobre los autores ni sobre las regiones. Comprometidos aparecen elementos del Ejército y la Policía, guerrilleros, pájaros y bandoleros».

En la introducción, monseñor Guzmán Campos deja una frase que si bien se refiere a la situación del país hace medio siglo, es perfectamente aplicable hoy en esta primera década del milenio:

«La nación carece de la noción exacta de lo que fue la Violencia, ni ha sopesado en toda su brutalidad aberrante, ni tiene indicios de su efecto disolvente sobre las estructuras, ni de su etiología, ni de su incidencia en la dinámica social, ni de su significado como fenómeno, y mucho menos de su trascendencia en la sicología del conglomerado campesino. Ni ha medido la crisis moral que presupone, ni el enjuiciamiento que implica a los dirigentes de todo orden...».

No obstante, dos siglos de muerte pasada se diferencian de nuestro presente en que ya no se trata de hechos ocurridos en un país lejano y aislado de la civilización. Hoy los ojos del mundo están puestos en Colombia.

Los ojos del mundo

Dos semanas después de la masacre en San José de Apartadó, el país conoció finalmente la posición oficial del gobierno a través del presidente de la república, Álvaro Uribe, cuando dijo públicamente: «Que se acabe el corredor de las FARC a través de San José de Apartadó».

Según agencias internacionales de noticias, luego, en la Decimaséptima Brigada del Ejército —de la cual depende la zona—, Uribe encabezó un *Consejo de Seguridad*, algo que se acostumbra en Colombia después de cada matanza para tratar de llevarle a la opinión la sensación de que hay interés por controlar al país.

En aquella reunión con los mandos de la fuerza pública y algunos miembros del gobierno a bordo, Uribe les ordenó a las fuerzas armadas que en un plazo máximo de veinte días, «así sea en carpas, deben entrar a la Comunidad de Paz».

Posteriormente leyó un comunicado que las agencias transmitieron al exterior en forma parcial, según el cual «Las comunidades de paz tienen derecho a instalarse en Colombia gracias a nuestro régimen de libertades. Pero no pueden, como lo practica la de San José de Apartadó, obstruir la justicia, rechazar a la fuerza pública, prohibir el comercio de artículos lícitos, ni coartar la libertad de los ciudadanos que allí residen.

»En esta comunidad hay gente buena, pero algunos de sus líderes, patrocinadores y defensores están seriamente señalados, por personas que han residido allí, de auxiliar a las FARC y de querer utilizar a esta comunidad para proteger a esta organización terrorista FARC».

Según *El Tiempo*, «Un líder de la Comunidad de Paz aseguró: "Esto es lo que han dicho siempre para justificar las masacres cometidas aquí. No tienen otra forma de justificar los atropellos".

»Los habitantes de San José recordaron que desde el año pasado le han propuesto al gobierno crear una comisión de seguimiento que viviera por lo menos un mes con ellos para saber realmente cómo es la comunidad, pero nunca obtuvieron respuesta».

En tanto, continuaba un éxodo de habitantes hacia otro lugar, quince minutos más allá de San José de Apartadó.

Frente al discurso de Uribe, Thora Gehl, de la Organización no Gubernamental Corporación Jurídica Libertad —que se encarga de representar a la Comunidad de Paz ante tribunales internacionales— afirmó ante periodistas extranjeros que el pronunciamiento del presidente Álvaro Uribe demuestra que sí hay conflicto, contrario a lo que él ha repetido muchas veces.

«Es altamente preocupante que se señale a la población como colaboradora de la guerrilla sin tener pruebas. Esto es grave porque pone en riesgo a esta comunidad, que ha recibido en su favor medidas provisionales de la Corte Interamericana de Derechos Humanos», dijo.

La Corte Constitucional de Colombia había conminado un año antes al Estado a proteger a la Comunidad de Paz de San José y acatar las recomendaciones de la Corte Interamericana de Derechos Humanos.

En aquella oportunidad el magistrado Alfredo Beltrán, vocero de la Corte Constitucional, dijo al explicar el fallo: «El problema no es discutir si Colombia puede ejercer la soberanía o no. El problema es cómo se resuelve la situación de los habitantes de la comunidad, respetando sus derechos a la vida y a la integridad que debe garantizarles el Estado».

Pero de otro lado, parte de la respuesta del mundo al Consejo de Seguridad en la Decimoséptima Brigada del Ejército, fue pronta.

Una carta al presidente Uribe, firmada por 33 personalidades de Europa, América Latina y Estados Unidos, ponía de presente una vez más cómo la guerra en Colombia ha dejado de ser un hecho a espaldas del mundo, que hoy tiene en su mira las actuaciones del Estado.

La comunicación dice:

«A nosotros y a los espacios de nuestro trabajo desde hace años han llegado las voces de incontables e inolvidables víctimas de la violencia social y política que vive Colombia. Les hemos escuchado y sabemos de su sufrimiento. A muchas les hemos acompañado, y de la mano del testimonio que han dado y de las objetivas circunstancias de injusticia que comprobamos, hemos profundizado en nuestro conocimiento acerca de las causas y las consecuencias de una de las confrontaciones más desgarradoras en el planeta.

»El pasado 21 de febrero de este año 2005 se consumó una matanza espantosa en San José de Apartadó, Urabá, contra campesinos, niños y mujeres en estado de indefensión.

»Estas personas humildes fueron asesinadas con la mayor sevicia. Sus cuerpos estaban descuartizados. Es uno de esos crímenes de lesa humanidad imborrables de los cientos que militares y paramilitares han cometido impunemente durante muchos años».

Luego anota:

«Deseamos ver a Colombia en paz y justicia, que no haya ni un muerto ni un desaparecido más, que ninguna persona sea detenida o amenazada por su lucha por la verdad, la justicia y la reparación dignas», y señala que en caso de presentarse nuevamente hechos similares, el gobierno colombiano será el único responsable.

En forma simultánea, la Corte Interamericana de Derechos Humanos anunciaba una audiencia que le haría un requerimiento al gobierno de Colombia sobre las medidas adoptadas para proteger a la Comunidad de Paz de San José de Apartadó.

Según el anuncio, «los hechos se han agravado, primero, por una denuncia pública según la cual fue el Ejército el que asesinó a los ocho miembros de la comunidad. Segundo, este tribunal de la OEA ha hecho cinco llamados desde 1997 exigiendo protección a los gobiernos colombianos para este grupo de personas».

En marzo del año 2000 la Corte había dictado una medida provisional ante la solicitud de una comisión del mismo organismo, requiriendo al Estado a mantener las medidas necesarias para proteger la vida e integridad de los miembros de la Comunidad de Paz.

«La Corte pregunta cómo en una comunidad protegida por medidas provisionales del máximo tribunal de las Américas en materia de derechos humanos pueden ocurrir hechos de esta naturaleza», dice Roxanna Altholz, abogada del Centro por la Justicia del Derecho Internacional que llevó el caso ante la Corte Interamericana de Derechos Humanos.

En abril del año 2003 la Corte Constitucional de Colombia se había manifestado en el mismo sentido.

Su sentencia dice, entre otras cosas, que «el comandante de la Decimaséptima Brigada del Ejército asume bajo su responsabilidad la garantía de los derechos fundamentales de los habitantes de este conglomerado».

No habían dejado de escucharse estas voces cuando en su primera intervención en relación con Colombia, la Corte Penal Internacional se dirigió al gobierno de Uribe Vélez, pidiéndole que le informara sobre cuáles acciones había emprendido para castigar a los responsables de «miles de delitos de lesa humanidad».

A su vez le solicitaba que la mantuviera al tanto de los proyectos de ley discutidos en forma reciente para castigar a los autores de ese tipo de crímenes.

La petición dejaba en claro que Colombia no está blindada ante la competencia de la Corte, como pensaba una parte del país cuando el Estado suscribió una reserva de siete años para delitos de guerra.

Para la Corte Penal Internacional, desde el 1° de noviembre del 2002, cuando entró en vigencia su jurisdicción, en Colombia ha habido miles de asesinatos, secuestros y desplazamientos forzados de personas.

También señala que crímenes atroces y genocidios han sido cometidos por guerrilleros, paramilitares y oficiales de la fuerza pública.

Incluso afirma que tiene conocimiento sobre 54 delitos de lesa humanidad cometidos por organizaciones ilegales, contra las cuales aún no se han abierto investigaciones, y cuyos detalles remitió a las autoridades colombianas en un apéndice que el gobierno no dejó conocer en forma pública.

La existencia de tal documento no fue revelada de manera espontánea, pero en una sesión del Senado el congresista Darío Martínez habló de él en un debate. Allí el ministro del Interior tuvo que aceptar que realmente existía.

Martínez advirtió que el anuncio de la Corte Penal Internacional ponía de presente la necesidad de tramitar una ley que negara las penas «casi ridículas» contempladas en un proyecto del gobierno que entonces adelantaba algo llamado proceso de paz con los paramilitares.

En la sesión, los senadores calificaron el documento como «un duro golpe» para el gobierno colombiano.

La carta, suscrita en La Haya, dice:

«Como es de su conocimiento, en virtud de la ratifi-
cación del Estatuto de Roma por el Estado de Colombia,
la Corte Penal Internacional tiene jurisdicción sobre los
crímenes definidos en el Estatuto de Roma que hayan sido
cometidos en ese país o por nacionales colombianos a partir
del 1° de noviembre del 2002, dada la declaración hecha
por el Estado colombiano bajo el artículo 124 del estatuto.
La Corte no tiene jurisdicción sobre crímenes de guerra pero
sí la tiene sobre alegación de crímenes de lesa humanidad
y de genocidio.

»La Fiscalía de esta Corte se encuentra en la obligación
de confirmar la veracidad de la información que recibe sobre
presuntos crímenes y puede, para ello, recabar información
adicional de los estados, organizaciones u otras fuentes con-
fiables.

»La Fundación País Libre ha declarado públicamente,
tanto en sus páginas web como en declaraciones a la prensa
colombiana, que ha transmitido a la Corte información refe-
rente a los secuestros presuntamente cometidos de manera
sistemática y permanente por grupos armados que operan
ilegalmente en territorio colombiano.

»Aprovechamos esta oportunidad para comunicarle que,
adicionalmente, esta Fiscalía ha recibido una cantidad significativa de denuncias provenientes de fuentes distintas que
hacen referencia a otros presuntos crímenes.

»La información recibida hasta ahora indica que miles de
personas han sido asesinadas, desaparecidas, secuestradas y
desplazadas forzosamente desde el 1° de noviembre del año
2002.

»Aunque la información recibida por esta Fiscalía admite
la posibilidad de que algunas personas puedan haber fallecido
como resultado directo en acciones de combate, dicha información también indica que miles de civiles han sido víctimas
de los crímenes mencionados.

»Según la información, los presuntos responsables de la comisión de estos delitos son los grupos llamados paramilitares, las FARC, el ELN y oficiales de la fuerza pública colombiana.

»Para avanzar en la evaluación de los datos recibidos y de conformidad con el artículo 15 del Estatuto de Roma, esta Fiscalía agradecería que el gobierno colombiano le suministrara cualquier información adicional relacionada con los presuntos incidentes ocurridos en Colombia desde el 1° de noviembre del 2002, tales como los presuntos incidentes mencionados en la muestra.

»En particular, nos complacería recibir información sobre investigaciones o enjuiciamientos por los crímenes presuntamente cometidos y mencionados en esta carta, al igual que información sobre quienes hayan jugado un papel de liderazgo en la comisión de presuntos crímenes que han sido objeto específico de dichas investigaciones y enjuiciamientos.

»Finalmente, esta Fiscalía está al tanto de los anteproyectos de ley que han sido discutidos recientemente y se refieren a la creación de medidas para investigar y castigar a los líderes de grupos ilegales que hayan cometido crímenes graves.

»Tales iniciativas son claramente de gran interés para esta Fiscalía y le agradeceríamos por tanto que nos mantuviera informados de los avances en este campo».

Más allá de la expectativa internacional, el presidente Uribe Vélez envió a la fuerza pública a San José de Apartadó un mes después de la masacre.

Según agencias internacionales de noticias, a las once y media de la mañana la Policía ingresó a la Comunidad de Paz en una «chiva». Algunos de ellos estaban disfrazados de payasos, llevaban tambores, helados y confites. Llegaron al campo de fútbol de San José de Apartadó.

Media hora antes un sacerdote de la misma Policía apareció allí con un altavoz anunciando la llegada de la fuerza.

Cuando ingresaron los payasos y los sociólogos policiales, los policías con cámaras de video y otros policías con sus uniformes, las puertas de muchas casas se fueron cerrando y una mayoría de los pobladores se negaron a acudir a las actividades a las que eran convocados.

Los policías no sólo llegaban contra la voluntad de la gente que rechaza a la fuerza pública por considerarla un actor armado como la guerrilla o los paramilitares.

Un comunicado local decía que el gobierno tomó una decisión de guerra ante una comunidad que creía en la paz y que vivía en ella. «Ahora guardaremos silencio ante las instancias del Estado».

Según los despachos internacionales de prensa, aquella mañana de lluvia solamente quedaban allí menos de la mitad de los pobladores que entonces se habían trasladado a un campo llamado La Holandita, donado catorce años antes por una ONG holandesa.

En aquel lugar, noventa familias construían casas comunales y se encerraron en ellas cuando llegaron los payasos, los tambores y los confites por temor de que se llevaran a sus líderes aún vivos, luego de que Uribe sostuvo que esta comunidad protege a la guerrilla.

La Policía ingresó con sus payasos y una vez en el centro del poblado hizo sonar un ruido, un aguacero de burbujas disonantes, un sonido de granos cuando se están friendo y al fondo algo parecido al Himno Nacional. El disco estaba rayado.

Allí mismo, bajo la lluvia, el director de la Policía Nacional, con ese aire de desafío de los miembros del Estado frente a los ojos del mundo fijos en un país bárbaro, dijo a través del altavoz:

«Vemos con extrañeza que ha habido presencia de tantas ONG, pero también que no han jalonado el progreso de esta gente».

Para el gobierno y los agentes del Estado colombiano, las Organizaciones no Gubernamentales son algo que asimilan a parte de un tejido terrorista internacional, desde cuando, recién posesionado, el presidente Uribe arremetió contra tales instituciones.

Los primeros meses del 2005 fueron acaso más vehementes de lo habitual por la respuesta internacional como eco a la masacre de San José de Apartadó, que parecía resumir dos siglos de barbarie en el país.

También este marzo, el jefe del gobierno español, José Luis Rodríguez Zapatero, visitó unas horas el país para intentar limar el impacto causado en Colombia por la venta de armamento bélico a Venezuela, país con que también el gobierno de Uribe Vélez había abierto un frente de roces.

Y justo en el clima de incertidumbre creado por la masacre, Rodríguez Zapatero soltó así en una entrevista pública:

«Apoyo en su lucha al gobierno del presidente Uribe».

Dos días después, Amnistía Internacional reaccionó desde España ante sus palabras.

En una comunicación pública relacionada con la política exterior española hacia Colombia, dice:

«Para Amnistía Internacional se trata de una ocasión perdida de desarrollar una política exterior comprometida con los derechos humanos.

»La organización considera que el gobierno español debería desarrollar un papel mucho más relevante y comprometido con la defensa de esos derechos, exigiendo al gobierno colombiano que ponga en marcha las recomendaciones de Naciones Unidas y no respaldando las políticas del gobierno colombiano contrarias a esas mismas recomendaciones.

«En opinión de Amnistía Internacional, el gobierno español ignora en sus relaciones con Colombia la sistemática violación de los derechos humanos y del Derecho Internacional Humanitario por todas las partes armadas en el conflicto colombiano. Éstos son la fuerza pública, los grupos paramilitares respaldados por el Ejército y los grupos armados de oposición.

Mes intenso en un país de guerra intensa, en el cual la muerte no da espera.

El día 14 de marzo el gobierno colombiano tuvo que presentarse en Costa Rica para responder por las acusaciones elevadas ante la Corte Interamericana de Derechos Humanos de la OEA, la más alta institución de este tipo en el continente.

Esta Corte ha aplicado sanciones drásticas a diferentes estados de América Latina por violaciones a la Convención Americana de Derechos Humanos, suscrita también por Colombia.

Sólo algunas de ellas han sido, por ejemplo, la orden impartida a Chile para que reformara la Constitución Nacional, en torno a la libertad de expresión.

Perú: dictaminó que se revocara una ley de amnistía al expresidente Alberto Fujimori.

Venezuela: condenó a la nación a reparar, entre otras cosas con muchos millones de dólares, a víctimas del intento del fracasado golpe de Estado encabezado por el coronel Hugo Chávez.

Guatemala: ordenó que el Estado reparara los daños probados en un juicio por la muerte de 298 indígenas a manos del Ejército.

Nicaragua: condenó al Estado y ordenó reparar a las víctimas por violar diferentes derechos, entre otros el no haber demarcado las tierras de la comunidad indígena Awas Tinni, ni haber tomado medidas efectivas que asegurasen los derechos de propiedad de la comunidad en sus tierras ancestrales y recursos naturales. También por haber otorgado una concesión sin su consentimiento.

Guatemala: condenó al Estado por una serie de secuestros, torturas y asesinatos, y la omisión de los mecanismos del Estado para tratar dichas violaciones como correspondía, y de brindar acceso a la justicia a las familias de las víctimas.

Como los habitantes de San José de Apartadó, un comité encabezado por el jesuita Javier Giraldo se había negado a acudir una vez más ante la justicia colombiana, «porque la justicia de este país no tiene ninguna credibilidad. Y no la tiene porque no es imparcial. Y no la tiene porque se ha negado sistemáticamente a investigar centenares de denuncias elevadas ante sus represente s a través de los últimos ocho años».

En la audiencia preliminar de un juicio contra Colombia, participaron el jesuita Javier Giraldo y otros voceros de la Comunidad de Paz. Por el Estado colombiano debió responder a las acusaciones Carlos Franco, director del Programa Presidencial de Derechos Humanos.

El extracto de la intervención de quienes señalan al Estado como culpable de parte de los crímenes que se han cometido en el país sólo durante la última década es el mismo que elevaron ante la Corte Penal Internacional en forma simultánea entidades colombianas y extranjeras acompañantes de varias comunidades frente al proceso de barbarie que vive el país. En esta fecha también se recurrió nuevamente ante la Corte Interamericana, solicitándole su intervención en la guerra endémica que marca este último hito de violencia, en los ya 186 años de vida republicana. Atrás están la Colonia y la Conquista, también hechas con sangre.

Presidente de la Corte Interamericana

Esta es la tercera audiencia que se desarrolla en esta Corte. Las medidas tomadas anteriormente ordenan la protección de todas las personas de la comunidad y aquellas que le prestan servicios, como por ejemplo el de transporte.

La Corte ha manifestado anteriormente su preocupación por la falta de resultados en las investigaciones, sanciones administrativas, ineficacia de las alertas tempranas e informes inoportunos del Estado a la Corte.

«Esta masacre no es un caso aislado u ocasional —comienzan diciendo las acusaciones— porque estuvo precedida por más de quinientas agresiones que fueron cuidadosamente registradas desde 1996, cuando se comenzó a gestar el proyecto de Comunidad de Paz entre los integrantes de la población de Urabá, Colombia, ya muy golpeada anteriormente por formas salvajes de represión oficial y por los efectos de las confrontaciones armadas entre los diversos actores.

»En esa lista escalofriante de agresiones, todas ellas puestas en conocimiento de los organismos oficiales y administrativos del Estado, se cuentan muchas otras masacres y ejecuciones individuales; desapariciones forzadas; detenciones y allanamientos ilegales; torturas; violaciones sexuales; pillajes y saqueos de los bienes elementales de los campesinos; desplazamientos forzados; bombardeos indiscriminados; incineración de viviendas y cultivos; actos de terror; amenazas; montajes y extorsiones».

«Si bien la Comisión y la Corte Interamericanas de Derechos Humanos han intervenido persistentemente ante el Estado colombiano para exigir la protección de los integrantes de la Comunidad de Paz de San José de Apartadó y a cuantos le presten sus servicios, los resultados no son ni de lejos satisfactorios.

»Lo primero que se constata en Colombia es la abdicación, por parte del gobierno, de un conjunto de atribuciones contempladas en la Constitución Nacional y en las leyes para depurar la administración pública. Dicha abdicación, cuando afecta derechos fundamentales de la población, no puede hacerse sin faltar al mismo tiempo a imperativos que la misma Constitución le impone al jefe del Estado.

»Pero tal abdicación se complementa con otros mecanismos, tales como la impunidad sistemática que afecta a la justicia, y la tolerancia de prácticas criminales sistemáticas de una fuerza pública entreverada tozudamente con estructuras paramilitares para hacer naufragar las medidas de protección que la comunidad internacional reclama con urgencia».

«Ya en septiembre de 1996 una Comisión de Verificación, integrada por representantes de numerosas instituciones del Estado, recorrió veredas de la localidad de San José de Apartadó y algunas del puerto de Turbo (al norte de San José, en la misma zona), para comprobar la violación masiva de derechos humanos que había provocado éxodos campesinos hacia Apartadó (la cabecera municipal).

»Dicha Comisión en su informe final registró que *Tanto unidades militares como paramilitares manejan listas de personas de la región, las cuales son verificadas en los retenes que se instalan a lo largo de la zona (...) El sistema de listas permitiría inferir que en algunas ocasiones existe un trabajo coordinado entre regulares e irregulares.*

»Años después de la masacre del 29 de marzo de 1997 en un paraje llamado vereda Las Nieves, un exsoldado se acercó a la oficina de las Naciones Unidas en Bogotá, para relatar cómo la tropa que perpetró esta masacre venía del corregimiento de Nueva Antioquia (aledaña a San José), donde una enorme base paramilitar estuvo instalada al frente de la Base Militar durante muchos años y sus movimientos eran cuidadosamente coordinados en unidad de acción.

»El exsoldado participó en el operativo en el que fueron masacrados siete campesinos aquel jueves santo, realizado conjuntamente por Ejército y paramilitares. Era la iniciación de la arremetida que pretendía castigar a la población de la zona por haber engendrado una Comunidad de Paz que, en adelante, negaría colaboración a todo actor armado. Los pobladores se acostumbrarían en los ocho años siguientes a ver desplazarse a las tropas oficiales por todo el territorio en compañía de paramilitares.

»Desde marzo de 1977 hasta el final de ese año, quienes transitaron por el camino que conduce de Apartadó a San José de Apartadó pudieron comprobar la existencia de un retén permanente de los paramilitares, ubicado a cinco minutos de la Base Militar del barrio Policarpa de Apartadó.

»Entonces fueron inútiles los llamados al presidente de la república Ernesto Samper, a sus ministros, a la Fiscalía General de la Nación, a la Procuraduría General, a la Defensoría del Pueblo, a la Consejería de Derechos humanos de la Presidencia de la República y a muchas otras instancias.

»Fuera de acusar recibo de los memoriales, nada hicieron a pesar de que se denunciaban los asesinatos, desapariciones de personas, pillajes y amenazas que se iban perpetrando en ese retén.

»Una comisión enviada por el entonces ministro del Interior, Horacio Serpa Uribe, se contentó con ir y mirar lo que allí sucedía, sin que siquiera un informe de su experiencia hubiera engrosado algún expediente judicial o disciplinario.

»El general Rito Alejo del Río, entonces comandante de la Decimaséptima Brigada del Ejército que controla la zona, se acostumbró a responderles a las comisiones internacionales que iban a constatar la existencia del retén, que él *no tenía idea de que por esa zona hubiese paramilitares*. Los grupos solidarios de otros países aprendieron desde entonces que las "verdades" del Estado colombiano no coinciden con las que sus propios ojos pueden evidenciar.

»Cuando el 8 de julio del año 2000 fueron masacrados seis líderes de la vereda La Unión, los veinte encapuchados, supuestos paramilitares que perpetraron el crimen, entraron a la vista de todo el mundo por el lugar por donde las tropas del Ejército estaban acantonadas y por allí mismo salieron, mientras un helicóptero de la Decimaséptima Brigada sobrevolaba el escenario del crimen.

»Esta imbricación de para-Estado en las actividades militares del Estado, que en esta zona se desarrolla sin pudor alguno y a plena luz del sol, permite asignar al Estado como tal la responsabilidad de los crímenes perpetrados por paramilitares que allí actúan estrictamente como *agentes indirectos* del Estado.

»El 9 de noviembre del año 2002 los pobladores de la vereda La Unión presenciaron la íntima convivencia entre las
tropas del Ejército y el grupo paramilitar que había saqueado
el caserío tras siete días de presencia criminal, cuando militares y paramilitares cocinaron juntos el almuerzo y depar-
tieron amigablemente desde la 1:00 hasta las 15:00 horas,
momento en el cual los paramilitares se despidieron para
avanzar hacia el lugar llamado Chontalito y los militares
hacían su relevo.

»Más recientemente el coronel Néstor Iván Duque, comandante del Batallón Bejarano que controla la zona de San José, se
ufana de haber ido conformando un grupo de "desertores de las
FARC", según él para atacar a San José. El más conocido de ellos
es Wilmar Durango, quien en repetidas ocasiones ha confesado
ante grupos de la comunidad que participó en los asaltos a
mano armada del 9 de diciembre del año 2003 y del 28 de enero
del 2004, en los que fueron robados dineros de la comunidad
provenientes de la comercialización del cacao y del banano por
valor de 29 millones y medio de pesos colombianos. El coronel
Duque ha defendido constantemente a Wilmar Durango como
su hombre de confianza y éste ha sido visto portando armas y
uniforme militar, a todas luces en forma ilegal, en numerosos
operativos del Ejército en los que se han cometido crímenes, y
haciendo presencia en la terminal de transporte de Apartadó,
lugar que permanece bajo control de la Policía, donde se han
perpetrado otros numerosos crímenes.

»En las oficinas de Naciones Unidas en Bogotá fue referido
el testimonio de un líder paramilitar de Apartadó, quien relató
los detalles precisos de un montaje preparado por el Ejército y
los paramilitares el 12 de febrero del año 2003, cuando fueron
introducidos unos explosivos dentro de una caja de cartón
depositada en un vehículo de servicio público, con el fin de
acusar a miembros del consejo de la Comunidad de Paz que
viajarían en ese vehículo.

»Según el líder paramilitar, el objetivo original consistía
en un atentado para darles muerte a los líderes, pero al fallar

cálculos de tiempo, dado que el vehículo salió antes de la hora prevista, los militares detuvieron el vehículo y convirtieron el plan en un caso judicial.

»Todos los detalles del asunto revelaron los rasgos de un montaje minuciosamente preparado. Nueve días antes, un joven de la comunidad fue extorsionado por hombres que dijeron ser oficiales de alto rango de la Decimaséptima Brigada, quienes lo quisieron obligar a rendir declaraciones contra los miembros de la comunidad de Paz en la Fiscalía para acusarlos de ser guerrilleros, y si no lo hacía, lo acusarían a él mismo de ser miliciano y lo harían detener.

»Los supuestos oficiales del Ejército le hicieron saber que si no lograban inventarles un proceso judicial a los líderes, los iban a asesinar en operativos paramilitares. Todo revelaba una unidad de acción, no sólo entre militares y paramilitares, sino también con el poder judicial.

»Al siguiente 7 de febrero (del 2003) la agencia de noticias del Ejército colocó en su página de internet una comunicación en la cual se afirmaba que en la vereda Caracolí, de Apartadó, *Fueron capturados once terroristas de la cuadrilla Otoniel Álvarez de las* FARC *en momentos en que transportaban explosivos y municiones.*

»El 22 de diciembre del 2004, las tropas del Ejército que ingresaron a la vereda La Cristalina y perpetraron torturas, detenciones arbitrarias y pillaje de los bienes de los campesinos, anunciaron que *pronto volverán los paramilitares y ellos sí los van a matar y a partir en pedacitos.* Cuando los campesinos preguntaron si acaso los paramilitares no se estaban desmovilizando tal como informa diariamente el gobierno, los militares se rieron y afirmaron que la desmovilización es algo ficticio y que ahora están más fuertes que nunca».

«El Ejército nacional no sólo ha querido exterminar a los líderes e integrantes de esta experiencia y castigar cruelmente a la población de la zona por haber engendrado y tolerado a un grupo humano que se resiste a ser involucrado en la guerra por el mismo Estado, sino que en repetidas ocasiones ha puesto a la comunidad como escudo, con intención confesa de que sea atacada por la parte contraria. Así, el 26 de noviembre del año 2004 la guerrilla se acercó a la aldea de San José y se encontró con el Ejército entre las 18:40 y las 19:05 a una distancia de diez minutos.

»Luego el Ejército ingresó al territorio de la Comunidad de Paz y ante las protestas por tomarla como escudo frente a la guerrilla, los militares respondieron que eso era justamente lo que buscaban: que la guerrilla atacara el poblado.

»Unos meses antes, el 27 de mayo del año 2004, el presidente Uribe Vélez, al terminar un Consejo de Seguridad en la zona, profirió públicamente varias acusaciones falsas contra la Comunidad de Paz, negándose a rectificarlas a pesar de las numerosas peticiones que le hicieron. Sus palabras le ofrecieron pretextos al Ejército para perpetrar varias incursiones violentas en el territorio de paz. En sus incursiones del 2 y 13 de junio del año 2004, afirmaban que las Fuerzas Armadas se proponían hacer una presencia permanente en la comunidad con el fin de convertirla en objetivo militar de la guerrilla, anunciando que muchos iban a morir en adelante bajo los cilindros explosivos de los guerrilleros».

«En la memoria siempre viva de la Comunidad de Paz de San José de Apartadó pesan aún con fuerza los hechos aterradores que el Ejército perpetró el 12 de julio de 1977 en la vereda Mulatos, allí donde tuvo lugar esta última masacre de febrero del presente año 2005.

»Esa vez, otros ocho pobladores fueron sacados de sus viviendas a las cinco de la mañana, amarrados a los árboles, torturados durante ocho días y luego asesinados. La población se desplazó para denunciar a los dieciséis soldados de la base militar de La Maporita, precursora de la Decimaséptima Brigada, quienes bajo la comandancia del teniente Gualdrón y de los cabos Cruz y Peñalosa, perpetraron la masacre. Una comisión judicial subió a la zona y tomó declaraciones a los pobladores sobrevivientes, prometiendo pronta justicia, la cual no ha llegado luego de ocho años.

»La arremetida violenta del Ejército y los paramilitares en respuesta a la conformación de la Comunidad de Paz desde 1996-1997, en la cual han sacrificado más de 160 vidas, ha estado acompañada de numerosas promesas de justicia.

»Sin embargo, los ocho años transcurridos bajo un intenso sucederse de agresiones que a todas luces constituyen crímenes de lesa humanidad han ido deteriorando progresivamente la credibilidad de la justicia colombiana, hasta llegar a una cierta convicción de que ésta ha colapsado en su dimensión ética, y sus niveles de corrupción ya no le permiten actuar con legitimidad.

»En efecto, a pesar de que más de 500 agresiones criminales han sido denunciadas ante todas las instancias del Estado y la comunidad internacional, no hay una sola de ellas en la cual el poder judicial pueda mostrar resultado alguno.

»Frente a este hecho, todo el mundo se pregunta dónde está la clave de la impunidad. No está ciertamente en la carencia de denuncias, ya que más de quinientas agresiones se han denunciado con detalles y pistas que a cualquier investigador honesto le permitiría identificar a los victimarios.

»Tampoco está en la falta de testimonios, pues más de 120 integrantes de la comunidad y de la población de la zona han rendido declaraciones, y varios de ellos han pagado con sus vidas por haber declarado, o han sido forzados al destierro».

«El 2 de noviembre del año 2003 se le presentó al fiscal general de la nación, Luis Camilo Osorio, una denuncia formal sobre más de trescientos crímenes de lesa humanidad de que había sido víctima la Comunidad de Paz de San José, solicitándole una investigación pronta e imparcial de acuerdo con los parámetros del derecho internacional. El fiscal Luis Camilo Osorio no sólo prevaricó en repetidas ocasiones dejando vencer todos los términos procesales una y otra vez, sin abrir siquiera una investigación preliminar, sino que, en abierta violación de la Constitución, se negó a responder todos los derechos de petición que se le formularon para pedirle explicaciones por tal comportamiento ilegal.

»Se consideró inútil solicitar su enjuiciamiento por parte de la Comisión de Acusaciones de la Cámara de Representantes, debido a que allí no se dan las mínimas condiciones de imparcialidad para procesarlo.

»Es difícil encontrar una comunidad de víctimas que haya hecho tantos esfuerzos para obtener justicia, pero en esa misma búsqueda se ha ido revelando la profundidad de la crisis ética del poder judicial. Con plena legitimidad frente a la última masacre del pasado febrero, la comunidad prefiere que el caso sea abocado por tribunales internacionales y se niega a rendir más testimonios, que solo llevan a disimular y legitimar una impunidad sistemática y a sacrificar más vidas de testigos».

«En repetidas ocasiones (27 de mayo de 2004 y 20 de marzo de 2005), el presidente Uribe Vélez ha lanzado acusaciones públicas contra la Comunidad de Paz de San José, que faltan gravemente a la verdad. Inútil sería también solicitar a la Comisión de Acusaciones de la Cámara que lo investigue y acuse por delito de calumnia e infamia, pues no se dan las mínimas condiciones de imparcialidad para que ello ocurra y no hay otra vía legal posible para que él responda ante la justicia. Sin embargo, los efectos de sus calumnias y de sus infamias tienen consecuencias fatales para la comunidad y la población de la zona».

«No pocas capas de la sociedad se extrañaron profundamente de la actitud del presidente Uribe Vélez, quien nunca condenó ni deploró la masacre. Pocas semanas antes, él había llegado a destituir momentáneamente al comandante de la

Decimaséptima Brigada a raíz de la muerte en combate de algunos de sus soldados, pero la muerte tan cruel de civiles, entre ellos algunos niños, no le arrancó siquiera un mensaje de condolencia. Por el contrario, las declaraciones de altos funcionarios, como el ministro de Defensa, comenzaron rápidamente a estigmatizar a las víctimas y a la comunidad, echando mano de los montajes ya mencionados.

»En este contexto de estigmatización en que las víctimas aparecían de una u otra manera como responsables de la masacre, se vende profusamente como solución la militarización de la zona.

»Una nueva calumnia del presidente Uribe Vélez contra la comunidad, difundida profusamente por todos los *mass media*, ambientó su decisión autoritaria que desconocía y rompía *de facto*, en forma unilateral, todo el proceso de concertación:

»La fuerza pública debía ocupar en un plazo perentorio el territorio de la Comunidad de Paz, a cuyos líderes, patrocinadores y defensores acusó de *auxiliar a las FARC y querer utilizar la comunidad para proteger a esta organización terrorista*, de *obstruir a la justicia*, de *prohibir el comercio de artículos lícitos*, y de *coartar la libertad de ciudadanos que allí residen*.

»El miércoles 30 de marzo de este 2005 la Policía invadió el territorio de paz, y lo hizo con un tradicional ceremonial circense: payasos, agentes que se presentaban como sicólogos y sociólogos, tambores, pitos y confites para los niños, precedidos por un capellán policial con un megáfono, que en nombre de Dios invitaba a aceptar la presencia armada.

»A su vez, representantes de los gremios económicos de la región bananera llamaron a los líderes de la Comunidad de Paz para advertirles que si aceptaban a la fuerza pública en su seno, ofrecerían inversiones de decenas de miles de millones. El deplorable camino sería pavimentado en forma inmediata y grandes supermercados le cambiarían la cara de pobreza al caserío».

Intervención del Estado colombiano

El gobierno colombiano condena el crimen cometido contra personas de la comunidad y expresa su voluntad de ir hasta el fondo de las investigaciones, para lo cual reclama la cooperación de los miembros de la comunidad y de las organizaciones peticionarias, con la Fiscalía General de la Nación, que es el órgano competente para asumir esta investigación.

• Hay nuevos y significativos hechos en la región: el retén paramilitar que tanto se denunciaba ya no existe y el Bloque Bananero de las Autodefensas se desmovilizó, lo cual esperamos redunde en mejores condiciones de seguridad para la comunidad y la zona.

• Quisiera compartir con la honorable Corte algunas dificultades que se han presentado: en el área correspondiente al corregimiento de San José de Apartadó se han producido ocho capturas, trece bajas, se han desmovilizado dieciséis miembros de las FARC y se han presentado cerca de veinte incidentes con minas antipersonal, lo que muestra la intensidad de la confrontación en esa zona.

• También quiero llamar la atención sobre la polarización que existe en la zona. Hay un gran debate en Urabá; recientemente hubo un atentado terrorista en una discoteca, que produjo nueve muertos; durante algún tiempo se presentaron hechos de secuestro que produjeron preocupación acerca de las condiciones de seguridad para el área. Se requiere una mejor comprensión de la perspectiva del resto de habitantes y de las autoridades de la zona.

• El gobierno ha invocado el respaldo de la comunidad para proteger a todas las personas. San José está ubicado en un sitio dominante de la zona bananera; en cualquier análisis de la situación se deben observar los intereses cruzados.

• Se presenta aquí como si hubiera una política omisiva por parte del Estado, y ello no es así. Antes de la masacre hubo la muerte de un miembro de la comunidad, en la cual se solicitó la intervención de la fuerza pública y de los organismos de investigación. Esto trajo como consecuencia la captura de dos personas, supuestamente responsables de este homicidio.

• En cuanto a la petición de que el hecho de la masacre forme parte de la resolución de la Corte, quisiera señalar:

—El gobierno fue informado por los peticionarios el 23 de febrero en la noche sobre la posible ocurrencia de este hecho.

—Infortunadamente la Fiscalía informó que durante los días que estuvo en el terreno la comunidad manifestó su renuencia a presentar testimonios, hasta cuando se hiciera esta audiencia. El interés del Estado es sólo investigar.

—La fuerza pública aportó documentos que sustentan su ubicación en otros sitios diferentes de la ocurrencia de la masacre y el gobierno nacional llama la atención acerca de que la misma unidad que se ha señalado aquí tuvo un comportamiento ejemplar el día anterior, luego de un combate, al atender a una niña herida y a su mamá.

• Respecto de la presencia de la fuerza pública en la zona, quisiera precisar que no se trata de una política de acabar con comunidades de paz.

• La declaración del Ministerio de Defensa fue que ojalá toda Colombia fuera una Comunidad de Paz, pero no concibe la existencia de comunidades de paz que tengan vedada la presencia de la fuerza pública.

• No es una reacción reciente del gobierno. El gobierno siempre ha planteado que la presencia de la fuerza pública debe ser en todo el territorio.

• Esta presencia de la fuerza pública armada se hará cuando y en cuanto sea necesaria, con respeto a la Constitución y a las leyes y para proteger a la comunidad.

• En un documento recibido el 13 de diciembre del año 2004 se habla de que no haya contacto de la Policía con la población. Ello iría contra la naturaleza de la Policía.

• Adicionalmente debe tenerse en cuenta que la presencia de la Policía contribuye a elevar lazos de confianza entre autoridades y comunidades.

• Para que haya eficacia de la protección se requieren buenas relaciones entre protegido y protector. Se le ruega a la comunidad revisar las formas de relación con las autoridades civiles, militares y policiales de la región.

• Las personas que hacen parte de la Comunidad de Paz están organizadas, pero no son la totalidad de los habitantes del corregimiento.

• Antes de este lamentable hecho, sí había un mejoramiento de las condiciones de seguridad de la comunidad.

• En el caso del reconocido paramilitar Wilmar Durango la fuerza pública lo puso a disposición de la Fiscalía, pero no se encontraron cargos. Hay una denuncia reciente sobre este señor. Se está en fase de protección de la persona denunciante.

• La comunidad también debe poner de su parte. En el 2003 expresé preocupación por negociaciones de secuestros dentro de la comunidad, y se han presentado hechos de violencia dentro del territorio.

Preguntas de los jueces

Juez Ventura
—¿Es posible la garantía de los derechos a la vida sin presencia de autoridades armadas?

Estado colombiano
—En San José de Apartadó el ciento por ciento de la población no es integrante de la Comunidad de Paz. Hay que garantizar ese derecho al ciento por ciento de la población. Respecto a la confianza, se mejora con la presencia física. Hay que implementar mecanismos y dispositivos que permitan la seguridad del Estado y de la comunidad. Hoy consideramos necesaria la presencia de la Policía, aunque con características de Policía comunitaria.

A raíz de la masacre, la comisión de fiscales fue atacada y si no hubiera sido por la presencia de la Policía otro habría sido el desenlace de esta situación. De hecho, un miembro de la Policía resultó muerto.

De acuerdo con los instrumentos del Estado debe buscarse la solución. Es posible contar con estrategias complementarias, tales como el Proyecto de Protección a Comunidades en Riesgo.

En pasada audiencia el gobierno propuso la figura del inspector de Policía y un delegado del personero municipal, pero sin olvidar que la fuerza pública cumple su papel de neutralización y combate contra grupos que utilizan armas contra la comunidad.

Jueza Medina

—¿La presencia de fuerza pública y con armas incita a la presencia de otros grupos armados? ¿Cuál es la reacción del Estado frente a estigmatizaciónes y frente a ciertos militares? Entiendo que las medidas penales y disciplinarias requieren procesos, pero también puede tomar medidas administrativas. ¿Qué ha hecho en este sentido que represente confianza?

Estado colombiano

—Ordenar la iniciación de investigaciones. En cuanto a medidas administrativas hemos instruido a las autoridades internas para actuar y se han confiado las investigaciones a la Procuraduría. Es claro que por lo menos hay una falla de protección en el tema de la masacre. Hace un tiempo hubo acusaciones contra la fuerza pública y luego esas mismas personas, ya desmovilizadas, se han retractado de las acusaciones.

Juez Cancedo

—¿En sus observaciones han alegado la adopción de medidas? ¿Qué medidas está dispuesto a tomar el Estado para garantizar la no repetición de recientes hechos?

Estado colombiano

—La investigación por parte de la Fiscalía, pero se requieren testimonios y pruebas. La Decimaséptima Brigada aportó documentos y pruebas sobre la ubicación de sus tropas. Si eventualmente alguien de la tropa resulta comprometido, habrá sanciones.

Las medidas para garantizar la no repetición son las que permiten el mejoramiento de las medidas de protección. Este hecho sucedió en una zona alejada del casco urbano.

La experiencia ha demostrado que la ausencia de fuerza pública no facilita la protección y acción de los grupos armados ilegales. Obviamente, esa presencia la hace el Estado con respeto.

Juez Burelli

—¿Existe política de Estado contraria a comunidades de paz? ¿Hay manifestaciones del Estado contrarias a su reconocimiento?

Estado colombiano

—El Estado ha dicho que quisiera que todo el país fuera Comunidad de Paz. El Estado propugna los principios de estas comunidades, pero no el de calificar a las autoridades legítimas como un actor del conflicto.

Preocupaciones del presidente de la Corte

El caso se está manejando muy parecido a la primera vez: no se ha hecho lo suficiente, hay mucho que hacer.

Más que un problema jurídico, hay un profundo problema humano: se ha roto la confianza.

Aquella esquina

Urabá es la esquina más estratégica de Suramérica. Limita con Panamá, tiene acceso directo a América Central y está cercana a la Florida.

Presenta costas en el Caribe gracias a un inmenso golfo, pero también lo baña el océano Pacífico. Según el Fondo Mundial de la Tierra, las selvas que se extienden a partir de allí son las primeras productoras de biomasa del planeta. Llámense vida y energía. Recursos estratégicos con que no cuentan los países de la Tierra en forma tan abundante. Pero, además, es la región donde más llueve en el mundo, justamente cuando el mundo atraviesa por una angustiante escasez de agua dulce.

Por sus inmediaciones corre el río Atrato, el más caudaloso del planeta de acuerdo con su longitud, que conectado con otro caudal fenomenal, el Truandó, representan una solución más eficiente que el obsoleto canal de Panamá.

Los gobiernos colombianos acaso desconocen lo que significan estos recursos estratégicos: poder y dinero.

Según el Instituto Geográfico Agustín Codazzi, la capa vegetal de la zona es una de las más espesas de Suramérica, con climas que van desde lo frío hasta lo cálido: primavera, verano y otoño, tres estaciones simultáneas, pero, aun hoy, es un lugar alejado del resto de Colombia por un camino de 360 kilómetros que parte de Medellín y corre a través de los Andes.

A su paso están Dabeiba, Mutatá, Chigorodó, Carepa, Apartadó y finalmente el puerto de Turbo, al norte, sobre el golfo. Una historia de trabajo y de industria, pero también de sangre. Región poblada por gente que dejó su tierra atrás y perdió el rastro. Ahora tiene nuevos códigos de vida.

Como en el resto de Colombia, sobre tanta riqueza hay una historia de violencia que bien puede comenzar con una colonización hecha por desterrados, y luego el marco del contrabando de cigarrillos, que produjo una guerra con saldo de dos centenares de muertos en las calles de Medellín. Después fue paso de traficantes de marihuana buscando las costas de los Estados Unidos, y más tarde vinieron las guerras entre guerrillas y paramilitares.

Por allí cruzaban sin ningún control toneladas y más toneladas de cigarrillos (*La guerra del Marlboro* en Medellín), los narcotraficantes utilizan sus grandes ríos y sus costas sin control para enviar cocaína y traer armas en forma clandestina. Para la guerrilla es un sitio estratégico por lo mismo: Panamá es, según ellos, «tierra de nadie» para cualquier tráfico ilícito, y a través suyo Urabá tiene a la mano los arsenales que dejaron las guerras en Nicaragua, El Salvador y los que estableció la CIA en Honduras. Luego vino el escándalo Irán-Contras.

En Urabá está la tercera industria bananera más grande del mundo, pero a la vez es un lugar perdido y sin control, por el cual cruzó hasta un zoológico con hipopótamos, jirafas y leones, sin que el Estado se percatara.

Hoy la gente recuerda este pasado, pero antes de hablar algunos piden no ser identificados. Su historia es como algunos cementerios de la región, en los cuales las cruces no tienen nombres.

Bananero Uno: Cuando comenzó la colonización, Urabá estaba poblada por gentes que tuvieron que huir de la violencia de los años cuarenta y cincuenta entre conservadores y liberales. En ese momento la Vía al Mar era una carretera tipo pionero. La llamábamos «la trocha» y justificaba plenamente ese nombre. Por tanto, la región estaba distante de los centros principales.

Yo fui uno de los colonizadores, soy una combinación de capitalista y hachero tumbador de monte: en ese tiempo derribar la selva era prestarle un servicio a la economía y la legislación la catalogaba como «mejoras».

Cuando mi hijo estaba muy niño, siete, ocho años, nosotros íbamos a la finca de Apartadó por esa carretera terrible, ya le dije, una trocha desde Santa Fe de Antioquia. Íbamos a pasar los diciembres. Allí había paz total.

—La impresión es que en el comienzo de la industria bananera los empresarios se descuidaron en la parte social y así le dejaron el terreno abonado al comunismo.

—Esa es una versión absoluta, total y definitivamente sesgada. Ya van diez o veinte monografías de Urabá, pero no hay iguales falsificadores ni iguales defraudadores de la historia que los historiadores. Cada historiador, sobre todo nuestros historiadores subdesarrollados, y además, comunistas, hacen unas versiones falsas. Igual que los escritores que van a trivializar, creyendo que la historia se hace conversando con unos negros atrasados y eso no es así. Definitivamente no hubo ningún olvido de lo que llaman «la parte social». Eso no es así.

Dentro de la historia capitalista, los colonizadores de Urabá somos los héroes que transformamos esa región. Urabá era un culebrero espantoso. Aquí el alto *tute* industrial y directivo del capitalismo antioqueño hace unos setenta años decía que en esa zona sólo había moscos y serpientes mapaná. Absolutamente cierto.

La colonización de Urabá la hicimos gentes... Yo pertenezco a la aristocracia pueblerina de Antioquia porque éramos las familias más importantes del lugar, pero en el fondo los ricos de los pueblos éramos miserables desde el punto de vista económico, y con gente de capital mediano en Medellín entramos a buscar el desarrollo.

Esa colonización la iniciamos gente de machete, trabajadores, peones empleados de las primeras fincas, camioneros, carniceros, capitalistas subdesarrollados y algunos empresarios de recursos limitados. Pero el enfoque marxista es que nosotros fuimos los destructores de la naturaleza y, además, los explotadores de los obreros. Concepción típicamente terrorista. Nosotros nunca hemos sido explotadores de los trabajadores. Somos los empresarios que les ofrecimos bienestar a las gentes de Urabá, que era el culo del mundo.

Bananero Dos: Mi familia entró a Urabá en el año 59. Trabajo de pioneros. Hacer carreteras de penetración a las fincas era una odisea. Las construían a partir de la vía principal, tendiendo en el barro troncos de árboles derribados en la misma selva. Al tiempo se comenzaron a hacer los canales por los cuales íbamos a sacar el banano hasta el mar.

Los pueblos que existían eran muy precarios: de norte a sur, Turbo con su propio desarrollo en la orilla del mar, Currulao, un pequeño asentamiento; Apartadó, prácticamente incipiente. En ellos no había una estructura verdadera de pueblo.

Pero a la vez era una zona de tranquilidad, aunque con una infraestructura realmente muy precaria. No había pueblos, no había sistemas de comunicación, no había forma de que los trabajadores vivieran en los poblados, como sería lo normal, sino en campamentos en las fincas. Eran gentes traídas de afuera, porque allí tampoco había una población arraigada que pudiera desempeñar esas labores.

Entonces vino gente del Chocó, de Córdoba, del Magdalena a arraigarse en una zona, digámosle promisoria. Algunos lograron asentarse en los pueblos incipientes, otros tuvieron que quedarse en las fincas, ocupando viviendas colectivas que llamaban *machosolo,* para trabajadores solteros o solos, y algunas viviendas para familias.

Si ese fue un esquema de explotación o no, yo en esa época no lo veía así, porque uno tiene que mirar el entorno de lo que era la agricultura en el resto del país. Y si uno lo mira, quizás Urabá tenía cosas —así lo percibí en los años setenta— que la diferenciaban con el resto de las ciudades. Independiente de que hubiera plantaciones con infraestructuras muy deficientes, había otras que se destacaban por tenerla buena para sus trabajadores: poseían algunas viviendas con agua de pozos, energía, y había preocupación porque la gente viviera relativamente bien.

Los salarios eran los legales que se pagaban en ese momento. El famoso cuento de que no se pagaban prestaciones sociales, no. En ese momento no había Seguro Social en la zona. Simplemente proveíamos la salud como se podía proveer en los pueblos, y en algunas fincas había visitas de médicos.

En el año 79 trabajé en el Bajo Cauca y llevé aquello de darle vivienda a la gente, con energía, agua potable, pago de prestaciones sociales, y a mí me querían matar allí porque íbamos a acabar la zona con ese cuento de pagar prestaciones.

Cuando se tenían fincas en el suroeste antioqueño y nosotros pretendíamos pagarle al trabajador su parte prestacional, todo el mundo se asombraba. Decían que íbamos a dañar la región.

Entonces Urabá no necesariamente fue un sitio de explotación. Es más, creo que al ser una actividad productiva de exportación, estaba mucho más avanzado que el resto del campo colombiano. Simplemente allá había más riqueza, había una concentración, y todos los ojos y toda la izquierda estaban esperando a ver qué pasaba, y los periodistas mostrando lo que había en unas concentraciones de población tan grandes. En algunos casos allí se presentaban situaciones aberrantes. Así como en el mundo hay negocios malos y negocios buenos, también hay patrones buenos y patrones malos. Allí había de todo, pero existía una buena relación con los trabajadores en términos generales.

En el año 80 comenzó la inseguridad, mayor presencia de la guerrilla, los primeros secuestros, nacía lo que algunos llamaban «concientización de la clase trabajadora». Realmente era una manipulación normal que se daba por parte de la izquierda. Y era lógico: allí había riqueza, había concentración de personas, había una oportunidad y allí había que estar.

Entonces se fue polarizando una situación entre trabajadores y empresarios que se retroalimentaba desde la prensa. Algunos funcionarios del Estado estigmatizaron un tanto la condición y el manejo de los trabajadores en Urabá, pintándolo como una situación única en el país, cuando todo el país estaba mal. Bastaba acercarse a cualquiera de las comunas de cualquiera de las grandes ciudades y ver cómo vivían los trabajadores de las empresas, exceptuando dos o tres privilegiados ubicados en barrios de algún nivel.

Esa era una condición general del país en aquel momento: niveles de vida de la clase trabajadora bastante precarios. Creo que Urabá, por lo menos en cuanto a tener algo de educación gratis, agua potable gratis en algunos de los casos, en otros no; tener energía y tener un factor prestacional, no era necesariamente el peor de los sitios del país.

Sin embargo, era el caldo de cultivo ideal para que la izquierda actuara y se polarizaran las cosas.

Luego vino la época del presidente Belisario Betancur, a comienzos de la década de los años ochenta, y con él unos esquemas quizás polémicos por algún fenómeno de apertura, y la guerrilla bajó del campo a las ciudades y empezó el dolor de cabeza.

La guerrilla se infiltró en los sindicatos y se fueron tomando una serie de posiciones de izquierda en torno al manejo de la clase trabajadora. Dentro de ellos había diferencias entre lo que eran los grupos armados línea Moscú y los de la línea Pekín, que llevaron a enfrentamientos. Luego se desmovilizó el EPL (línea Pekín), y ahí fue Troya.

También aparecieron personajes vinculados al narcotráfico que se sentían gente de armas tomar, y de la mano de ellos llegaron los paramilitares del Magdalena Medio como reacción a la presencia guerrillera que había penetrado la clase trabajadora.

Más adelante las FARC perdieron a Urabá porque comenzaron a atacar a la clase trabajadora. Para apabullar al EPL, que tenía una gran ascendencia en esa población, cometieron masacres, y aunque para ellos el enemigo eran verdaderamente la clase empresarial y el establecimiento, se fueron contra la gente común y lograron que la supervivencia dependiera de que estuviéramos juntos empresarios y trabajadores. Los trabajadores les dieron la espalda. Por eso la guerrilla no puede volver a dormir en Urabá, esto independiente de la presencia de los paramilitares.

Los paramilitares van, combaten a la guerrilla, seguramente hubo presencia de ellos en Urabá, pero la guerrilla perdió cuando no tuvo soporte político en la región. Hoy las FARC pueden hacer presencia en actos de terrorismo y pueden secuestrar, pero no pueden dormir en la zona.

Gabriel Harry (bananero): Cuando llegaron míster Howard, míster Win y míster Morris a iniciar la industria bananera, no contaron con Planeación Nacional. Ellos estudiaron a Urabá en forma muy concienzuda en cuanto a la calidad de suelos, a recursos climáticos, a la precipitación, a los vientos, a todo, y encontraron que era una tierra óptima. Pero no se hizo un estudio en cuanto al bienestar de la población.

Urabá no tenía escuelas, no tenía acueductos, no tenía alcantarillados, no tenía energía, no tenía vivienda. La carretera no estaba totalmente terminada, llegaba relativamente bien hasta Dabeiba, pero el cañón de la Llorona era un calvario.

El error más grave fue el caldo de cultivo para la violencia que vino más tarde, al llegar primero muchos aventureros a montar fincas de banano sin tener la conciencia de empresarios, y explotaron al trabajador.

El segundo error fue que pusimos a los trabajadores a vivir en cualquier parte. Dormidas malas, hacinamiento. No había Seguro Social, no había cajas de compensación familiar. Si en Medellín manejábamos la parte empresarial bien, allá copiamos lo que había en la propia zona.

Estamos hablando de los años 62, 66... 70, los primeros del auge bananero. En ese momento sabíamos que teníamos muy buena calidad de suelos, muy buena tecnología extranjera, teníamos el dinero para sembrar, pero no sabíamos qué iba a pasar con el aspecto social.

Llegamos a querer mejorar algo cuando vino una crisis en el banano, año 72, pero entonces no teníamos el dinero suficiente para mejorar el estatus del trabajador. En ese momento vinieron vientos fuertes, había que cambiar las plantaciones por variedades de menor altura y simultáneamente empezaba la pregunta: ¿cómo hacemos para que la gente viva mejor?

Después, en el gobierno del doctor Turbay, con el general Camacho Leyva de jefe civil y militar, nos llegó la mano dura.

Y llegó luego el general Vega Uribe y la clavó más duro sobre ese que era un verdadero caldo de cultivo.

Hasta ese año nunca se pensó en sacar a los trabajadores a vivir en conjuntos residenciales en los pueblos. Los teníamos repartidos en las fincas, y ¿qué ocurría? Se fumigaba contra la sigatoca y venía la deformación de niños... Se presentaron problemas congénitos graves. Más tarde vino el desplazamiento de las fincas a los centros urbanos y empezaron a crecer Apartadó, Chigorodó, Carepa, Currulao.

Llega el gobierno de Belisario Betancur, de ingrata recordación, porque allá apareció primero el MOIR, de izquierda, luego el Partido Comunista, luego el EPL en el año 75 y más tarde comandado por una serie de personas reinsertadas que hoy están prestándole un buen servicio al país.

Belisario Betancur empezó con ese manejo medio soñador según el cual conversando sería posible manejar a la guerrilla pero se le desbarató el escenario. Entonces cogió mucha fuerza la parte sindical, asesorada por la guerrilla para presionar al patrón.

Cuatro años más tarde empezaron las conversaciones con el EPL y vino la reinserción de sus miembros. Las FARC se quedaron con un sindicato y el EPL con otro.

Cuando se reinsertó el EPL a la vida civil, las FARC se le fueron encima, vino la matanza del barrio La Chinita en Apartadó y luego el cobro de cuentas, porque los reinsertados ya no eran los compañeros de guerrilla sino unos «mamertos» que los habían traicionado, y las FARC siguieron imponiendo la ley del más fuerte basada en matar, en secuestrar. La zona se volvió un caldo muy cargado.

Luego de la reinserción, el EPL pasó a llamarse Esperanza, Paz y Libertad, aspiraron a hacer política y los apoyamos. Los apoyamos porque estaban haciendo una labor de culturización a sus masas, los reintegramos a trabajar en las fincas bananeras y hoy son los mejores trabajadores, los más eficientes. Ese fue un gran experimento en Urabá.

Hoy todas las alcaldías de la zona, menos la de Apartadó, están manejadas por sindicalistas con un magnífico resultado. Otra alcaldía excelente fue la de Turbo con Aníbal Palacio, antiguo comandante del EPL. Está también Ortiz, del sindicato, manejando la alcaldía de Carepa: excelente. Y Pallares, sindicalista que acaba de ganar la alcaldía de Chigorodó.

Pero, para mí, la mejor alcaldía de Apartadó fue la de Mario Agudelo, un excomandante del EPL. Él hizo una gran labor.

Mario Agudelo (miembro de la cúpula política del Ejército Popular de Liberación. Líder de la reinserción de esa guerrilla a la vida civil. Presidente de Esperanza, Paz y Libertad. Miembro de la Asamblea Departamental de Antioquia. Alcalde de Apartadó en los años 2001 a 2003):

Urabá ha tenido diferentes fases, en un conflicto relativamente nuevo en cuanto al proceso de colonización y poblamiento en otras regiones del país. Allí la colonización se inició en la década del cincuenta, aunque la región fue descubierta mucho antes.

Su característica es que se convirtió en una zona de refugio, a la cual llegó gente desterrada por la violencia partidista liberal-conservadora: guerrilleros liberales que no quisieron entregarse cuando la amnistía de Rojas Pinilla y se fueron a cultivar la tierra. Y en plena colonización, sobre el año 1969, nació allí el Quinto Frente de las FARC, un poco después de comenzar la industria bananera. Pero su germen fue la colonización.

El Ejército Popular de Liberación tuvo un proceso similar. Apareció en 1967. Pretendía construir una base de apoyo en el Alto Sinú y en el Alto San Jorge, es decir, en el nudo de Paramillo, una posición estratégica porque desde ahí se pueden controlar todos los puntos cardinales: las sabanas del Caribe al oriente, el golfo de Urabá, la región selvática del occidente en el litoral pacífico y la salida a Medellín. Desde la serranía de Abibe dominaba los municipios del eje bananero.

El EPL partió de una zona de refugio, también de guerrilleros liberales de aquella violencia de los años cincuenta, y logró convencerlos de que entraran en la lucha armada. Desde luego, lo logró fácilmente: era gente que no tenía mucha confianza en el Estado, había sufrido la persecución y no era fácil que de un momento a otro lo aceptaran.

El EPL trató de incursionar primero, pero en ese momento miraba a Urabá más como un trabajo de periferia, porque su zona de influencia estaba en las sabanas del Caribe (Córdoba).

Ya después del año ochenta, se realizó el undécimo congreso del Partido Comunista Marxista Leninista, brazo político del EPL, y sus cuadros directivos llegaron a la conclusión de que era necesario realizar la lucha armada en zonas más pobladas. Había que buscar áreas de concentración de campesinos cercanos a los centros de producción, a las vías principales, es decir, una concepción geoestratégica diferente. En ese momento decidió salir directamente hacia Urabá y se ubicó en la zona bananera.

Cuando el EPL entró allí, había una ruptura en el interior de las FARC y un grupo de disidentes, encabezados por Bernardo Gutiérrez, se pasó al EPL.

Este detalle es importante porque a lo largo de la historia van a aparecer roces permanentes entre el EPL y las FARC, hasta la década del noventa. En ese momento Bernardo Gutiérrez criticó la participación electoral, y desde luego fue tachado como traidor, como miembro de la CIA. Después asesinaron a algunos campesinos, luego a pobladores de Turbo, del corregimiento El Dos y de veredas cercanas a un punto llamado El Limón. Esto creó una gran polarización, pero en aquel momento la violencia no era tan sangrienta, no había masacres. Eso vino más tarde, con una dinámica distinta.

El Partido Comunista empezó a implantarse en el eje bananero aprovechando circunstancias especiales, puesto que aquella región de desterrados fue zona de refugio con influencia del Movimiento Revolucionario Liberal (MRL), que encabezaba Alfonso López Michelsen, quien más tarde sería presidente de la república, y por tanto a comienzos de la década de los años sesenta ese partido tenía una fuerte influencia en toda la región.

En 1964 el Partido Comunista comenzó a controlar un sindicato de trabajadores llamado Sintrabanano y más tarde, en 1972, decidió participar en la lucha electoral.

La pregunta es si la mentalidad feudal de los primeros bananeros le dejó el terreno abonado al Partido Comunista. La respuesta es sí, porque durante esas décadas allí existía la ley de la selva. Por ejemplo, no se conocía la jornada laboral y como el Partido Comunista entró muy temprano al sindicalismo, ese sindicalismo fue calificado también como comunista.

En aquel momento las FARC hicieron presencia en el eje bananero —hablo de los años 70 al 78— y, claro, cualquier protesta, cualquier solicitud colectiva era para empresarios y autoridades como una carta oficiada por el comunismo... o como un apoyo al comunismo.

Allí no se conocía una cesantía, una prima, los domingos se trabajaban como cualquier día corriente. No había asistencia de salud: desde luego, cada empresa tenía su médico, pero como él era de la empresa, ¿qué podía entregarle al trabajador cuando era el patrono quien le pagaba al médico y pagaba también los medicamentos? Desde luego, no se ordenaba una radiografía, no había un tratamiento. Realmente, no había nada.

Además, algunos propietarios pagaban con vales, pero con ellos sólo podían comprarles a proveedores de la misma empresa. El obrero vivía concentrado, hacinado, y en condiciones de extremada falta de higiene y de comodidad, en unos campamentos elementales construidos con tablas a los que llamaban *machosolo*, por supuesto sin ninguna privacidad, ni respeto por su condición de ser humano. En pocas palabras, era un engranaje montado con esquemas anacrónicos.

En aquellos campamentos el trabajador estaba separado de su familia. En épocas de cosecha, digamos octubre, noviembre, cuando había embarques, a mí me tocó trabajar dos meses seguidos sin descanso. Yo no vivía en *machosolo*, pero aun así no veía a mi hijo porque llegaba a las nueve, a las diez de la noche y al día siguiente tenía que salir a las cinco de la mañana. Para quienes vivían en los campamentos la vida era mucho más difícil.

Un poco después, cuando el sindicalismo empezó a tomar fuerza y se mejoraron un tanto las condiciones laborales y había mucho, mucho empleo —después del año 84—, yo me preguntaba: ¿por qué estos obreros se van fácilmente para la guerrilla?

Es que en aquel momento ya no se iban los desempleados. El paso a la guerrilla no se daba por hambre. Entre otras cosas, la guerrilla todavía no pagaba. ¿Por qué se van?, me preguntaba. La respuesta era sencilla: porque los trabajadores llegaron a darse cuenta de que eran unos explotados, unos excluidos y unos apéndices de la plantación.

Otra causa más clara fue la militarización, pues desde un comienzo los conflictos laborales fueron puestos en manos de los militares. Allí los conflictos eran espontáneos: porque no les pagaban el día que era, o porque la comida era muy mala en los casinos de algunas fincas. Pero como ya gravitaba el síndrome del Partido Comunista y posteriormente el de las FARC, las protestas eran asimiladas a una expresión de comunismo.

¿Qué sucedía en esa etapa del conflicto? Que los empresarios y las autoridades mismas comenzaron a cogerle miedo al comunismo y la respuesta fue militarizar los conflictos espontáneos, por simples que fueran.

En ese tiempo, la legislación de emergencia adoptada por los gobiernos les daba a las fuerzas armadas competencia de Policía judicial: podían detener, capturar mediante la figura de detenciones preventivas, y lo hacían como querían y sin que alguien se lo impidiera.

Ya para la década de los años setenta, cuando comenzaron las FARC a aparecer con fuerza en el sur de Urabá, de la carretera a Medellín hacia el occidente, que es el río Atrato, y el EPL incursionaba esporádicamente entre Mutatá y Chigorodó, en pleno eje bananero, comenzaron a nombrar alcaldes militares. En tanto, las FARC empezaron a tomar fuerza en parte del eje bananero e hicieron presencia en el norte de Urabá. Crecían.

Después del año ochenta, cuando el EPL entró a la zona bananera con su trabajo político, logró capitalizar otro sindicato: Sintagro.

En ese momento ocurría otro fenómeno a nivel laboral en la medida en que apareció el Estatuto de Seguridad (Turbay-Camacho Leyva) y empezó un control militar muy fuerte sobre los sindicatos. Por ejemplo, para hacer una asamblea era necesario pedirle autorización al comandante del Batallón Voltígeros.

Y en la medida en que la guerrilla tomó fuerza, se establecieron una serie de bases militares tenebrosas: la de Caucheras, a la entrada a Mutatá; La Maporita, en Chigorodó; Casa Verde, frente al Batallón Voltígeros, y La Loma, ubicada en predios de la plantación de palma africana propiedad de Coldesa.

A obrero que detenían, lo colgaban. Eso era público. ¿Operaciones encubiertas? No, qué va. ¿Para qué? Era de frente, ante los ojos de la población. Los colgaban por cualquier cosa, o por sospecha, o simplemente por tratarse de un afiliado a cualquier sindicato, de manera que ser sindicalista se volvió muy grave. El Ejército desterraba sindicalistas. Algunos se iban para la guerrilla sin habérselo propuesto, otros abandonaban Urabá.

Yo estuve seis meses en la cárcel de Bellavista, en Medellín, por regar tachuelas en las calles durante las elecciones de febrero de 1978. Era antielectorero. Pero no me condenó un juez sino un capitán de la Policía. El capitán decía tanto tiempo de cárcel, y ese era. No valía abogado. No valía nada, pues se trataba de determinaciones inapelables.

Cuando salí de la cárcel me fui para Urabá y allí encontré que en la zona bananera la situación era más grave que en

Medellín: muchos dirigentes políticos fueron procesados en consejos verbales de guerra. Cincuenta, setenta personas de Urabá trasladadas a la Brigada en Medellín. O sea, la ley de la selva en lo laboral se combinó con la militarización y la persecución a los sindicatos.

Y, además, había cosas tan famosas como las listas negras: obrero despedido en una finca por sindicalista, o por sospecha de ser sindicalista, no era recibido en ninguna otra, y entonces se iba para la guerrilla o para otra región del país.

En febrero de 1982 Sintagro proyectó una asamblea, pero el Ejército se llevó para el Batallón Voltígeros a los obreros que habían asistido. El sindicato era entonces tan pobre que no tenía siquiera un archivador, todo lo guardaban en cajas de banano. El Ejército se llevó también las cajas de banano.

El clima del momento estaba determinado por la manera como se percibía la actividad sindical y como el Ejército era autoridad judicial.

Todo eso fue generando un rechazo y un malestar en los trabajadores en contra de la cosa pública y de los patronos. Pero, a la vez, los sindicatos tenían muchas dificultades para poder funcionar bien.

Entonces, cuando vieron que los trabajadores tenían una cierta conciencia de organizarse, en algunas pocas empresas optaron por la tercera vía: crear sindicatos de bolsillo. Afiliaban a unos pocos y hacían pactos con todos ellos para eliminar la posibilidad de firmar convenciones colectivas, de manera que se presentaba una paradoja: la gente era simpatizante, pero tenía miedo a entrar al sindicato, de modo que hubo que apelar a los trucos.

Recuerdo que en alguna oportunidad, nosotros no éramos afiliados al sindicato y como el obrero vivía aislado en sus campamentos, nadie conocía a nadie más allá de su entorno asfixiante. Entonces cuando había asambleas y el Ministerio de Trabajo estaba atento para comprobar que el sindicato tuviera mínimo veinticinco afiliados, llevábamos campesinos, y como no se conocían entre ellos, contestaban por cualquiera

de los de la lista. Los *extras* nos permitieron mantener viva
la personería jurídica.

Entonces nosotros entramos de lleno a la zona y empezamos a aprovechar todo el malestar de los trabajadores y fuimos creciendo un tanto. En los años 82 y 83 logramos avanzar
más: pasamos de los veinticinco socios a doscientos reales.
Eso era crecer el mil por ciento. Era crecer diez veces.

Continuamos a más y empezó la guerra sucia cuando
apareció gente que mataba sindicalistas. En aquel año 83
mataron a los dos primeros de Sintagro. Era el renacimiento
de los pájaros.

Yo recuerdo, por ejemplo, a un señor Álvaro Cossio que
trabajaba directamente con el Ejército. Es que en ese tiempo
existía una legislación, la Ley 48 del 68, que permitía que la
fuerza pública vinculara población a los trabajos de apoyo
de control territorial. Entonces se creó la Defensa Civil, un
grupo de campesinos armados por el Ejército. Armamento
rudimentario, les pagaban un salario, los apoyaban, patru-
llaban, controlaban territorio.

A uno de los líderes sindicales lo capturaron, lo pasearon
desde Currulao hasta Baranquillita y allí lo mataron. Luego le
hicieron un atentado a otro dirigente en Apartadó. Él quedó
herido. ¿Quién fue el agresor? Un tipo que trabajaba directamente con el Ejército... Aquello era público. Esa fue algo así
como la transición hacia los paramilitares.

La respuesta de Sintagro fue replegarse, clandestinizarse
desde mediados del año 83 y pensar en aparecer nuevamente
cuando tuviera la oportunidad de hacerlo, más grande y con
un buen trabajo de base. No había otro camino.

En ese momento, de toda Antioquia la zona donde más
se reclutaba para el Ejército Popular de Liberación era en
Urabá. En las FARC sucedía lo mismo. En su mayoría se
trataba de obreros, algo diferente de la teoría de que todos
los que se iban para la guerrilla eran indigentes, borregos.
Resulta que no.

En nuestro caso la mayoría de la gente se fue a la guerrilla porque se sintió agredida, excluida, perseguida. Perseguidos por ser trabajadores y estar afiliados a un sindicato. Mire: era gente empleada, pero desarraigada porque sentía que no pertenecía a un territorio, que no le pertenecía a nadie.

Todo esto explica por qué se dio esa simbiosis tan especial de Urabá entre sindicalismo y guerrilla.

Muchos dicen ahora que allí llegó gente armada a imponer la filosofía sindical. Nadie se afilia a un sindicato a la fuerza. Y el día que se afilie, el sindicato se acaba pronto.

Y también circula la teoría de que amenazaban a la gente para que se afiliara a Sintagro. No es así. Es que había un clima. Por ejemplo: nosotros hacíamos las reuniones en las fincas, no como EPL sino como trabajo político del Partido Comunista Marxista Leninista. Recuerdo que cuando la situación se puso dura, teníamos que reunirnos durante las noches en las cablevías de las fincas. Y teníamos que hacerlo con gente de cierta confianza, en la clandestinidad. Recuerdo que los obreros muchas veces nos decían: «Oiga, ¿y por qué no nos hablan del EPL?». Como éramos clandestinos no le hablábamos de lo ilegal a cualquiera, sino le hablábamos de sindicalismo que también entonces desde el punto de vista real era ilegal, aparentemente. Entonces, había mucha simpatía por la guerrilla.

Recuerdo que nosotros entrábamos clandestinos a Currulao. En esa época iba a nacer mi hija, vivíamos en un barriecito y la gente empezó a llamarnos: «Cuando vaya a nacer la hija, dígale a su señora que nosotros la tenemos en nuestra casa». Otro: «Nosotros le cocinamos». Otro: «Nosotros le lavamos la ropa».

Les preguntaba por qué se me ofrecían, si escasamente nos saludábamos, y respondían: «Nosotros sabemos quiénes son ustedes y nos gusta ese cuento», y nosotros mismos nos sorprendimos al ver aquello. No esperábamos encontrar un ambiente tan favorable.

Cuando terminaba el gobierno Turbay aflojaron un poco por la presión nacional e internacional, y al final de 1982 crearon comisión de paz con el expresidente Lleras. A partir de allí comenzó un nuevo proceso. Luego apareció el gobierno de Belisario Betancur y su propuesta de diálogo con los alzados en armas y se aflojaron las tuercas en el manejo de los conflictos laborales.

Llegó una tregua que distensionó aún más la situación y nos abrió espacios y todo aquello que estaba represado, los deseos de vincularse a la actividad sindical, a la actividad con la izquierda, se desbocó y nosotros empezamos a crecer, esta vez de una manera geométrica.

Qué contraste. Al comienzo todo era muy difícil. Era necesario ir paso a paso, convencer a uno por uno para que se afiliara al sindicato, y ahora ese río creciendo. La gente empezó a salir de las fincas en busca de los dirigentes para presionar por un ingreso. Parecía que brotaran afiliados de debajo de las piedras.

Es que la gente ya podía aparecer públicamente, ya se respiraba un aire tranquilo en el que por fin sentían que ser sindicalista no era un delito. Ya no eran unos perseguidos desde el punto de vista militar. El proceso de paz de Betancur generó una expectativa diferente. Algunos empresarios lo vieron con buenos ojos y también aflojaron.

Recuerdo que por primera vez tuvimos oportunidad de hablar con ellos. Ahora escuchaban y fueron bajando las tensiones.

Yo diría que en el 84 empezó una nueva fase con Belisario, porque en medio de esa tregua realmente nos fortalecimos nosotros y se fortaleció el Partido Comunista. En las elecciones del año 86 (nosotros éramos antielectorales) la presencia del Partido Comunista creció en cuatrocientos por ciento en concejos municipales, Asamblea y Congreso de la República. En ese momento apareció Bernardo Jaramillo como suplente a la Cámara por Urabá, militando en la Unión Patriótica, movimiento político que surgió en el 84 dentro del marco de acuerdo entre el gobierno y las FARC.

En 1987, el conflicto de Urabá pasa a una nueva fase. Hubo procesos de orden nacional muy importantes, como la creación de la Coordinadora Guerrillera Simón Bolívar: FARC, EPL, ELN.

Nosotros veníamos de un momento difícil en los años 84 y 85 porque nuestro sindicalismo había crecido principalmente en dos puntos, llamados El Tres y Currulao. Aquello era zona de influencia histórica del Partido Comunista y ellos sintieron que estábamos invadiendo su territorio, de manera que empezó algo llamado «la guerra sindical», en la cual hubo muchos obreros muertos. Una posición de intolerancia de las FARC, que tomó una actitud hegemónica y de hostilidad hacia nosotros. Era esa intolerancia que siempre ha tenido la izquierda muy ortodoxa, cuando vieron que otra fuerza de izquierda, también guerrillera, les estaba copando espacios que antes eran suyos. Pero espacios físicos, porque el espacio social aún no comenzaba a crecer.

Otra cosa es que en el 84 el EPL creció fuertemente en Urabá y se conformaron las milicias de las FARC y del EPL, y comenzaron un trabajo y una presencia muy grande de la guerrilla en la zona, y al lado del accionar de la guerrilla una gran movilización social permanente.

Este crecimiento corría paralelo a las situaciones sociales porque aunque se presumía que los empresarios habían avanzado un poco, todavía las cosas eran muy difíciles para los trabajadores.

Es que apenas en el año 85 se realizaron las primeras negociaciones en serio, aunque había mucha desconfianza. Las negociaciones con los empresarios (convenciones colectivas) fueron difíciles porque el sindicalismo había logrado un poder muy fuerte. Sin embargo, se fue atemperando en la medida en que avanzaba y se generó una cultura nueva. La cultura de entender que, gustara o no gustara, había un interlocutor válido para el empresario. Incluso ese empresario tuvo que avanzar hacia un modelo de negociación eminentemente de industria.

Eso en realidad fue propiciado por una coyuntura única en el país, porque en los demás sectores, por ejemplo en el de la caña de azúcar, no se dio el mismo fenómeno. En el sector de los palmeros tampoco. En Urabá debieron aceptar que era necesario negociar convenciones colectivas con los sindicatos. El modelo de finca por finca se acabó.

¿Qué sucedía ahora? Que esos obreros empezaban a trabajar abiertamente con la izquierda. Al lado de las grandes acciones de la guerrilla, venían las grandes movilizaciones populares. En el paro cívico nacional de 1985, el más fuerte fue el de Urabá. En el paro del 88 también.

Otro fenómeno es que en medio de aquel clima, la gente empezó a impulsar con fuerza la lucha por tomar tierras. Nació la toma de tierras. Entre 1984 y 1988 fueron ocupadas por la gente doce mil hectáreas en el eje, tierras cercanas a las bananeras, a las vías, tierras de buena calidad. Eran predios incultos de empresarios que los tenían para «engorde». Tomas promovidas por nosotros, porque el Partido Comunista tenía otro diseño. Ellos se movían de acuerdo con aquel que traían desde la época de Viotá en los años sesenta: tomar tierras de colonización y hacer trabajo de autogestión, es decir, organizar lo que colonizaban.

Luego sí entró el Partido Comunista a la toma de tierras cuando nosotros habíamos promovido la inmensa mayoría. Ante esto surgió en Urabá un movimiento de derecha que planteaba que era necesario comenzar por una guerra total contra el sindicalismo, contra la guerrilla, contra todo. Las características conceptuales del paramilitarismo nacieron allá en 1988.

En ese momento venía de triunfar la revolución en Nicaragua, estaba en proceso de auge el movimiento revolucionario en El Salvador, en Honduras, en Guatemala, zonas estratégicamente muy cercanas a Urabá, y se comenzaron a manejar conceptos de soberanía, estaba en riesgo la unidad nacional, se empezaron a manejar conceptos para profundizar lo que había allá.

Porque Urabá tuvo otra característica: históricamente siempre se sintió marginada de las políticas de Estado, con excepción de las de choque. Sintió que no hacía parte de Antioquia, ni tampoco de Colombia. Eso estaba en la mentalidad de una gente sin identidad. Ellos decían: «Yo no soy antioqueño, yo soy de Turbo». Eso lo decía el ciudadano común y corriente y ese fenómeno fue profundizándose, hasta llevarlos a mirar lo de Urabá como una revolución por los logros que habían tenido el movimiento político, el sindical y el guerrillero.

Como respuesta apareció la arremetida paramilitar del año 88, cuya característica no era simplemente quitarle un territorio a la guerrilla. Para ellos la consigna era derrotar una revolución, era debilitar a los sindicatos y a las organizaciones sociales influenciadas por la izquierda revolucionaria.

Los paramilitares de Puerto Boyacá, al mando de Henry Pérez y Ariel Otero —que fueron los primeros allí—, cometieron las masacres de Honduras, de La Negra y de Coquitos. Y se empezó a incubar lo que iba a ser en Córdoba el paramilitarismo de los Castaño, pero con un modelo diferente.

En Urabá actuaban contra lo que ellos llamaban la revolución, en una zona en la cual el poder político y de movilización de la izquierda era muy grande por el abandono del Estado, por la lejanía del resto de Colombia ante las características de la vía a Medellín, una trocha. No había presencia del Seguro Social, había opresión. Ese fue lo que dio lugar a aquella situación explosiva.

Los grupos del Magdalena Medio irrumpieron entonces con el ánimo de masacrar a dirigentes políticos, dirigentes sindicales de izquierda, líderes naturales. En aquel momento ellos simplemente llegaban, aparecían, masacraban y desaparecían.

Lógicamente que ese modelo no les iba a aguantar, porque la fortaleza política y militar de la izquierda revolucionaria, la lucha y todo el repudio que generaron las masacres, provocaron el rechazo de la opinión pública.

Honduras y La Negra: en ese momento, todavía los obreros habitaban en los campamentos. En la noche irrumpieron en camionetas, reunieron a los trabajadores, sacaron a veinticinco, los tendieron en el suelo y allí los asesinaron. Y como había un distanciamiento entre el EPL y las FARC, pintaron en Honduras un *graffiti*: «Vivan las FARC». Sin embargo, ¿por qué era claro que se trataba de un grupo paramilitar? Porque llegaron en vehículos, por la vía principal, por donde no entraba la guerrilla, ni en la forma en que lo hacía la guerrilla. Era claro que se trataba de un grupo de afuera. De acuerdo con las características de la masacre, no podían ser otros.

Luego de la masacre de Honduras y por la misma vía, penetraron a las bananeras y en La Negra mataron a seis trabajadores. El mismo sistema: los sacaron, los tendieron boca abajo y los asesinaron.

Honduras era un sitio de gran influencia del EPL.

Un mes después aparecieron en Punta Coquitos. Allí había una invasión de tierras. Se llevaron en embarcaciones a 42 campesinos, los mataron y los tiraron al mar.

En todo ese período, 1988 fue el año más difícil. Las tres matanzas eran un reflejo de esto. Ese año tuvo una característica especial: se realizaría por primera vez una elección popular de alcaldes, precisamente en marzo, y las matanzas fueron unos días antes, para debilitar las elecciones, en las cuales se esperaba una gran votación por la izquierda.

Pese a la violencia, triunfaron el Partido Comunista y la UP en Apartadó y Mutatá. Nosotros nos lanzamos por primera vez y ganamos Apartadó, que era la localidad más importante, y obtuvimos varios concejales en el eje bananero y en el norte de Urabá.

Viene el año 1989 y aparece Fidel Castaño. Sus grupos de paramilitares eran Los Mochacabezas, El Escorpión y Los Tangueros. Su idea era ocuparse de lo que habían hecho los del Magdalena Medio.

Castaño pretendía capitalizar a sectores que podían estar hastiados con el tema del conflicto y particularmente con las actuaciones del EPL y las FARC.

Fidel Castaño tenía un esquema diferente del de los paramilitares del Magdalena Medio, que no lograron crear una base social. En cambio este hombre llegó con la estrategia de ganarse a los empresarios y a los comerciantes, que sufrían secuestros y extorsión por parte de la guerrilla.

Ante eso, nosotros vimos la necesidad de utilizar una táctica para evitar la posibilidad de un apoyo masivo de los sectores intermedios. El primer paso fue tratar de separar la clase sindical de la entidad armada. El EPL dijo: «Señores del sindicato, ustedes van a hacer su convención, incluso una huelga, pero hemos tomado la decisión de que en ese proceso no va a intervenir el sector armado». Por primera vez se desmilitarizó una huelga.

Eso buscaba, inicialmente, quitarles argumentos a quienes pudieran utilizar el tema de la intervención del EPL en lo sindical. Y segundo, veíamos que el valor agregado de la intervención entregaba muy poco. Intervenir era facilitarle la tarea a Castaño.

Otra cosa que nos preocupaba era que, ante la situación, muchos empresarios estaban empezando a invertir en la zona del departamento del Magdalena, y en Costa Rica. Si no le dábamos a ese tema un cierto manejo, se podía generalizar una desbandada, por lo menos de los más grandes.

Eso nos llevó a plantear un diálogo regional y un plebiscito para hacer una convocatoria amplia y pública. Se buscaba atraer a los sectores intermedios, porque era un error político quedarnos solamente con los obreros y campesinos en el momento de confrontarnos contra todo el mundo.

En el Partido Comunista Marxista Leninista se produjo una confrontación de ideas entre la línea dura ortodoxa y nosotros, que planteábamos cambios. Entonces había que escoger: o lo armado o lo social. O la política o la guerrilla, porque ya el esquema no aguantaba en una situación tan difícil para el país: los extremos del narcoterrorismo, el asesinato de candidatos presidenciales, la multiplicación de los grupos paramilitares... Nosotros entendimos que se trataba de avanzar hacia la desmovilización.

Pero a la vez se derrumbó Europa Oriental. Se cayó nuestro modelo de sociedad. Entonces, ¿qué sentido tenía ese proyecto revolucionario que había fracasado? Eso nos llevó a la desmovilización del EPL en 1991.

Para el 91 se endurecieron los de las FARC, porque el ELN no se desmovilizó, pero tampoco asumió una actitud tan radical.

¿Qué otra cosa sucedió en el año 91?

Comenzó otra fase del conflicto. La desmovilización del EPL, a diferencia del resto del país, no sólo tuvo un apoyo grandísimo de la población. Desmovilizarse en Urabá era también cambiar aquel esquema guerrilla-sindicato-confrontación social-toma de tierras.

En ese momento el proyecto político comenzó a llamarse Esperanza, Paz y Libertad, y a finales del año 91 nos fusionamos con el M-19, desmovilizado también.

Pero además de dejar las armas había que hacer otra cosa. Dijimos: si se dejan las armas y no se cambia la cultura que ya se ha generado, choque de conflicto, enfrentamiento con los patronos y con todo el mundo, no ganaremos nada. Entonces desmovilizarse era también romper la simbiosis guerrilla-sindicatos y eso no es tan fácil. Pero también se trataba de cambiar cultura de parte y parte: de nosotros y de la contraparte: del Estado, de los empresarios, de la fuerza pública.

La idea era convertir un espacio para cambiar la cultura de choque por la de la concertación, pero colocando grandes temas y grandes compromisos en materia de empleo para los desmovilizados, en materia de salud, de vivienda, de saneamiento básico... Se llegó a cinco o seis puntos como soporte de un pacto para aclimatar la reconciliación y la convivencia, y se comenzó a hacer ese ejercicio.

Como un eco, Fidel Castaño desmontó las bases paramilitares de Córdoba y el Chocó y desapareció de la escena por un tiempo. Luego le entregó tierras a monseñor Duarte Cancino, obispo de Apartadó, y allí los campesinos comenzaron a sembrar plátano y caña, y a hacer panela.

Lo de Urabá tiene unas características muy particulares. Ese fue un momento de gran esperanza en la región y en el país, porque en ninguna parte se vio lo que se vio allí. Pero, nunca falta un pero: infortunadamente esa oportunidad histórica no se pudo consolidar.

¿Qué quebró aquel proceso? Que las FARC siguieron en armas. En el Partido Comunista había una situación similar a la que tuvo el EPL antes de su desmovilización.

La línea dura de las FARC quería demostrar que todavía el proyecto insurreccional tenía validez, pero ya la población no les caminó con sus paros y sus manifestaciones y ellos decidieron rechazar públicamente el proceso de paz y cometieron un error: comenzaron a asesinar gente desmovilizada.

Y para completar, una minoría de los desmovilizados del EPL volvieron a tomar las armas e intentaron continuar un trabajo político: recorrer los territorios que recorría el EPL, incursionar en la zona bananera, pero allí ya no les salió la gente, y cuando vieron eso, comenzaron a matarla protegidos por las FARC.

Ahí empieza una nueva fase del proceso en Urabá.

La disidencia del EPL no es capaz de continuar porque se desgasta y abandona la zona bananera. Entonces las FARC retoman ese tipo de acciones matando desmovilizados, dirigentes, concejales, sindicalistas, etcétera.

Consecuencia: en el norte de Urabá se reactivan nuevamente los paramilitares de Fidel Castaño a finales de 1991, y los desmovilizados quedamos en sánduche: los de la disidencia del EPL matándonos y los paras también. Entonces parte de la gente huyó. Algunos de nuestros concejales se fueron, a otro lo mataron, quedamos sin representación política y jamás la volvimos a recuperar en el norte de Urabá. En la zona bananera teníamos sindicato y podíamos hacer resistencia civil. Allá no.

Las FARC hicieron cada día más fuerte la ofensiva contra los desmovilizados y, a partir de finales del año 93, intensi-

ficaron las masacres en las fincas bananeras. La modalidad
era ir, coger a los trabajadores, especialmente en las mañanas
antes de comenzar a trabajar o en la tarde a la hora de salir,
hacerlos tender en el suelo y matarlos.

De este tipo hubo matanzas en la Unión Pino, en la finca La
Mora, en Villanueva, en San Rafael, en Churidó, y remataron
con la masacre de La Chinita, 35 muertos en enero de 1994,
durante una verbena, luego de un mitin político de Esperanza,
Paz y Libertad.

El marzo siguiente habría elecciones de Congreso y La
Chinita era un fortín político nuestro.

La Chinita es un inmenso barrio de invasión en Apartadó, que hoy puede tener 25 mil habitantes. Esa fue la última
invasión que hizo como movimiento político Esperanza, Paz
y Libertad, en un gran lote urbano, muy cerca de la carretera
principal.

Hasta ese momento, organizar invasiones en la región
daba poder político porque la gente quedaba agradecida.
Para ellos tener un metro de tierra era cosa del otro mundo:
gente históricamente desposeída, desterrada de otras partes, abuelos que venían de la lucha liberal-conservadora,
familias que venían de Córdoba. Urabá es un refugio, una
aglomeración de desposeídos y explotados.

Desde luego, La Chinita era incómoda porque nos podía
representar en una elección local, por lo menos, el cincuenta por
ciento de una alcaldía. Por eso estaba en el ojo del huracán.

A raíz de lo de La Chinita hubo algo importante: nosotros
entendimos que unas elecciones locales con ese antecedente
iban a generar más violencia y pensamos que ir a las urnas
no tenía sentido. Era poner en tensión a la población por una
alcaldía, y con monseñor Duarte Cancino, con la misma UP y
con otros partidos, empezamos a buscar un consenso de go-
bernabilidad. Allí fue cuando llegamos al nombre de Gloria
Cuartas. En ese momento, la guerra entraba en otro punto
de quiebre.

Ese consenso como experimento político, como propuesta, para mí fue importante. Me parece que permitió sensibilizar la tolerancia entre los partidos porque representó un mensaje muy duro, muy contundente contra los armados para que no intervinieran en las campañas electorales. El que esa campaña hubiera sido tranquila fue una ganancia.

Pero por aquello de la evolución de la situación de Urabá, los paramilitares reaparecieron oficialmente en el eje bananero a comienzos de ese año 95, recién posesionada la alcaldesa del consenso.

Ellos estaban librando una confrontación seria con la disidencia del EPL en el norte, lo que había llevado el conflicto a unos niveles de violencia demasiado grandes.

En esa oportunidad el objetivo de la gente de Castaño era consolidar territorios y empezaron a manejar el concepto de corredores de movilidad, de corredores estratégicos, algo muy diferente del año 88 cuando los del Magdalena Medio llegaban, hacían masacres dentro de la población, asesinaban líderes de izquierda y se iban sin combatir con la guerrilla.

Entonces por primera vez se vio el destierro de la gente en forma masiva. Ahora se trataba de matar, y la población o se sometía o se iba. Esa era la realidad.

Esa disputa territorial pasó por una fase muy típica desde hace más de un siglo en nuestras guerras: los panfletos y los *graffiti*:

Boca de Tula era un jefe de la disidencia del EPL y, por ejemplo, le dejaron un mensaje en un muro: *Boquetula, te reto a un duelo. Atentamente, El Renegado.*

¿Quién era Boca de Tula? Los principales cuadros del EPL se habían desmovilizado, pero el pequeño grupo que regresó a las armas estaba compuesto por mandos medios al lado de Caraballo.

Entonces, con excepción de aquél, se trataba de una serie de personajes que en la zona bananera no habían pasado de simples trabajadores o simples milicianos de cuarta línea, ahora

transformados en comandantes famosos como él, como Boca
de Tula. Él había sido miliciano en la zona bananera. De allí se
fue como vendedor de chance para Necoclí y terminó siendo
uno de los jefes más temidos dentro de la disidencia del EPL.

Otro panfleto en la pared de una casa:

Se busca. Boquetula bibo oh muerto. Recompensa 800 mil pesos.
Atentamente, El Renegado.

Otro:

Gonsalo, no sea tan hideputa. No haga salir a los campesinos
de las veredas.

Gonzalo era el comandante de la disidencia del EPL en
toda la región.

Al conflicto en Urabá se lo mira de una manera muy plana,
pero resulta que cada una de las fases por las que ha transitado
es completamente diferente.

Vuelvo al año 94. En ese momento las FARC se encontraban
tranquilas en el eje bananero. Estaban fuertes, y como se con-
sideraron demasiado fuertes hicieron pública su decisión de
más violencia a través de un comunicado el 21 de diciembre,
diez días antes de posesionarse la alcaldesa del consenso.

En él les declaraban la guerra a las autodefensas del norte y
a todo el que las apoyara, y eso causó una ola de preocupación
en la zona. El comunicado decía que atacarían a comerciantes,
colaboradores, obreros de fincas, reinsertados, campesinos,
miembros de la Fiscalía y policías y soldados que, a su juicio,
olieran a paramilitar.

Cuando se habla del consenso político en Urabá no se puede hacer de una manera tan simple, porque con él la guerra entró en otra fase. En ella las autodefensas les dijeron a las FARC: «Si ustedes van para el norte, nosotros vamos para el eje bananero». Etapa con características diferentes de las anteriores.

En enero de 1995 subió a la gobernación de Antioquia Uribe Vélez y curiosamente empezó a hablar de concertación, de diálogo, de reconciliación. Planteó la pedagogía de la tolerancia, creó la Comisión Facilitadora de Paz de Antioquia para buscar diálogos regionales con la guerrilla. Luego nacieron propuestas como una fuerza extranjera para Urabá, se planteó la posibilidad de crear un Distrito Especial de Paz, se habló de un diálogo regional y un plebiscito por la paz, y la presión de la sociedad fue tal que Fidel Castaño llegó a plantear la posibilidad de una negociación con el gobierno. Siendo Serpa ministro del Interior, respondió que el diálogo era posible pero que lo único que le podían indultar era el porte ilegal de armas.

Todo esto se produjo en menos de un año y medio: año 95 hasta mediados del 96. Es decir, cuando empieza el conflicto con las autodefensas en el eje bananero en el 95, al lado de eso hay una gran participación de la sociedad en busca de diferentes opciones.

Como Urabá históricamente había tenido un déficit en inversión social y la gente de esa región se sentía marginada por el Estado, desde el gobierno de Gaviria se había hablado del Plan Urabá y se había creado una delegación presidencial buscando articular acciones del gobierno nacional con autoridades locales, hacer inversiones, proyectos, etcétera... Era una manera de decir sí, hemos fallado, vamos a rectificar. Una manera de salir al paso para que no creciera la guerra. Pero, por otro lado, una manera de decir: gentes de Urabá, ustedes también son Colombia.

Lo que quiero mostrar es que en toda esta dinámica de conflicto también había una dinámica política muy interesante. Lo que sucedía era que aparecían muchas propuestas, pero nacían muertas. Entonces uno veía que se generaba cierta desesperanza, hasta llegar a un momento en el cual la sociedad también estaba agotando sus cartas. Ya las había jugado todas y ninguna funcionó. Ninguna duró viva más de seis meses. Por el contrario, a partir del 95 vinieron tres años demasiado intensos en la guerra cuando cada actor entró en las zonas del otro.

¡San José de Apartadó!

Se levanta en el pie de la serranía de Abibe. La serranía corre paralela a la Vía al Mar, que entre Chigorodó y Turbo es el eje del desarrollo agrícola, inicialmente ganadero y posteriormente bananero. El eje bananero.

En aquel momento era fundamental ganarse la cercanía de la Vía al Mar y ahí está la importancia de San José de Apartadó, de Nueva Antioquia, de Piedras Blancas. Por algo muy simple: es que quien tenga allí el control cuenta con la posibilidad de incursionar en cualquier casco urbano del eje bananero sin mayor problema.

En aquel momento había una característica distinta en la guerra y es que para las FARC todavía era clave el componente político que tenía desde finales de la década del setenta. La Unión Patriótica surgió de acuerdos de las FARC con el gobierno, y en alguna medida las FARC afectaban a la UP y se veía una relación entre el espacio que ganara la UP y la simpatía por las FARC. Eso tenía una relación directa, sin que se quiera decir que la UP estuviera vinculada a las actividades militares de la guerrilla.

Entonces, para las FARC en aquel momento era más importante el eje bananero por todo lo que pesaba: por el proyecto insurreccional de los grupos guerrilleros, por el sindicalismo, por la presencia política en los concejos municipales, en las alcaldías. Por todo eso que se llama «la combinación del trabajo político con el trabajo militar».

Por todo eso, la serranía de Abibe se convirtió en un elemento estratégico y hacia allá se fue la guerra, y se volvió muy dura en los corregimientos vecinos a San José de Apartadó, todos a diez, a quince kilómetros de los cascos urbanos.

En los tres caseríos había una influencia histórica del Partido Comunista. San José de Apartadó y sus vecinos eran fortines donde la Unión Patriótica tenía casi todos los votos. En una oportunidad, Esperanza, Paz y Libertad sacó un voto en San José y el compañero que aspiraba a la Asamblea hizo una fiesta para celebrarlo.

San José está en el ojo del huracán porque allí el fenómeno político de simpatía por el Partido Comunista era algo demasiado especial, demasiado raro. No es fácil ver un corregimiento donde hay mil votos y 999 son por el Partido Comunista.

En Apartadó los barrios que quedan a la salida hacia San José se convirtieron todos en un fortín del Partido Comunista y de la Unión Patriótica. Se llaman Policarpa, La Paz, Alfonso López, Diana Cardona...

Entonces desde el punto de vista militar, se fue generando un cordón que bajaba desde San José hasta el casco urbano de Apartadó.

¿Quiénes poblaban esas invasiones? Principalmente obreros bananeros de influencia del Partido Comunista. Otros barrios eran de influencia de Esperanza, Paz y Libertad, por lo cual se fue dando el fenómeno de las comunidades marcadas por cada partido, no por las armas sino por la manera en que fueron apareciendo.

En ellos, luego de las invasiones, las gentes quedaban agradecidas porque el movimiento les había conseguido los lotes de terreno, y por lo menos durante los primeros siete años, no lo olvidaban. Eso explica la fuerza de la Unión Patriótica y la de Esperanza, Paz y Libertad. De manera que el camino para lograr feudos políticos fueron las invasiones. La experiencia nos había demostrado que por la vía del plomo no se dominan los barrios. Si fuera así, lo habríamos logrado cuando tuvimos al EPL armado.

Por el contrario, las FARC sostienen la teoría de que lo de allá fue el resultado de usar las armas. No. Las armas se utilizaron y con ellas se cometieron errores: las extorsiones y los secuestros fueron las cosas que más daño le hicieron a la guerrilla. Pero en forma independiente, en nuestro caso, el trabajo político se hizo con seriedad. El asunto es con ideas. Si no es así, esto no funciona.

Leyendo la literatura oficial, uno encuentra cómo quieren meter las cosas dentro de esquemas, y lo de Urabá los rompió todos, además de que fue la primera región que lo marcó todo: fue la primera que avanzó en la década del ochenta con una izquierda insurreccional a niveles nunca vistos en ninguna parte del país; cuando se dio el proceso de paz también sucedieron cosas que no se hicieron en el resto del país: lo del pacto social, la participación de la Iglesia, las relaciones laborales, la entrega de tierras de los Castaño; la misma desmovilización de los Castaño...

Lo mismo ocurrió en la época de conflictos a finales del año 94, comienzos del 95; allí se produjo una dimensión del destierro que no se vio en ese momento en ninguna otra parte del país.

Con un agravante. Que las FARC cometieron un error garrafal: en el norte de Urabá las autodefensas tenían grupo armado, pero carecían de poder político, no tenían alcaldes, no tenían concejales, no tenían nada. En cambio las FARC contaban con todo eso en el eje bananero. Su error estratégico fundamental fue irse a una guerra en la cual no tenían nada que ganar y en cambio todo que perder. Una guerra en la que se llevaron de por medio a la población y, desde luego, la población rompió con ellos.

Es también el error que cometieron con Esperanza, Paz y
Libertad al masacrar a los trabajadores, al pueblo. Eso empezó a quitarles espacio político, como se vio en las elecciones
locales del año 94.

Antes de esas elecciones, la Unión Patriótica tenía las alcaldías de Apartadó, Turbo, Chigorodó, Mutatá y la inmensa
mayoría de las del Urabá chocoano; tenía la mitad del sindicato de trabajadores bananeros, tenía un buen bloque de
concejales, manejaban la Asociación de Municipios de Urabá
y eso era un poder muy grande.

Pero en aquellas elecciones del año 94 ellos perdieron todas las alcaldías del eje bananero, y todavía no había entrado
Castaño con los paramilitares. Ojo con esto: no habían entrado
allí los paramilitares.

Entonces para mí es muy claro que su fracaso fue un castigo a las masacres cometidas por las mismas FARC y a todas
sus acciones negativas, porque realmente en el terreno admi-
nistrativo no fueron malos.

Y la gente vio, y la gente analizó: si esta guerrilla defendía
a los obreros en contra de los militares, defendiéndolos porque no tenían ciertas protecciones, y esa base obrera fue la
que le sirvió a la guerrilla no solamente como colaboradora
sino como combatiente, ¿por qué ahora estaban contra ellos?
Era gente que sentía las masacres y la persecución como algo
verdaderamente injusto.

Como conclusión, en esta guerra de finales del año 94,
comienzos del 95, las FARC cometieron dos errores que les cos-
taron la derrota: primero, declararles la guerra a los paramilitares en el norte, descuidando la casa sin necesidad, porque
los Castaño no les habían declarado la guerra a ellos.

Segundo: en la medida en que ellos comenzaron a meter la
ficha duro en el campo militar, pensaron que con la acción de
la guerrilla iban a detener la de las autodefensas y en alguna
medida desestimaron y, si se quiere, desestimularon la acción
legal del Partido Comunista. Creo que eso determinó que el
partido saliera muy rápido de la escena.

Ahora, en su guerra con los paramilitares, la verdad es que no tenían con quién enfrentarse. Los paramilitares entraban, salían, entraban, salían. Los paramilitares para ellos eran un fantasma que aparecía, que se iba, que regresaba y en la misma forma desaparecía. Luego, en la medida en que iban debilitando a la guerrilla, los paras se iban acomodando a los territorios, y cuando lo lograban, comenzaban a desterrar a la gente y a tomarse los corredores estratégicos.

Pero en los primeros momentos, los paras eran un fantasma que las FARC no encontraban, y como no lo encontraban, en el año 95 empezaron con la modalidad de bajar a los obreros de los buses y a masacrarlos. Y vinieron muchas matanzas, muchas: la de la finca Osaka, la de Los Kunas... La del Bajo del Oso fue la más escabrosa.

Ese era el tipo de masacres de las FARC. Lo mismo hicieron luego en la finca Los Kunas. Y más tarde, lo mismo en Osaka. En ninguno de estos casos se puede hablar de paramilitares, ni de enemigos. Todo el mundo sabía que en esos buses se transportaban trabajadores indefensos.

Cuando lo del Bajo del Oso, Uribe Vélez —entonces gobernador de Antioquia— comprometido con la pedagogía de la tolerancia, se encontraba despachando en Urabá. Uribe fue al sitio de la masacre, vio aquello, y gente cercana a él contó luego que eso lo descodificó. Lo quebró totalmente.

Algo especial. A pesar de las masacres, tres en menos de un mes, los obreros no abandonaron las fincas. Uno piensa que aquello era para que se presentara una desbandada, pero no. La gente fue valiente y se quedó. Con la misma guerra la gente aprendió a ser estoica. Parecía que la piel se les hubiera endurecido, como la de los cocodrilos. Uno iba a esos sepelios y los veía tristes, es cierto, muy tristes, pero a la vez muy firmes.

La pregunta sería ¿por qué esa gente no tomó el camino del destierro? Desde luego, por valentía. Pero por otro lado, porque Esperanza, Paz y Libertad siguió vivo en el contexto político. A Esperanza, en cuanto más duro le daban, más apoyo recibía. En 1994, el año en que más sufrimos, fue cuando más crecimos en el campo electoral. ¿Por qué?

A mí me parece que por la actitud que demostró el movimiento, manejando siempre la concordia, buscando concertaciones, buscando diálogos... Y por la actitud que asumió en Apartadó, renunciando a cualquier aspiración a la Alcaldía con ánimo de impedir que la población fuera víctima. El hecho de ir a los diálogos de paz en Tlaxcala (México), cuando la negociación con la Coordinadora Nacional Guerrillera. El hecho de haberle escrito a la disidencia armada del EPL preguntándole por qué seguían asesinando a la gente. Es que cuando sucedía una masacre nuestra actitud era la de mantener la cordura y la tranquilidad.

Otra cosa es que ningún dirigente de Esperanza se fue de allí. Hicimos un pacto y asumimos los riesgos. Claro que nos tocó renunciar a lo cotidiano en la vida íntima porque no podíamos continuar en nuestras casas con nuestras familias.

Entonces la vida se nos volvió un círculo reducido. Quienes vivían en Carepa y Chigorodó tuvieron que irse para Apartadó. La dirigencia de Esperanza, Paz y Libertad debió recogerse, como sucede con ciertas manadas en razón de su instinto de conservación.

En Apartadó todos dormíamos en el mismo hotel, El Pescador, frente al comando de la Policía.

Si íbamos a tomarnos un refresco lo hacíamos en un sitio que se llama La Cigarra, también frente al comando. Desayunábamos al frente de las instalaciones del Servicio de Inteligencia (DAS), de ahí nos íbamos a la oficina de Esperanza, hacíamos lo que teníamos que hacer y regresábamos. Una rutina restringida. Los obreros iban allá, nos reuníamos, etcétera, pero siempre limitando al máximo nuestros movimientos. Desde luego, en esos años murieron muchos, pero eso nos permitió sobrevivir a los demás.

En esa época tener escoltas no era suficiente en un ambiente tan bravo. La verdad es que las FARC contaban con mucho poder militar y nosotros éramos conscientes de eso.

En el año 97 las FARC me hicieron un atentado con granada frente al DAS. Me hirieron en una pierna, pero allí murió una muchacha y hubo once heridos más.

Lo cruel es que unas semanas antes, las FARC habían lanzado otra en un establecimiento público. Murieron seis personas.

Como entonces yo era diputado a la Asamblea Departamental, iba los fines de semana a Apartadó y lo primero que reclamaba era la escolta del DAS. Una tarde, cuando fui a pedirla, el director me dijo:

—Cuídese que van a lanzar otra granada en un establecimiento público.

Hicimos una reunión en la sede de Esperanza y como a las seis y media fuimos a comer al restaurante. Pero en El Enredo, una heladería vecina, había algunos amigos, me llamaron, entré porque me parecía un sitio seguro, y justo ahí fue donde me lanzaron la granada. Ahí. Al lado del DAS.

Ese año 95, y luego en el 96 y en el 97, fue más intensa la guerra. Las FARC estaban enloquecidas y a la vez las autodefensas avanzaban, avanzaban hasta consolidarse en las bananeras y de allá pasaron a los cascos urbanos.

Si se mira el cuadro del casco urbano de Apartadó, La Chinita es el barrio en el cual sus habitantes han sufrido la mayor violencia en toda la historia. Claro, los de influencia del Partido Comunista también sufrieron cuando llegaron los paramilitares, pero allí la diferencia estuvo en que casi toda la población se fue, incluyendo a los dirigentes del Partido Comunista. En tanto, en nuestro caso vieron que nos quedamos al frente, a pesar de que algunos murieran, y eso les daba cierto coraje. Estábamos a su lado.

Cuando la gran ofensiva de los paramilitares en el eje bananero me parece que también el Partido Comunista cometió el error de replegarse políticamente y la población se quedó sin orientación y también se fue de allí.

Justamente ese era el camino que no habíamos querido tomar nosotros con Fidel Castaño en el año 89, cuando dijo que iba a entrar a Urabá y que nos teníamos que dar bala. En ese momento planteamos una estrategia distinta porque había mucho sector intermedio en peligro. ¿Qué hicimos entonces? Nos fuimos a invernar. Teníamos tanto que perder como el avance político que estábamos logrando.

Eso nos permitió consolidar más nuestro movimiento.

—¿Por qué en el 97 baja la intensidad de la guerra y viene un respiro después de tanta violencia?

—Porque definitivamente las FARC fueron derrotadas no sólo con pérdida de espacios políticos.

Por otra parte, hay que reconocer que la institucionalidad se legitimó y que también la fuerza pública se legitimó con la población en términos generales.

En ese momento los obreros comenzaban a protestar cuando no había control militar sobre las bananeras, porque las FARC empezaron a matarlos en las fincas y en la carretera. En cambio, antes del año 90 sentían que el Ejército los presionaba, hacía inteligencia, los detenía por ser sindicalistas. Ahora cambiaba la relación.

Una de las características del conflicto en Urabá es el dinamismo. En diez años tuvo varias fases, lo que no ha sucedido en ninguna otra zona del país. La legitimación de la fuerza pública le dio mejores resultados en el terreno militar.

Se trata de hacer un recorrido desde el nacimiento de Urabá para terminar en San José de Apartadó. Hay que volver al año 95:

Las comunidades en las cuales tenía influencia el Partido Comunista y que para las FARC eran corredores de movilidad hacia la serranía de Abibe, se vieron copadas por las autodefensas, que lograron allí cierto poder. Golpearon muy duro a la población y se asentaron en Nueva Antioquia y Piedras Blancas, los vecinos de San José.

El blanco principal del ataque era tomarse los corredores de las FARC y esa operación tiene una característica: no se busca simplemente ganar el tránsito por allí, sino que en esos puntos opera la teoría maoísta del pez y del agua: la población es el agua. Las autodefensas, el pez. Hay que ganarse a la población. Un segundo paso es considerar que el agua está contaminada y debe ser cambiada.

Cuando una fuerza llega a un territorio adverso no va a encontrar agua limpia, y lo normal es que comience a eliminar a la población contaminante de una manera indiscriminada, pues en muchos casos no tenían la oportunidad de hacer labores de inteligencia. Estaban en poblaciones con tanta influencia del Partido Comunista que no hallaban manera de saber previamente quién era quién. Dada la premura de la guerra, se guiaban simplemente por algunos signos externos y estudiaban cómo se comportaba fulano, quién podría colaborar con el enemigo, quién no colaboraba. En los cascos urbanos sí lo sabían, pero arriba, en las estribaciones de la serranía, una zona rural, no. Allí en San José de Apartadó y en los dos pueblos vecinos, Piedras Blancas y Nueva Antioquia, los paras hicieron lo mismo que las FARC cuando entraron al norte de Urabá.

Esto planteó una nueva etapa en el conflicto, porque los dos hacían lo mismo. Yo guardo cifras aterradoras que reflejan ese momento. Decenas y decenas de muertos en forma indiscriminada por parte de las FARC y los paras, en un conflicto que a partir del año 95 adquirió una dimensión loca. Se soltaron los demonios y la guerra alcanzó niveles superiores. Por ejemplo, apareció el terrorismo. Allí nunca habían colocado un carro bomba, pero en enero del año 97 hicieron explotar uno en Apartadó, frente al comando de la Policía.

Uno aprende mucho de la misma guerra. Cuando me hicieron el atentado, se publicó una entrevista conmigo en el periódico *El Mundo* de Medellín:

«—¿Qué le indica el que empiecen a lanzar granadas? —me preguntaron, y respondí:

»—De parte de ellos, un proceso de lumpenización y deshumanización del conflicto. Y también una desesperación que lleva a eliminar a quien piense diferente. Eso muestra que son capaces de cometer lo que sea con tal de lograrlo. Ojalá no les dé por colocar carros bomba».

Todas aquellas fueron acciones de desesperación. Ya no una estrategia coherente en la cual se trataba, primero, de identificar plenamente a los enemigos. Repito: eso fue lo que llevó a las FARC a su derrota política en Urabá, y hoy está sucediendo lo mismo en el resto del país, porque van perdiendo la capacidad de manejar lo político.

¿Qué sucedió en San José de Apartadó cuando las autodefensas empezaron a irrumpir allí con tanta fuerza? Su población era consciente de que si no tomaban una decisión iban a tener que irse de allí todos, o iban a morir muchos. Entonces crearon una Comunidad de Paz.

Como idea fue muy buena porque salió de la misma comunidad, que buscaba en una forma muy particular sensibilizar a la población para impedir que los actores armados, es decir, FARC, autodefensas y Ejército, entraran allí.

Pero me parece que cometieron un pecado original: pensar que con esa actitud ellos mismos se protegerían al declararse población en situación de apoyo internacional frente al De-

recho Internacional Humanitario. Creyeron que eso bastaba
para que los respetaran. Error. Sencillamente porque San José
de Apartadó es un ponqué desde el punto de vista estratégico. Es el ombligo de la serranía de Abibe, y las FARC no iban a
renunciar a ese ponqué. Las autodefensas tampoco.

Para mí, esa es la raíz de un proceso largo en el cual unos y
otros, más las autodefensas, han masacrado a la población.

Ahora bien, me parece que el modelo fracasó por una cosa
muy simple: si el objetivo era proteger a la población, y ya
van 162 muertos, entonces esa meta no se logró.

Y me parece que se cometió otro error: como estaban orien-
tados por el Partido Comunista, creo que copiaron el modelo
de los viejos refugios de Viotá y Río Chiquito sobre los años
sesenta, pero ésta no era zona de refugio como aquéllas. Este
es un territorio completamente diferente. Como no era zona
de refugio, no podía tener esa connotación. Pienso que ahí
se equivocan.

San José tiene una posición geográfica privilegiada dentro
de la zona, y además es el corregimiento más importante del
municipio. Apartadó era el primer productor de cacao en Antioquia y en San José había un fuerte movimiento comunitario. Era
un eje importante dentro de la vida económica del municipio.
No era una zona selvática, lejana. Está a doce kilómetros de la
cabecera municipal. Me parece que fallaron al copiar modelos
anteriores de otras regiones, con situaciones diferentes, con
geografías distintas y en guerras diferentes.

Aquí aquel modelo no cabía, no era posible. Ese modelo
fue previo al nacimiento de las FARC, en otro país, el de hace
cincuenta años, y se dio en un momento de autodefensa de
masas campesinas agredidas abiertamente por el Estado y
por lo que llamaron «pájaros» al servicio del Estado, y les
tocó no sólo refugiarse sino protegerse militarmente. Aquí
es otra cosa.

Pero, además, San José de Apartadó se cerró en sí mismo
porque sus reglamentos llegan hasta el punto de que la movilidad de cualquier civil por la zona es restringida.

Aquí hay un consejo directivo que define quién transita y quién no transita. Entonces la comunidad se volvió un gueto al que nadie entra, pero ellos tampoco salen. Sencillamente eso va contra la razón, porque la población aledaña no es opositora, no es adversaria como sucedía por los años cincuenta y sesenta cuando la violencia liberal-conservadora era muy intensa. San José copió un modelo donde no era y en el momento en que tampoco era.

En San José de Apartadó la población cercana era amiga o simplemente ciudadanos que no estaban comprometidos con ningún actor, por lo menos como masa de población.

Por la misma época se dieron otros modelos de iniciativa popular, como el de los indígenas embera que se declararon neutrales en el mismo Urabá. Ellos hicieron algo similar a lo de San José, pero abriéndose al país. Participan en consejos de paz, convocan reuniones con el resto de la sociedad, hablan con los actores armados para que los respeten, se articulan a la institucionalidad ganando espacios. Pienso que ese modelo, original, auténtico, les sirvió tanto a los indígenas que hoy han ganado un reconocimiento nacional e internacional.

En cambio, San José se encierra, se polariza y se vuelve motivo de debate. Y además, allá encerrados, facilitan la agresión contra ellos mismos. Es más fácil la acción clandestina en la oscuridad que donde hay luz. Ellos están en la oscuridad y en la soledad. Adicionalmente viven en un mundo enigmático, indescifrable, y esto permite una situación propicia para quien quiera cometer acciones contra ellos.

Otro error es plantear un territorio en el cual el consejo directivo se convierte en su propio gobierno. Reglamentaron el consumo de licor, trataron de reglamentar el transporte, resuelven los conflictos internos y se convierten en interlocutores entre la comunidad y el Estado. Pero no el de Antioquia, ni el de Apartadó, sino el de Bogotá. Eso marcha en sentido contrario al resto del país.

El primer movimiento guerrillero que propuso en Colombia la elección popular de alcaldes fueron las FARC en el año 84 y eso se logró. Los primeros alcaldes populares de Apartadó fueron de la Unión Patriótica. Pero viene la Comunidad de Paz de San José y lo primero que se desconoce en ella es a las autoridades locales, y la interlocución se da con el gobierno central. Es decir, ellos vuelven al viejo país.

Error de concepción que no se articula con el proceso renovador que ha tenido Colombia, y me parece que eso ha hecho más endeble un modelo que sería necesario revisar, porque ha facilitado la acción de quienes quieren golpearlos y lo han hecho hasta hoy, digamos, en forma invisible.

Por otro lado, el gobierno asegura que no todos los habitantes pertenecen a la Comunidad de Paz, lo que mostraría que están divididos. Entonces, ¿dónde están los interlocutores de quienes no pertenecen a esa comunidad? Eso estrecha aún más el cerco del gueto. Porque a pesar de que el país en la Constitución del 91 pasó de una democracia representativa a una democracia participativa, aquí, con el concepto del consejo directivo como autoridad, desaparecen las juntas de acción comunal y las demás organizaciones de expresión social del mismo campesinado. Todo está concentrado en el consejo. Van en contra de la evolución del país y de lo que el mismo Partido Comunista peleó en la década del ochenta.

La comunidad maneja, por otro lado, los conceptos del Partido Comunista y me parece que hay una distorsión al sentir que todo el mundo está en contra de ellos, no ellos contra todo el mundo.

Otra equivocación, porque cualquier posibilidad de solidaridad, de hacer certámenes, de llevar a la población vecina a que se solidarice es castrada con su encierro. Esos son perfiles de una población paranoica, frente a la virtud de los indígenas embera de ser abiertos. A ellos les tocó duro, a ellos las FARC les mataron gente, pero salieron adelante. Esas comunidades indígenas están cerca de San José en dos lugares llamados Las Playas y Las Palmas, también sobre la serranía de Abibe.

Es cierto que lo de la Comunidad de Paz no se ha manejado bien, pero también el gobierno ha cometido errores históricos muy graves. Incluso hay problemas con las competencias del mismo Estado: unas agencias actuando dentro del campo de otras.

El error del gobierno es que ha tratado a San José de Apartadó como una papa caliente y por eso le saca el cuerpo. Cuando yo fui alcalde de Apartadó, entre los años 2001 y 2002, me llamaban de la Vicepresidencia de la República a preguntarme cómo iba la carretera. Les respondía: «La carretera está muy bien pero a ustedes no les voy a dar ese informe». Yo interpretaba que aquello tenía como fin poder lavarse las manos.

Todo esto le ha generado una situación muy difícil al tema, porque hay problemas y hay planes y hay dificultades que existen, pero también hay propuestas de salida que se podrían haber trabajado desde hace mucho rato.

Simplemente por el manejo que le han dado y por esa actitud de la papa caliente, y por aquello de que si la Corte Interamericana y que si mañana la Corte Penal Internacional, no se han logrado avances necesarios en la solución de la situación. Lo cierto es que no le han puesto la cara a las cosas y están bregando a buscar a quién le cae esa papa caliente y a quién quema. Esa es la posición más fácil.

El Estado ha tenido una actitud negligente frente a San José, porque aquello es muy peligroso. Claro que hay de por medio paramilitares, hay guerrilla, hay conflicto con la fuerza pública, ahora está de por medio la comunidad internacional, pero aun así, el Estado debe afrontar en forma concreta esa situación.

—El gobierno argumenta que allí se han cometido delitos luego de haberse erigido en Comunidad de Paz.

—Eso es cierto. El 5 de febrero del 2002, las FARC secuestraron a Albeiro Acevedo en la vía Chigorodó-Mutatá y lo asesinaron el 4 de abril en San José de Apartadó, después de pagar rescate cerca de ese lugar.

Eso muestra que hay alguna —digo alguna—, gente que posiblemente haya estado metida en cosas ilegales.

Antes, en diciembre de 1992, fue asesinado Henry Tuberquia en el casco urbano de San José. Las FARC le pegaron doce tiros.

El 18 de agosto del año 2001 murió una pareja de distribuidores de artículos en la entrada a San José, vereda Caracolí. Las FARC le dieron muerte.

En la semana santa del año 2002 murieron atacados por las FARC dos soldados en la vereda Caracolí, periferia de la comunidad.

Los hechos son de ambos lados, pero la mayoría de las víctimas han caído a manos de autodefensas. Eso está claro.

Todo esto demuestra que allí hay gentes que apoyan a las FARC, pero de ahí a decir que se trata de una guarida de bandidos y delincuentes hay una gran diferencia. Desde cuando me posesioné como alcalde de Apartadó he sostenido este concepto: constitucionalmente quien tiene que responder por la seguridad es el Estado. Así de sencillo. Donde sea.

No es válido que ese territorio se niegue a que la fuerza pública entre, pero no lo va a hacer como sucedió con el Plan Lazo en las famosas Repúblicas Independientes, antes del nacimiento de las FARC, ametrallando y agrediendo a todo el mundo. Ni se va a repetir lo que sucedió en la Comuna Trece de Medellín, donde hubo que pelear metro a metro, porque ni eso es un refugio de bandidos ni una guarida de grupos armados.

Que pasen por allí y que haya gente que simpatice con la guerrilla, sí. Pero decir que la población de San José es guerrillera es estigmatizarla, es discriminar a todo el mundo. Si en un barrio hay una banda, no quiere decir que todos sean bandidos. O que en Colombia, donde más secuestros hay en el mundo, todos seamos secuestradores. O que, como Colombia es el mayor productor de cocaína de Suramérica, todos los colombianos seamos narcotraficantes.

San José de Apartadó no es una propuesta coyuntural como Comunidad de Paz. Es de largo aliento y ya lleva ocho años.

La gran preocupación que yo tengo es qué va a suceder hoy, cuál va a ser el futuro con esos niños y esos jóvenes que tenían ocho o nueve años cuando se creó la comunidad y que hoy están por los diecisiete años. Y qué va a suceder con los que vendrán luego. Esa juventud, ¿qué expectativa tendrá frente a la vida? No creo que vayan a poder aspirar a una universidad para prepararse, no creo que estén hoy en medio de la ternura, en un lugar en el cual ni siquiera pueden escuchar música. Yo conozco a la población y por eso la defiendo.

Mire: siendo alcalde de Apartadó fuimos a realizar un convite y, claro, llegué y me encontré con la gente:

—Muchas gracias por venir —me decían.

—¿Por qué?

—Es que hacía muchos años no venía un alcalde y para nosotros es un orgullo.

En aquel momento descubrí que el ciudadano común y corriente no rechaza a quien va allí. Sentí que en el fondo experimentan como una soledad, como una angustia. Entonces, si aquí hemos criticado la ausencia del Estado, ¿cómo vamos a combatir eso bregando a que el Estado esté más ausente? Hablo del Estado civil.

Esas son las paradojas del manejo que se le ha dado a este caso. Se habla de descentralización y estamos manejando un concepto centralista del país. Participación comunitaria y aquí la estamos negando. Y fuera de eso decimos que el Estado debe estar presente, pero no lo acercamos.

El día en que los visité como alcalde, trabajaron hombro a hombro con nosotros porque los estimuló nuestra presencia.

Epílogo

Gabriel Harry (bananero): ¿Qué es Urabá hoy? Una zona en la cual la cultura del empresario bananero está en armonía con la del sindicalista. Algo excepcional. El mejor salario agrícola del país es el de Urabá, pero además es mejor que el de Costa Rica y el doble del de Ecuador, los productores más grandes del mundo antes de Colombia.

A pesar de que la zona no cuenta con un puerto seco en el golfo, frente a sus 230 kilómetros de playas se pueden fondear veinte barcos al mismo tiempo y cargar y descargar simultáneamente, lo que no ocurre en ningún otro puerto del mundo.

En este momento movemos veinte millones de toneladas de carga: banano y productos de importación. Eso es más que lo que mueve Cartagena. Hoy, con el túnel de Santa Fe de Antioquia, el golfo de Urabá va a quedar a cinco horas de Medellín.

Turbo es el puerto más económico para exportación desde el occidente de Colombia, pues los buques no tienen que pagar paso por el canal de Panamá.

Tras la reinserción del EPL, algunos de ellos entraron al cultivo del plátano en invasiones. Esa fue la reforma agraria más importante que se ha hecho en Colombia sin intervención del gobierno. Actualmente hay censadas 7.450 familias en minicultivos de plátano y las dos compañías comercializadoras de banano les compran el producto semanalmente para exportarlo. Hoy les estamos tratando de legalizar las tierras a todas esas personas.

Las corporaciones sociales de las comercializadoras están ayudándoles a mejorar la vivienda, a modernizar sus pequeñas empacadoras y a implantar una tecnología más avanzada en el cultivo del plátano.

Hoy, cerca del cincuenta por ciento de los trabajadores bananeros tiene casa propia, lograda en programas de un fondo paritario de vivienda, de empresarios, trabajadores, fundaciones sociales y gobierno nacional.

Las viudas de la violencia son propietarias de una cooperativa en la que reciclan todo el plástico y el nailon que sobra en las plantaciones bananeras y ya están produciendo artículos imitación madera a partir del plástico, tubería y otros productos.

Eso no lo muestran Gloria Cuartas ni el padre Giraldo.

Tenemos agua potable para los trabajadores en las fincas y nos acogimos a las normas de calidad ISO 14.000 y al Eurogat. En Europa, por ejemplo, no nos reciben banano si no cumple con normas laborales, sanitarias, ambientales y el mejor entorno hacia la comunidad. Eso está caminando y eso no lo publican ni el padre Giraldo ni Gloria Cuartas.

Ahora estamos buscando, a través de dos fundaciones, diversificar hacia el cacao, la vainilla, hacia otros productos, porque el plátano es abundante y no lo están pagando muy bien en el exterior.

Roberto Hoyos Ruiz (bananero): La industria bananera genera en Urabá veinte mil empleos directos y cuarenta mil indirectos, sin contar el sector del plátano, muy ligado al primero.

Los productores de plátano manejan parcelas de entre tres y cinco hectáreas. Son diez mil familias que viven de ese producto. Los dos sectores generan en total treinta mil empleos directos.

Cerca de noventa y cinco por ciento de los habitantes del eje bananero dependen de esos dos cultivos. El resto son ganadería y diversificación.

Actualmente hay 360 fincas productoras, 32 mil hectáreas, pero Urabá tiene un potencial de un millón 400 mil hectáreas para agricultura, reforestación y ganadería.

Las exportaciones anuales de la zona equivalen a 280 millones de dólares al año. Allí llegan ochocientos buques por banano y plátano, pero un ochenta por ciento lo hacen vacíos. Ese es un potencial para utilizar las cargas de compensación de otros sectores empresariales.

Hoy, de acuerdo con la labor que realicen, los trabajadores bananeros que menos ganan reciben el equivalente a dos salarios mínimos.

Planeta

España
Av. Diagonal, 662-664
08034 Barcelona (España)
Tel. (34) 93 492 80 36
Fax (34) 93 496 70 58
Mail: info@planetaint.com
www.planeta.es

Argentina
Av. Independencia, 1668
C1100 ABQ Buenos Aires
(Argentina)
Tel. (5411) 4382 40 43/45
Fax (5411) 4383 37 93
Mail: info@eplaneta.com.ar
www.editorialplaneta.com.ar

Brasil
Rua Ministro Rocha Azevedo, 346 -
8º andar
Bairro Cerqueira César
01410-000 São Paulo, SP (Brasil)
Tel. (5511) 3088 25 88
Fax (5511) 3898 20 39
Mail: info@editoraplaneta.com.br

Chile
Av. 11 de Septiembre, 2353, piso 16
Torre San Ramón, Providencia
Santiago (Chile)
Tel. Gerencia (562) 431 05 20
Fax (562) 431 05 14
Mail: info@planeta.cl
www.editorialplaneta.cl

Colombia
Calle 73, 7-60, pisos 7 al 11
Bogotá, D.C.
(Colombia)
Tel. (571) 607 99 97
Fax (571) 607 99 76
Mail: info@planeta.com.co
www.editorialplaneta.com.co

Ecuador
Whymper, N27-166
y Av. Orellana
Quito (Ecuador)
Tel. (5932) 290 89 99
Fax (5932) 250 72 34
Mail: planeta@access.net.ec
www.editorialplaneta.com.ec

Estados Unidos y Centroamérica
2057 NW 87th Avenue
33172 Miami, Florida (USA)
Tel. (1305) 470 0016
Fax (1305) 470 62 67
Mail: infosales@planetapublishing.com
www.planeta.es

México
Av. Insurgentes Sur, 1898, piso 11
Torre Siglum, Colonia Florida, CP-01030
Delegación Álvaro Obregón
México, D.F. (México)
Tel. (52) 55 53 22 36 10
Fax (52) 55 53 22 36 36
Mail: info@planeta.com.mx
www.editorialplaneta.com.mx
www.planeta.com.mx

Perú
Grupo Editor
Jirón Talara, 223
Jesús María, Lima (Perú)
Tel. (511) 424 56 57
Fax (511) 424 51 49
www.editorialplaneta.com.co

Portugal
Publicações Dom Quixote
Rua Ivone Silva, 6, 2.º
1050-124 Lisboa (Portugal)
Tel. (351) 21 120 90 00
Fax (351) 21 120 90 39
Mail: editorial@dquixote.pt
www.dquixote.pt

Uruguay
Cuareim, 1647
11100 Montevideo (Uruguay)
Tel. (5982) 901 40 26
Fax (5982) 902 25 50
Mail: info@planeta.com.uy
www.editorialplaneta.com.uy

Venezuela
Calle Madrid, entre New York y Trinidad
Quinta Toscanella
Las Mercedes, Caracas (Venezuela)
Tel. (58212) 991 33 38
Fax (58212) 991 37 92
Mail: info@planeta.com.ve
www.editorialplaneta.com.ve

Grupo Planeta   Planeta es un sello editorial del Grupo Planeta   www.planeta.es